多层次资本市场系列课题

新三板公司操作与案例

总编 贺 强 邱三发
主编 王汀汀 王 伟 王小军

人民日报出版社

图书在版编目（CIP）数据

新三板公司操作与案例 / 王汀汀，王伟，王小军主编．—北京：人民日报出版社，2015.3
ISBN 978-7-5115-3098-1

Ⅰ.①新… Ⅱ.①王… ②王… ③王… Ⅲ.①上市公司－企业管理－中国 Ⅳ.① F279.246

中国版本图书馆 CIP 数据核字（2015）第 050249 号

书　　名：	新三板公司操作与案例
主　　编：	王汀汀　王　伟　王小军
出 版 人：	董　伟
责任编辑：	曹　腾　赖凌丽
封面设计：	主语设计
出版发行：	人民日报出版社
社　　址：	北京金台西路 2 号
邮政编码：	100733
发行热线：	（010）65369527　65369509　65369510　65369846
邮购热线：	（010）65369530　65363527
编辑热线：	（010）65363532
网　　址：	www.peopledailypress.com
经　　销：	新华书店
印　　刷：	北京鑫瑞星兴印刷有限公司
开　　本：	710mm×1000mm　1/16
字　　数：	300 千字
印　　张：	20.25
版　　次：	2015 年 4 月第 1 版　2015 年 4 月第 1 次印刷
书　　号：	ISBN 978-7-5115-3098-1
定　　价：	46.00 元

多层次资本市场系列课题编委会

总　编：贺　强　邱三发
编　委：杜惠芬　王汀汀　王小军　朱仁慈　何　杰　王　伟
　　　　吴立新　袁　季　何榆清　张　玲　常　远　王仕宏
　　　　莫飞英　陆颖锋　蔡少绵　梁家健　阮瀛波　张宇芳
　　　　李沃遥

专著2：新三板公司操作与案例

主　编：王汀汀　王　伟　王小军
副主编：杜惠芬　常　远　史英哲
参　编：贺　强　杜惠芬　王汀汀　王小军　李俊峰　杨如冰
　　　　史英哲　刘　桓　陈　灵　李宪铎　丁功民　于　水
　　　　黄锐光　贾俊旺　辛洪涛　姚宇惠　常　远　梁雪妮
　　　　郭　丹　江　涛　熊志兵　武玉婷　宋　珂　郑　璟
　　　　马　燕　蒋　平

序言一

我国证券的历史源远流长，早在宋朝时期就出现了可以代替食盐、代替茶叶甚至代替货币进行流通的凭证。也是在宋朝，自四川自贡打下世界公认的第一口井之后，经过漫长的发展演变，出现了既像股份契约，又似证券的凭证。这种凭证虽然还不是真正意义上的股票，但是它充分证明了股份制并不是西方的舶来品，而是在我国长期封建社会中土生土长的东西。

到了清朝，爆发了鸦片战争，帝国主义用洋枪洋炮打开了中国的大门，外国资本侵入中国。外国人在中国的土地上办起了股份公司，1864年，外商大英自来火房股票在中国发行。1869年，英商在上海设立了长利公司，专门从事外商股票买卖。1872年，李鸿章办洋务，成立了上海轮船招商局，它是中国人第一家近代意义的股份制企业，它所发行的股票是中国人自己的第一张股票。1882年，上海平准股票公司成立，它是中国人自办的第一家专门从事股票买卖的公司。

1891年，由外商经纪人在上海建立了"上海股份公所"和"上海众业公所"。

1898年，清政府模仿外国政府的做法，发行昭信股票，名为股票，实为债券，以此筹措资金，偿还对日赔款。此后，我国的债券市场也发展起来。1918年夏天，由中国人自己创办的北平证券交易所正式成立。但是，由于战乱，证券交易所几经间断，导致最终关闭。

值得一提的是早在20世纪20年代，革命根据地的中华苏维埃政权就利用股票、债券等方式集资、集粮，支持革命战争。新中国成立以后，于1950年成立了天津证券交易所，该交易所于1952年关闭。新中国成立后，我国农村合作化，发行了大量股票。我国政府发行了人民胜利折实公债，还发行了五期经济建设公债。

"文化大革命"期间，股份制、股票被认为是资本主义的东西加以批判，许多人认为，我国证券的历史被"文革"割裂，出现了断代。没有想到，北京房山一位农村妇女的农村供销社股权证，清楚地记录了从20世纪60年代到80年代分红派息的情况，这张小小的凭证衔接上了几乎要断掉的我国证券历史。

改革开放以后，我国的证券市场重新得到了恢复和发展。1981年，财政部发行了48亿元的国库券。1983年，哈尔滨松江木器厂向社会公开发行3000万股股票，同年，深圳宝安公司也发行了股票。1984年，北京天桥、上海小飞乐公开发行股票，上海小飞乐股票在工商银行上海分行静安服务社进行柜台交易。1985年，深圳特区证券公司成立，并将深保安、深发展等股票放在柜台上交易。此后，成都、鞍山等地的"一级半市场"也开始在马路上逐渐兴盛起来。

1990年12月19日，经国务院批准，上海证券交易所正式开业。1991年7月3日，深圳证券交易所正式开业。这标志着我国的证券市场重新正式建立起来。

从各国证券市场发展的历史逻辑来看，均是先有证券发行，后有证券交易。先有证券场外交易，后有证券场内交易。例如英国与美国，证券都是从马路交易到咖啡馆交易，再到交易所交易。我国证券市场的发展也是沿着先发行、后交易，先场外、后场内的历史不断演进。

在20世纪90年代，伴随着证券场内市场的迅猛发展，我国的证券场外市场也不断发展扩大，当时我们已经建立了29家地区性的证券交易中心，还有法人股系统（以下简称"NET"）与法人股交易系统（以下简称"STAQ"）两个全国性的法人股市场，证券场外交易不断活跃。但是，在1998年东南亚爆发金融危机之后，国务院为整顿金融市场秩序，专门发放了红头文件，明确指出：证券只能在证券交易所交易，证券交易所之外的证券交易均属违法。证券场外市场被下令全部关闭。在关闭证券场外市场的过程中，NET与STAQ市场的投资者产生了很大的意见，造成不断上访。

为此，我与本校的刘桓教授专门组织了考察小组到广东与福建等地调研，广泛接触了地方政府、证券公司、被摘牌公司及投资者，进行了深入研究，写出关于合理安排摘牌公司的两万四千字的调查报告。此报告由时任总理朱镕基亲自签名，做出重要批示。此后，NET市场的南海发展与STAQ市场的海南航空被送到交易所市场上市交易。其他摘牌公司被安排到上海证券公司柜台上进行交易。这就是最早的三板市场的雏形。最早的三板市场归中国证监会监管，后来移交给中国证券业协会管理。

2001年至2002年，中国证券业协会发布了《证券公司代办股份转让服务业务试点办法》和《关于改进代办股份转让工作的通知》，规定STAQ、NET系统挂牌公司和退市上市公司的股份在证券公司代办股份转让系统进行转让，三板市场逐渐规范化。

2006年1月，《证券公司代办股份转让系统中关村科技园区非上市股份有限公司股份报价转让试点办法》颁布，中关村科技园区非上市股份有限公司股份报价转让进入代办股份转让系统。由于与原代办股份转让系统在交易制度、参与主体、信息披露等方面存在区别，中关村股份报价转让系统曾经被称为新三板。

中关村新三板吸引了一批优秀的高科技企业参与试点。曾在中关村新三板挂牌的久其软件现已在中小板上市，另有北陆药业和世纪瑞尔两家企业登陆创业板。

在我国证券场外市场一波三折的发展过程中，我们进行了长期的关注与研究。从2010年到2011年，我连续写了两个全国政协委员的提案，并写了一份北京市政府参事建议，提出在北京中关村股转系统的基础上加以扩大，建立全国统一的证券场外市场。

我们高兴地看到，在2012年下半年，国务院批准成立全国中小企业股份转让有限责任公司，地点设在金融街，全国中小企业股份转让系统开始运行。目前，新的新三板市场已经将非上市企业股份转让范围扩大到全国，出现了前所未有的大发展局面。

此外，我国证券市场中的四板市场，即区域性场外市场以及证券公司柜台交易市场也像雨后春笋一样快速发展起来。

根据《国务院办公厅关于清理整顿各类交易场所的实施意见》及《国务院关于清理整顿各类交易场所切实防范金融风险的决定》的有关规定，浙江、重庆、深圳等31个省市自治区和直辖市已通过了清理整顿验收。部分区域性市场已具有一定规模。

2012年12月21日，中国证券业协会发布了《证券公司柜台交易业务规范》，正式启动证券公司柜台交易试点工作。随着业务的开展，可交易产品种类逐步多元化，投资者结构不断丰富。未来，证券公司柜台交易将会成为我国证券场外市场创新发展重要的着力点。

随着我国场内市场与场外市场、三板市场与四板市场的协同发展，已经初步建立了多层次资本市场较为完整的框架体系。

我们为什么要大力发展证券场外市场？ 因为证券场外市场是多层次资本市场的重要组成部分，**只有多层次资本市场才能满足多层次企业的融资需要。**

现在，我国的状况非常严重。中小企业融资难的主要原因在于中小企业的融资模式过于单一，其资金来源主要是商业银行的贷款。如果商业银行不愿意放贷，只能逼着中小企业去借高利贷。问题在于，商业银行是追求利润的、是厌恶风险的、是讲究成本的、是嫌贫爱富的。而中小企业规模较小、信誉不高、创利能力低、抵抗风险能力差。因此，中小企业往往成为商业银行"惜贷"的对象。

要解决中小企业融资难的问题，必须彻底改革中小企业的融资模式，拓宽中小企业的融资渠道，引导中小企业进军资本市场，通过直接融资的方式满足资金需求。

我们通过证券交易所发行上市，可以对中小企业融资起到一定的帮助作用。但是，**仅仅依靠证券场内市场是不可能在更大的范围解决中小企业融资难问题的。**证券交易所中的中小板和创业板市场与主板市场一样，门槛高、容量小、大量的小微企业不可能通过这些途径上市融资。

建立多层次资本市场不仅仅是在证券场内市场分出几个板块，更**重要的是要建立证券场内市场与场外市场的多层次。**证券场外市场与场内交易市场相比，门槛低、容量大、范围广，没有财务门槛和盈利要求，更有条件实行十八届三中全会提出的股票发行上市注册制。同时，**建立场外市场可以为风险投资（VC）与私募股权基金（PE）提供更好的企业选择对象，提供更方便的退出机制，进一步促进他们直接向中小企业融资。**

可以说，证券交易所是证券市场的核心，但不是主体。证券市场的主体是范围更加广阔的证券场外市场。例如美国，在证券交易所交易的证券只有百分之二十几，而百分之七十以上的证券都是在证券场外市场交易。因此，我们要想在更大的范围中解决中小企业融资难的问题，就必须大力发展证券场外市场。

需要注意的是，建设多层次资本市场，关键是建立场内市场和场外市场的联动机制，互相转板，只有如此才能增强证券市场运行的弹性，提高证券市场运行的安全性。

此外，证券场外市场本身也要多层次，我们不仅要大力发展由中国证监会负责监管的新三板市场，还要大力发展由中国证券业协会负责监管的区域性股权交易市场、券商柜台交易市场以及私募股权众筹融资。

区域性股权交易市场属于地方性市场，自2008年开始陆续成立，到2014年6月，全国各地正式成立的区域性股权交易中心与股权交易所已经达到30家。

券商柜台交易市场历史最早，目前由中国证券业协会统一管理，已经批准42家证券公司开展柜台业务。

私募股权众筹融资是指融资者通过股权众筹融资互联网平台以非公开发行方式进行的股权融资活动。中国证券业协会已经起草了《私募股权众筹融资管理办法（试行）》，私募股权众筹融资已经逐步进入有序发展阶段。

我们只有不断完善多层次资本市场，大力发展场外市场，才能更好地解决中小企业融资问题，促进中小企业发展，激活民间资本，服务实体经济。

可以预期的是，随着政策的逐渐放开，我国以新三板市场为主体的证券市场即将迎来春天的勃勃生机！

中央财经大学证券期货研究所所长　贺强教授

2014年12月22日于北京

序言二

当今时代风云变幻,中国已进入改革开放第二季。转型发展新阶段,经济进入新常态,资本市场被赋予新使命,新型资本生态环境正逐步形成。健康的资本市场应当是多层次的,以适应不同规模、类型和周期的企业上市融资和资源配置需求。顺应时代发展需求,以为创新型、创业型、成长型中小微型企业发展服务为使命的新三板登上历史舞台,成为继沪、深交易所之后第三家经国务院批准的全国性证券交易场所,是我国多层次资本市场的重要组成部分,对中小微企业的发展具有跨时代的意义。目前在中国,中小企业提供了约65%的发明专利,75%的企业创新和80%以上新产品开发,成为我国科技创新和经济发展的主力军,创新创业大时代的序幕已经拉开。新三板低成本、低门槛、挂牌快捷、融资迅速等特点,能很好地满足中小微成长型企业的融资需求。可以说,新三板是我国多层次资本市场的塔基,实至名归;是孕育中国经济新兴力量的资本摇篮,任重道远。

2013年12月14日,国务院发布《关于全国中小企业股份转让系统有关问题的决定》,新三板全国扩容之旅正式开启。在这过去的一年里,新三板如火如荼地推进,呈现出了磅礴的气势和强大的生命力,目前挂牌企业数量已超过1500家;2014年8月份新三板开始探索全新的做市商制度,奠定发展的基石,以更好地服务中小微型企业,撬动未来。广州证券契合时代发展所需,以投研能力为核心、投行产业链化为驱动力、以中小企业为主要客户群,以发展成为特色型券商为战略目标;将积极为中小微企业对接新三板和广阔的资本市场,实现投融资需求,以精诚、笃行、共济、日新的精神，服务经济发展，增值社会财富。

过去的十年，我国的主板和中小板得到了长足的发展；未来的十年，随着结构调整成为整个经济发展的主线之一，新三板市场以其独特的投融资功能，必然会获得强大的增长动力。此外，新三板竞价交易、分层管理、转板等制度也在紧锣密鼓研制中，未来新三板将增添更为蓬勃的发展动力，有望成为中国的纳斯达克，引领中国资本市场的创新发展。大鹏一日同风起，扶摇直上九万里。纳斯达克孕育了苹果、微软、谷歌等伟大企业，无疑，在时代发展创新的潮流中，新三板也将诞生一批优秀、卓越的企业。

祝福新三板，祝福中国新时代！

广州证券股份公司总经理　邱三发

2014 年 12 月 24 日

目 录

第一章 "新三板"挂牌条件与程序……001

第一节 挂牌条件……001
一、挂牌条件及其详解 / 001
二、挂牌审核 / 006
三、适合在新三板挂牌的企业 / 010

第二节 挂牌流程……012
一、改制阶段 / 013
二、推荐挂牌阶段 / 018
三、挂牌审核阶段 / 021
四、挂牌阶段 / 022

第三节 券商及各中介职责与工作流程……024
一、主办券商制度 / 024
二、券商及各中介主要职责 / 026
三、券商及各中介工作流程 / 027

第四节 地方政府"新三板"补贴制度分析……029
一、地方政府"新三板"补贴现状 / 029
二、地方政府补贴制度浅析 / 039

三、番禺区政府服务中小企业的新模式 / 039

第二章 "新三板"挂牌审核案例分析 045

第一节 挂牌常见问题案例分析：设立与出资 046
一、主体改制问题 / 046
二、股份来源 / 050
三、出资形式与过程 / 053

第二节 挂牌常见问题案例分析：业务与经营 064
一、业务模式 / 065
二、持续经营能力 / 076
三、会计处理 / 085
四、财务指标 / 094

第三节 挂牌常见问题案例分析：治理与合规 097
一、资产权属 / 098
二、合规经营 / 108
三、同业竞争 / 115
四、关联方拆借资金 / 118
五、关联交易 / 120
六、税务 / 123

第四节 挂牌常见问题案例分析：股东与股权 128
一、股权转让 / 128
二、股东资格 / 135
三、实际控制人 / 138

第三章 新三板市场融资 149

第一节 新三板市场融资概述 149
一、新三板融资工具简介 / 149

二、新三板市场融资优势 / 149

第二节　如何发行普通股融资 152

一、普通股发行的规则体系 / 152

二、普通股发行的制度 / 154

三、普通股的发行对象 / 156

四、普通股的发行方式 / 158

五、普通股的发行流程 / 159

六、普通股发行融资概况 / 164

七、普通股发行的案例 / 165

第三节　如何发行优先股融资 174

一、优先股的基本内涵 / 174

二、优先股发行的规则体系 / 176

三、优先股发行的具体制度框架 / 177

四、优先股的信息披露 / 180

第四节　如何发行中小企业私募债券融资 182

一、中小企业私募债券的概念与特点 / 182

二、新三板中小企业私募债券发行的具体制度 / 185

附件：广证恒生股权质押专题研究——股权质押为挂牌公司开辟融资新渠道 188

第四章　新三板市场交易 208

第一节　新三板交易方式简介 208

一、全国股转系统三种转让方式介绍 / 209

二、证券代码、证券简称编制 / 211

三、结算安排 / 212

四、转让方式的确定与变更 / 213

五、股票转让方式一般规定 / 214

第二节　协议转让...215

一、协议转让概述 / 215

二、协议转让——委托 / 216

三、协议转让——申报 / 217

四、协议转让——成交 / 217

第三节　做市转让...220

一、做市转让概述 / 220

二、做市转让——委托 / 222

三、做市转让——申报 / 223

四、做市转让——成交 / 224

五、做市商管理 / 229

六、挂牌公司如何实施做市转让 / 232

七、做市转让方式对各利益主体的影响 / 234

第四节　竞价转让...235

一、竞价转让概述 / 235

二、竞价转让——申报 / 236

三、竞价转让——成交 / 237

第五章　新三板市场投资...239

第一节　新三板市场的投资主体...239

一、可以参与挂牌公司股票公开转让的投资主体 / 239

二、可以参与挂牌公司股票定向发行的投资主体 / 240

第二节　投资者如何参与新三板...240

一、新三板投资程序 / 240

二、新三板投资交易规则 / 242

三、新三板投资案例 / 244

第三节　新三板的投资风险...249

一、新三板的投资风险分析 / 249

二、新三板的投资风险防范 / 250

第六章　新三板市场的并购重组 251

第一节　并购重组市场简介 252

一、全球并购重组市场概况 / 252

二、我国并购重组市场概况 / 253

第二节　并购制度要点解析和案例分析 257

一、非上市公众公司并购监管的目标和原则 / 258

二、非上市公众公司并购制度与上市公司并购制度对比 / 259

三、非上市公众公司并购制度详解 / 262

第三节　重组制度要点解析及案例分析 275

一、非上市公众公司重大资产重组监管的目标和原则 / 276

二、非上市公众公司重组制度与上市公司重组制度对比 / 276

三、非上市公众公司重组制度详解 / 279

附录一　中央财经大学证券期货研究所所长、北京市政府参事贺强教授关于三板市场发展的参事建议 294

附录二　中央财经大学证券期货研究所所长、全国政协委员贺强教授关于三板市场发展的政协提案 299

后记 303

第一章 "新三板"挂牌条件与程序

什么样的企业能在"新三板"挂牌？挂牌的条件和流程是怎样的？各中介机构如何有序地履行职责？现阶段企业在"新三板"挂牌享有怎样的政府补贴？这里，将通过制度解析、实务操作和实例分析使大家了解所关心的问题。本章还将对已挂牌企业进行全面、细致的分析、归类和总结，提炼出企业在挂牌阶段可能面临的常见问题及其处理依据和方法，以供众多"新三板"意向公司借鉴。

第一节 挂牌条件

2013年12月30日全国中小企业股份转让系统公司修改了年初发布的《全国中小企业股份转让系统业务规则（试行）》（以下简称《业务规则》）。相对于主板、中小板、创业板来说，新修改的挂牌条件对企业在"新三板"挂牌显示出了极大的包容性。同时，系统公司秉着"可把控、可举证、可识别"的原则，对《业务规则》给出了详细的解读［见《全国中小企业股份转让系统股票挂牌条件适用基本标准指引（试行）》（以下简称《指引》]。

一、挂牌条件及其详解

《业务规则》重在信息披露，尊重市场选择，其规定六项基本挂牌条件如下：

（一）依法设立且存续满两年。有限责任公司按原账面净资产值折股整体变更为股份有限公司的，存续时间可以从有限责任公司成立之日起计算；

（二）业务明确，具有持续经营能力；

（三）公司治理机制健全，合法规范经营；

（四）股权明晰，股票发行和转让行为合法合规；

（五）主办券商推荐并持续督导；

（六）全国股份转让系统公司要求的其他条件。

基于《指引》，结合实际操作，挂牌条件具体分析如下。

（一）依法设立且存续满两年

1. 依法设立，是指公司依据《公司法》等法律、法规及规章的规定向公司登记机关申请登记，并已取得《企业法人营业执照》。

第一，公司设立的主体、程序合法、合规。国有企业需提供相应的国有资产监督管理机构或国务院、地方政府授权的其他部门、机构关于国有股权设置的批复文件；外商投资企业须提供商务主管部门出具的设立批复文件；《公司法》修改（2006年1月1日）前设立的股份公司，须取得国务院授权部门或者省级人民政府的批准文件。

第二，公司股东的出资合法、合规，出资方式及比例应符合《公司法》相关规定。以实物、知识产权、土地使用权等非货币财产出资的，应当评估作价，核实财产，明确权属，财产权转移手续办理完毕；以国有资产出资的，应遵守有关国有资产评估的规定；公司注册资本缴足，不存在出资不实情形。

2013年12月28日第十二届全国人民代表大会常务委员会第六次会议通过了关于修改《公司法》的决定，并于2014年3月1日起施行。全国中小企业股份转让系统有限责任公司就全国中小企业股份转让系统业务规则涉及新修订《公司法》相关条文适用和挂牌准入有关事项的规定如下：

（1）现行的挂牌条件中未对申请挂牌公司的注册资本提出高于法律、行政法规规定的特别要求。申请挂牌公司的注册资本只要符合《公司法》的规定即可，但特定行业申请挂牌公司注册资本须遵守相关法律、行政法规以及国务院决定的要求。

（2）公司申请挂牌时注册资本须缴足，主办券商、律师、会计师应依法核验股东出资，评估机构要进一步加强评估工作的规范性，确保申请挂牌公司的出资真实、足额。针对2014年3月1日前申请挂牌公司的设立、增资等，主办券商、律师、会计师应按照既往规定核验出资并提供验资报告；针对2014年3月1日后申请挂牌公司的设立、增资等，股东应按照修改后《公司法》第二十八条和公司章程的规定办理出资手续、履行出资义务，主办券商、律师、会计师应加强股东出资的核验工作，核查股东是否按公司章程规定出资，制作核查出资工作底稿，提供出资证明文件，包括但不限于验资报告、打款凭证。评估机构应依法开展评估业务，提高评估工作的规范性，提升估值的合理性。

2. 存续满两年，是指存续两个完整的会计年度。

3. 有限责任公司按原账面净资产值折股整体变更为股份有限公司的，存续时间可以从有限责任公司成立之日起计算。整体变更不应改变历史成本计价原则，不应根据资产评估结果进行账务调整，应以改制基准日经审计的净资产额为依据折合为股份有限公司股本。申报财务报表最近一期截止日不得早于改制基准日。

（二）业务明确，具有持续经营能力

1. 业务明确，是指公司能够明确、具体地阐述其经营的业务、产品或服务、用途及其商业模式等信息。

2. 公司可同时经营一种或多种业务，每种业务应具有相应的关键资源要素，该要素组成应具有投入、处理和产出能力，能够与商业合同、收入或成本费用等相匹配。公司业务如需主管部门审批，应取得相应的资质、许可或特许经营权等。公司业务须遵守法律、行政法规和规章的规定，符合国家产业政策以及环保、质量、安全等要求。

3. 持续经营能力，是指公司基于报告期内的生产经营状况，在可预见的将来，有能力按照既定目标持续经营下去。具体要求如下：

第一，公司业务在报告期内应有持续的营运记录，不应仅存在偶发性交易或事项。营运记录包括现金流量、营业收入、交易客户、研发费用支出等。

第二，公司应按照《企业会计准则》的规定编制并披露报告期内的财务报表，公司不存在《中国注册会计师审计准则第1324号——持续经营》中列举的影响其持续经营能力的相关事项，并由具有证券期货相关业务资格的会计师事务所出具标准无保留意见的审计报告。

财务报表被出具带强调事项的无保留审计意见的，应全文披露审计报告正文以及董事会、监事会和注册会计师对强调事项的详细说明，并披露董事会和监事会对审计报告涉及事项的处理情况，说明该事项对公司的影响是否重大、影响是否已经消除、违反公允性的事项是否予以纠正。

第三，公司不存在依据《公司法》第一百八十一条规定解散的情形，或法院依法受理重整、和解或者破产申请。

（三）公司治理机制健全，合法规范经营

1. 公司治理机制健全，是指公司按规定建立股东大会、董事会、监事会和高级管理层（以下简称"三会一层"）组成的公司治理架构，制定相应的公司治理制度，并能证明有效运行，保护股东权益。

第一，公司依法建立"三会一层"，并按照《公司法》、《非上市公众公司监督管理办法》及《非上市公众公司监管指引第3号——章程必备条款》等规定建立公司治理制度。

第二，公司"三会一层"应按照公司治理制度进行规范运作。在报告期内的有限公司阶段应遵守《公司法》的相关规定。

第三，公司董事会应对报告期内公司治理机制执行情况进行讨论、评估。

2. 合法合规经营，是指公司及其控股股东、实际控制人、董事、监事、高级管理人员须依法开展经营活动，经营行为合法、合规，不存在重大违法违规行为。

第一，公司的重大违法违规行为是指公司最近24个月内因违犯国家法律、行政法规、规章的行为，受到刑事处罚或适用重大违法违规情形的行政处罚。

行政处罚是指经济管理部门对涉及公司经营活动的违法违规行为给予

的行政处罚。

重大违法违规情形是指凡被行政处罚的实施机关给予没收违法所得、没收非法财物以上行政处罚的行为，属于重大违法违规情形，但处罚机关依法认定不属于的除外；被行政处罚的实施机关给予罚款的行为，除主办券商和律师能依法合理说明或处罚机关认定该行为不属于重大违法违规行为的以外，都视为重大违法违规情形。

公司最近24个月内不存在涉嫌犯罪被司法机关立案侦查，尚未有明确结论意见的情形。

第二，控股股东、实际控制人合法合规，最近24个月内不存在涉及以下情形的重大违法违规行为：控股股东、实际控制人受刑事处罚；受到与公司规范经营相关的行政处罚，且情节严重者；情节严重的界定参照前述规定；涉嫌犯罪被司法机关立案侦查，尚未有明确结论意见。

第三，现任董事、监事和高级管理人员应具备和遵守《公司法》规定的任职资格和义务，不应存在最近24个月内受到中国证监会行政处罚或者被采取证券市场禁入措施的情形。

3.公司报告期内不应存在股东包括控股股东、实际控制人及其关联方占用公司资金、资产或其他资源的情形。如有，应在申请挂牌前予以归还或规范。

4.公司应设有独立财务部门进行独立的财务会计核算，相关会计政策能如实反映企业财务状况、经营成果和现金流量。

（四）股权明晰，股票发行和转让行为合法合规

1.股权明晰，是指公司的股权结构清晰，权属分明，真实确定，合法合规，股东特别是控股股东、实际控制人及其关联股东或实际支配的股东持有公司的股份不存在权属争议或潜在纠纷。具体来说，公司的股东不存在国家法律、法规、规章及规范性文件规定不适宜担任股东的情形；申请挂牌前存在国有股权转让的情形，应遵守国资管理规定；申请挂牌前外商投资企业的股权转让应遵守商务部门的规定。

2.股票发行和转让合法合规，是指公司的股票发行和转让需依法

履行必要内部决议、外部审批（如有）程序，股票转让须符合限售的规定。

第一，公司股票发行和转让行为合法合规，不存在下列情形：最近36个月内未经法定机关核准，擅自公开或者变相公开发行过证券；违法行为虽然发生在36个月前，目前仍处于持续状态，但《非上市公众公司监督管理办法》实施前形成的股东超200人的股份有限公司经中国证监会确认的除外。

第二，公司股票限售安排应符合《公司法》和《全国中小企业股份转让系统业务规则（试行）》的有关规定。

3.在区域股权市场及其他交易市场进行权益转让的公司，申请股票在全国股份转让系统挂牌前的发行和转让等行为应合法合规。

4.公司的控股子公司或纳入合并报表的其他企业的发行和转让行为需符合《指引》的规定。

（五）主办券商推荐并持续督导

1.企业须经主办券商推荐，双方签署了《推荐挂牌并持续督导协议》。

2.主办券商应完成尽职调查和内核程序，对企业是否符合挂牌条件发表独立意见，并出具推荐报告。

二、挂牌审核

1. 挂牌审核理念浅析

全国股份转让系统挂牌审核的标准，主要围绕"减少自由裁量权、加强信息披露监管"的目标进行设计和安排。

全国股份转让系统公司在挂牌审查中坚持市场化原则，充分发挥中介机构作用，引导挂牌企业如实披露信息和依法合规经营；挂牌条件不设置财务指标，全国股份转让系统公司不对挂牌企业是否具备投资价值做判断，引导市场中介机构和投资人自主选择。

与首次公开发行（IPO）审核中须对企业"持续盈利能力"做判断不同，全国股份转让系统主要关注企业的"持续经营能力"。"持续经营能力"是指公司基于报告期内的生产经营状况，在可预见的将来，有能力按照既定目标持续经营下去；同时公司不存在会计准则中列举的影响其持续经营能力的相关事项，并由具有证券期货相关业务资格的会计师事务所出具标准无保留意见的审计报告。持续经营能力是企业存续和发展的基石，尽管新三板挂牌条件不设置具体财务指标，但"持续经营能力"内涵丰富，严格意义上也隐含着对企业财务情况的基本要求。同时虽然目前"新三板"亦有亏损的企业挂牌，但比例非常低，大量"新三板"挂牌企业极具生命力。随着做市商制度逐渐成熟，相信越来越多的券商为了提高项目质量，将在立项时对"新三板"项目提出财务指标要求，或者赋予"持续经营能力"可以量化的标准。这种做法亦符合"全国股份转让系统公司不对挂牌企业是否具备投资价值做判断"的原则，而是由主办券商对此做出正确判断。

此外，"新三板"可包容目前暂时亏损，但持续发展能力良好的企业，但绝不允许企业有造假的行为，实践中有些企业为了做成盈利而虚构部分业务合同，这种行为得不偿失。

2. "新三板"挂牌条件与首次公开发行（IPO）条件比较

与在主板市场和在创业板市场挂牌条件相比，在"新三板"挂牌有三大显著特点：

第一，无指标性挂牌条件。对挂牌企业的盈利、资产和股本没有硬性要求。

表1-1 "新三板"主要挂牌条件对比

项目	"新三板"挂牌条件	创业板 IPO 条件	主板、中小板 IPO 条件
经营年限	存续满两年。有限责任公司按原账面净资产值折股整体变更为股份有限公司的，存续期间可以从有限责任公司成立之日起计算	持续经营3年以上。有限责任公司按原账面净资产值折股整体变更为股份有限公司的，持续经营时间可以从有限责任公司成立之日起计算	

续表

项目	"新三板"挂牌条件	创业板 IPO 条件	主板、中小板 IPO 条件
盈利要求	具有持续经营能力,是指公司基于报告期内的生产经营状况,在可预见的将来,有能力按照既定目标持续经营下去	最近两年连续盈利,最近两年净利润累计不少于 1000 万元;或者最近一年盈利,最近一年营业收入不少于 5000 万元。净利润以扣除非经常性损益前后孰低者为计算依据	(1)最近 3 个会计年度净利润均为正数且累计超过 3000 万元,以扣除非经常性损益前后孰低为准;(2)最近 3 个会计年度经营活动产生的现金流量净额累计超过 5000 万元;或者最近 3 个会计年度营业收入累计超过 3 亿元
资产要求	无	最近一期末净资产不少于 2000 万元,且不存在未弥补亏损	最近一期末无形资产(扣除土地使用权、水面养殖权和采矿权等之后)占净资产的比例不高于 20%;最近一期末不存在未弥补亏损
股本要求	符合《公司法》规定	发行后股本总额不少于 3000 万元	发行前股本总额不少于 3000 万元
主营业务	业务明确;可同时经营一种或多种业务	主要经营一种业务;最近 2 年内没有发生重大变化	最近 3 年内没有发生重大变化
公司治理	公司治理结构健全,合法规范经营	具有完善的公司治理结构;最近 2 年董事和高管人员没有重大变化,实际控制人没有变更	具有完善的公司治理结构;最近 3 年董事和高管人员没有重大变化,实际控制人没有变更
持续督导	主办券商持续督导	证券上市当年剩余时间及其后 3 个完整会计年度	证券上市当年剩余时间及其后 2 个完整会计年度

第二,挂牌的综合成本较低。首先为直接成本,也可以称为"显性成本",主要包括挂牌成本及融资成本等。"新三板"挂牌速度较快,中介费用较低。从挂牌时间看,从券商进场改制算起,公司股份进入报价转让系统挂牌流通一般在六个月到一年左右的时间,而股票进入主板、中小板或创业板,在目前发审制的要求下,通常需要三年左右甚至更长的时间。从

挂牌的中介费用水平看，在政府财政支持范围内能够解决大部分"新三板"挂牌的中介机构费用，而在主板、中小板或创业板上市的成本要高得多，一只股票的发行费用一般在2000万以上。从上市后的运营成本看，"新三板"采取电子化信息披露方式，不要求披露季报、半年报无须审计，大大降低了合规成本和信息披露成本。此外，全国股份转让系统挂牌企业可以在挂牌时和挂牌后进行定向增资募集资金，大大提高了融资的效率，节省了主板融资的等候成本。在包容的审核理念下，更多的中小企业可以走入资本市场。

其次，为间接成本，也称"隐性成本"，主要是指挂牌公司在挂牌前规范的过程中需要规范内控、公司治理、财务核算、劳动用工等问题，其中尤其在财务规范和劳动用工中，不规范的企业在规范中需要付出一定的税务成本及劳动用工成本等。此外，挂牌后企业成为非上市公众公司，在税务、工商、质检、社会责任等方面规范成本较以往有所增加。

表1-2 挂牌公司股票转让服务收费明细表

收费对象	收费项目	收费标准
投资者	转让经手费	按股票转让成交金额的0.5‰双边收取
挂牌公司	挂牌初费	总股本2000万股（含）以下，3万元； 总股本2000万-5000万股（含），5万元； 总股本5000万-1亿股（含），8万元； 总股本1亿股以上，10万元
	挂牌年费	总股本2000万股（含）以下，2万元； 总股本2000万-5000万股（含），3万元； 总股本5000万-1亿股（含），4万元 总股本1亿股以上，5万元

第三，挂牌公司的多元性。截至2014年12月30日，"新三板"挂牌企业达到1572家。企业所处行业分布广泛，包括信息技术、制造业、社会服务业、计算机、采掘业、电力设备与新能源、医药生物、农林牧副渔业、建筑业、传播与文化、机械、食品饮料、建筑和工程等行业。在全部上市公司中，制造业挂牌企业数量最多，达883家，占比56.17%，行业总股本达339.73亿元，占比51.60%；信息技术行业次之，共有挂牌企业360

家，占比 22.90%，行业总股本 84.85 亿股，占比 51.60%（见图 1-1）。

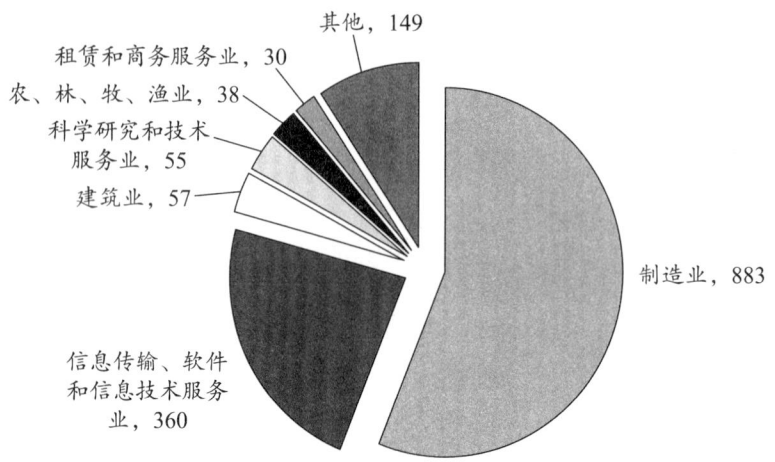

图 1-1 "新三板"挂牌企业行业分布（单位：家）

三、适合在新三板挂牌的企业

新修改的《业务规则》不设具体的财务指标，准入包容性强。一方面，意在鼓励符合条件的各种业态积极申请挂牌，以增强场外市场服务实体经济的深度和广度；另一方面，体现了股份转让系统一贯坚持的"尊重市场选择"的入市理念。较低的挂牌门槛让更多企业具备了挂牌的可能。从申请挂牌到最终实现挂牌，是主办券商基于终身督导、做市转让、后续服务等要求，投资人基于获得充分的信息披露和估值，企业基于自身的发展战略和需要，所做出的市场化选择。在企业自身、主办券商和投资人的多重选择之下，具备如下特点、满足挂牌条件的企业类型适合在"新三板"挂牌。

（一）技术含量高，处于初创期的企业

高科技企业在初创期规模小、风险高，诸如生物医药、互联网和信息技术等行业的企业。虽然产品研发已经取得了一定的成果，获得了一定的市场认可，但囊中羞涩，进一步扩大企业规模还需要外部资金支持。这类企业通过挂牌"新三板"，可以通过定向增资募集到扩产所需的资金，从而进一步打开公司的经营局面，实现盈利。同时，企业还有望通过"新三板"的公众平台提升知名度，吸引更多创投资本，为后续发展打下坚实的根基。

（二）具备一定盈利能力却面临发展瓶颈的企业

初创期后，企业经过三五年的发展，取得了相对稳定的市场地位和一定的盈利能力，但企业碰到了发展的瓶颈期，内部管理、研发实力和市场占有率等难以获得质的提升。此类企业面临良好的市场机遇，发展诉求强烈，在"新三板"挂牌后，一方面，可以通过定向发行股票、私募债、优先股和可转债等融资手段募资；另一方面，可以借"新三板"挂牌的契机，规范企业内部运作，履行挂牌公司信息披露义务，让企业迈向新的成长阶段。

（三）未来2-3年有上市计划的企业

"新三板"接受证监会的监管，这类企业在"新三板"挂牌，可以提前规范公司的财务、业务和公司治理等问题，适应资本市场的规则，让企业转板到主板或创业板的条件成熟。

（四）受各种条件限制暂时难以上市的企业

有些企业发展较为稳定，也具有较强的盈利能力，但由于行业属性（如担保公司、城商行、小贷公司、PE管理机构等）和规模等原因，受IPO政策限定暂时难以上市，再加上主板上市资源的稀缺性，这些企业可以通过挂牌"新三板"来谋求进一步发展的机会。

（五）寻求并购和被并购机会的企业

通过并购重组实现外延扩张是企业快速扩大规模的高效方式。"新三板"挂牌企业在治理结构和财务规范程度等方面得到显著改善，也为并购重组奠定了基础。作为运作规范，证监会出台了《非上市公众公司收购管理办法》和《非上市公众公司重大资产重组管理办法》，该规范已于2014年7月23日施行（见图1-2）。

```
┌─────────────┐    ┌─────────────┐
│ 主板市场     │    │ 创业板       │
│ 行业龙头。   │    │ 自主创新企业。│
│ 大型、骨干型 │    │ 成长型创业   │
│ 企业。       │    │ 企业。       │
│ 蓝筹企业。   │    │              │
└─────────────┘    └─────────────┘

┌─────────────┐    ┌─────────────┐
│ 中小板       │    │ 新三板       │
│ 中小规模。   │    │ 创新企业。   │
│ 发展成熟。   │    │ 创业企业。   │
└─────────────┘    └─────────────┘
```

图1-2 适合不同市场的企业类型对比

第二节 挂牌流程

公司申请在"新三板"挂牌的流程清晰有序。一般需经过股份制改造（改制）、推荐挂牌、挂牌审核和正式挂牌等四个阶段，以下逐次介绍（见图1-3）。

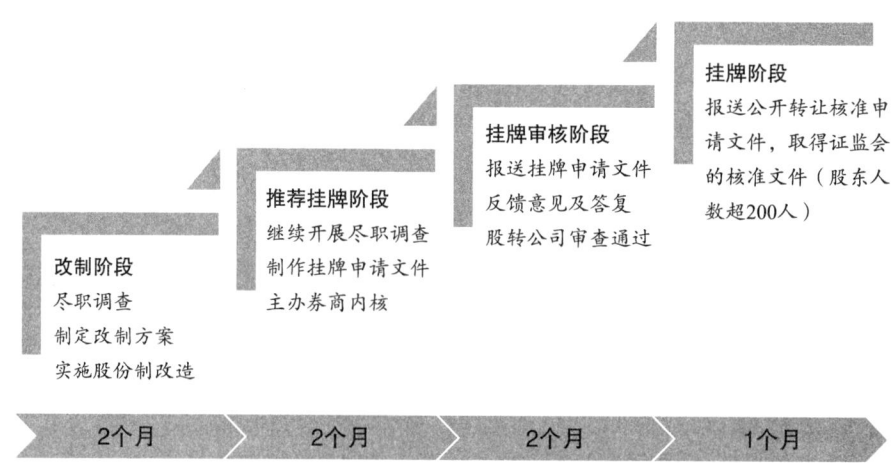

图1-3 挂牌流程、各阶段重点步骤和时间

一、改制阶段

申请在"新三板"挂牌的公司必须符合《业务规则》所规定的主体资格、主营业务、公司治理、股权结构等几方面的要求,因而企业必须经过股份制改造(改制)这一关键性的挂牌前期筹备阶段。改制阶段涉及业务、资产、管理、财务、法律、人员等诸多问题,参与方包括企业、主办券商、会计师事务所、律师事务所、评估事务所等。由主办券商主导、协调并督促各中介机构的工作推进。改制成功与否直接决定了企业能否在"新三板"成功挂牌。

(一)改制概览

1. 什么是改制

根据《业务规则》的要求,在"新三板"挂牌的公司必须是股份有限公司。非股份有限公司的企业必须经过改制成为股份有限公司。在实务操作中,改制主要涉及的是有限责任公司转变为股份有限公司。申请挂牌的企业大多规模较小,多采用有限责任公司的形式。对于非有限责任公司,包括独资企业、合伙企业、股份合作企业和集体企业等,一般先将其改制为有限责任公司,然后再进行股份制改造。

2. 改制的目的

股份制改造是企业在"新三板"挂牌的基本要求。通过股份制改造帮助企业厘清历史出资、股权关系、资产权属、商业模式、治理结构、资产、业务、财务、人员和机构独立性等方面的问题和隐患,使企业成为具有清晰股权结构、完整业务体系、健全治理机制的现代化股份有限公司,为企业未来扩大规模、筹集资金、加速发展奠定基础,对于企业长远发展具有重大意义。

3. 改制的方式

在实务操作中,股份制改造主要有以下两种方式:

(1)发起设立股份有限公司

有限责任公司发起设立股份有限公司,是指有限责任公司作为主要发起人，与其他发起人共同发起设立股份有限公司。我国《公司法》对发起设立股份有限公司有具体的要求发起人数量应当有 2 人以上 200 人以下等。此种方式下，存续时间从股份有限公司发起设立之日起计算。

（2）整体折股变更为股份有限公司

根据《全国中小企业股份转让系统股票挂牌条件适用基本标准指引（试行）》的规定，有限责任公司可以按原账面净资产值折股整体变更为股份有限公司。注意，整体变更不应改变历史成本计价原则，不应根据资产评估结果进行账务调整，应以改制基准日经审计的净资产额为依据折合为股份有限公司股本。这种方式下，存续时间可从有限责任公司成立之日起计算，更易于企业达到"新三板"挂牌的基本条件——存续满两年，因而此方式在实务中应用较多。

（二）改制流程

1. 改制预备阶段

拟改制企业根据企业改制目标、发展方向和业务规划等，初步拟定改制方案。拟引入新投资者的，企业应考虑其增资额度及增资价格。同时，拟改制企业还要选择并确定中介机构，证券公司、律师事务所、会计师事务所是法定必须聘请的中介机构，涉及资产评估等环节时还需要评估事务所等。企业在选择中介机构时应注意以下几个方面：

（1）资格。

证券公司作为整个挂牌过程中的主办券商，必须具备股份转让系统规定的推荐挂牌的资格。律师事务所、会计师事务所也需具备相关执业资格，会计师事务所还应具备证券、期货相关业务资格。

（2）中介机构与从业人员的声誉。

企业可以根据中介机构的声誉来考量，良好的声誉是中介机构内在质量的可靠保证。

（3）中介机构对企业挂牌"新三板"的重视程度、资源投入情况。

（4）中介机构间的配合。

整个挂牌过程需要各中介机构的密切配合，成功挂牌"新三板"是申请挂牌企业以及各中介机构合力的结果。

（5）费用。

全国股份转让系统挂牌由券商、律师事务所、会计师事务所及评估公司四家中介共同提供服务，挂牌业务的收费由上述四家中介的费用构成。收费标准根据企业具体情况确定。企业挂牌后的费用主要包括主办券商收取的持续督导年费、会计师事务所年度审计费用、股转系统公司收取的挂牌年费等。

2. 中介机构进场开展尽职调查

主办券商、会计师事务所、律师事务所三方中介机构在对企业初步调查的基础上，分别与申请挂牌企业达成"新三板"挂牌的合作意向，签订《保密协议》后进场。根据《全国股份转让系统主办券商推荐业务规定（试行）》，主办券商应针对每家申请挂牌公司设立专门项目小组，负责尽职调查，起草尽职调查报告。

项目小组应由主办券商内部人员组成，其成员须取得证券执业资格，其中注册会计师、律师和行业分析师至少各一名。行业分析师应具有申请挂牌公司所属行业的相关专业知识，并在最近一年内发表过有关该行业的研究报告。

尽职调查是各中介机构遵循勤勉尽责、诚实守信原则，以形成有利于投资者做出投资决策的信息披露文件为目的，对公司进行的充分调查。

改制阶段尽职调查的范围包括：企业的历史沿革、股权机构及演变、治理结构和内部控制、资产权属情况、业务技术和盈利模式、竞争格局及行业地位、公司发展目标、独立运营情况、关联交易情况和财务与风险状况等。

各中介机构均要对申请挂牌公司进行尽职调查，但侧重点有区别。主办券商尽职调查最为全面，实务中由其全盘统筹。律师侧重公司法律方面的问题，会计师侧重财务情况。

尽职调查的方式可以是通过问卷调查、向银行发询证函、到政府相关部门调档、对企业负责人访谈和现场调查等。

项目小组完成尽职调查工作后，应出具尽职调查报告，各成员应在尽职调查报告上签名，承诺已参加尽职调查工作并对其负责。主办券商应当建立健全尽职调查工作底稿制度，要求项目小组真实、准确、完整地记录整个尽职调查过程。

3. 制订改制方案

改制方案主要包括：设立方式、发起人数量、注册资本、股本规模、业务范围、邀请发起人（新引入的战略投资者）、改制基准日和折股方案等。

企业确定改制基准日后，会计师和资产评估师要分别对企业的财务和资产状况进行核查，出具《审计报告》和《资产评估报告》。

4. 签署发起人协议书，明确各自在公司设立过程中的权利和义务。

5. 向公司登记机关申请名称预先核准。

6. 发起人制订公司章程。

7. 发起人按照公司章程的规定缴纳出资，依法办理以非货币性财产出资的财产权的转移手续，会计师出具《验资报告》。

8. 召开创立大会，选举董事会和监事会成员。由董事会向公司登记机关报送公司章程、验资证明以及法律、行政法规规定的其他文件，申请设立登记。

（三）改制中重点关注的问题

1. 独立性

根据《业务规则》，挂牌公司与控股股东、实际控制人及其控制的其他企业应实行人员、资产、财务分开，各自独立核算、独立承担责任和风险。通常在改制过程中，要注意保持以下几方面的独立性：

资产独立：要求公司拥有与生产经营有关的土地、厂房、机器设备、专利等知识产权的所有权和使用权。公司近两年不存在资产被控股股东、实际控制人及其控制的其他企业占用，或者为控股股东、实际控制人及其控制的其他企业提供担保的情况。

业务独立：要求申请挂牌的公司与控股股东、实际控制人及其控制的其他企业间不存在同业竞争或者严重影响公司独立性或显失公平的关联交易。公司应形成清晰的业务发展战略，具备独立的原料采购和产品销售体系，具有直接面向市场的独立经营能力。

机构独立：要求公司的生产经营场所和办公机构独立，不存在与控股股东、实际控制人控制的其他企业混合经营、合署办公的情况。公司完全拥有机构设置的自主权。

人员独立：要求公司的高级管理人员专职在公司工作并领取报酬，不得在持有申请公司5%以上股权的股东单位及其下属企业担任除董事、监事以外的任何职务，不得存在自营或为他人经营与公司经营范围相同或相近业务的情形。同时，公司应建立独立的劳动、人事及工资管理体系。

财务独立：要求公司设立自身的财务会计部门，建立独立的财务核算体系和财务管理制度，做出独立的财务决策。公司在银行拥有独立账户，依法独立进行纳税申报和缴纳。

2. 同业竞争

同业竞争是指公司所从事的业务与其控股股东、实际控制人及其所控制的企业所从事的业务相同或近似，双方构成或可能构成直接或间接的利益冲突关系。尽管《业务规则》未对同业竞争问题予以明确，但从保护其他股东利益、吸引投资者的角度出发，应避免同业竞争，这也是上述业务独立的重要内容。

一般解决同业竞争问题的方式有：

- 发行人收购竞争方拥有的竞争性业务；
- 竞争方将竞争性业务作为出资投入发行人，获得发行人的股份；
- 发行人对竞争方进行吸收合并；
- 发行人将竞争性的业务转让给竞争方；
- 竞争方将竞争性的业务转让给无关联的第三方；
- 发行人放弃与竞争方存在同业竞争的业务；
- 控股股东及实际控制人今后不再进行同业竞争的有法律约束力的书面承诺。

3. 关联交易[①]

根据《企业会计准则第36号——关联方披露》（2006）财会（2006）3号，

[①] 《上海证券交易所股票上市规则》以及证监会《上市公司信息披露管理办法》定义的关联交易，是指上市公司或者其控股子公司与上市公司关联人之间发生的转移资源或者义务的事项。

关联交易的定义是指，关联方之间转移资源、劳务或义务的行为，而不论是否收取价款，关联交易的存在可能给挂牌后的公司提供利润转移或掏空公司的机会，损坏其他股东的利益。因而，关联交易应予以规范。

二、推荐挂牌阶段

企业经过股份制改造成为符合《业务规则》要求的股份有限公司后，即进入推荐挂牌阶段。在主办券商的主导下，各中介机构继续开展尽职调查，制作挂牌申请文件，包括《公开转让说明书（申报稿）》、主办券商出具的《尽调报告》及尽调工作底稿、律师出具的《法律意见书》、会计师出具的《审计报告》等，并提交主办券商内核机构进行审核。内核通过后，由主办券商向股份转让系统提交推荐报告及其他申请文件。

（一）内核机构

根据《全国中小企业股份转让系统主办券商推荐业务规定》，主办券商应设立内核机构，负责推荐文件和挂牌申请文件的审核，并对下述事项发表审核意见：

1. 项目小组是否已按照尽职调查工作的要求对申请挂牌公司进行了尽职调查；
2. 申请挂牌公司拟披露的信息是否符合全国股份转让系统公司有关信息披露的规定；
3. 申请挂牌公司是否符合挂牌条件；
4. 是否同意推荐申请挂牌公司股票挂牌。

内核机构应由十名以上成员组成，可以外聘。最近三年内受到中国证监会行政处罚或证券行业自律组织纪律处分的人员，不得聘请为内核机构成员。

（二）内核会议

根据项目小组的申请，内核机构负责召开内核会议，审核挂牌申请文件和推荐报告。根据规定，每次会议须七名以上内核机构成员出席，其中律师、注册会计师和行业专家各至少一名。项目小组成员可以列席内核会议，汇报、说明并回答质询。

内核会议对是否同意推荐申请挂牌公司股票挂牌进行表决，表决应采取记名投票方式，每人一票，三分之二以上赞成，且指定注册会计师、律师和行业专家均为赞成票为通过。主办券商应根据内核意见，决定是否向全国股份转让系统公司推荐申请挂牌公司股票挂牌。

（三）不得推荐挂牌的情形

存在下列情形之一的，主办券商不得推荐申请挂牌公司股票挂牌：

1. 主办券商直接或间接合计持有申请挂牌公司百分之七以上的股份，或者是其前五名股东之一，主办券商以做市目的持有的申请挂牌公司股份的除外；

2. 申请挂牌公司直接或间接合计持有主办券商百分之七以上的股份，或者是其前五名股东之一；

3. 主办券商前十名股东中任何一名股东为申请挂牌公司前三名股东之一；

4. 主办券商与申请挂牌公司之间存在其他重大影响的关联关系。

（四）主办券商内核未通过案例分析

案例1-1

遭受行政处罚，未取得处罚机关认定，且持续经营能力受质疑。

某贸易公司，注册资本1500万元，主营业务为销售电磁辐射、电离辐射等仪器仪表并提供监测、检测、运行维护服务。基本财务状况如下：

项　目	2013年1-6月	2012年	2011年
营业收入	1950万	4200万	4400万
营业成本	1200万	2600万	2570万
净利润	-13万	260万	680万
经营性现金流量净额	-230万	99万	550万

撤销申请依据及问题分析如下：

（1）报告期内公司财务数据存在重大调整，并根据调整结果向税务部门补缴税款200多万元，同时缴纳滞纳金80多万元。根据《挂牌条件适用基本标准指引（试行）》，凡被行政处罚的实施机关给予没收违法所得、没收非法财物以上行政处罚的行为，除处罚机关依法认定不属于的外都属于重大违法违规情形；被给予罚款的行为，主办券商和律师可以依法合理说明或处罚机关认定不属于重大违法违规行为。虽公司少缴税款的事项暂未受到税务机关处罚，但补缴税款金额相对较大，在未取得税务机关对该事项的说明之前认定公司不存在重大违法违规行为且无充分依据。

（2）公司自身仅仅作为国外某产品在国内的一级代理商，供应商非常集中，同时在商业模式上也未见重大创新，总体上缺乏核心竞争力。报告期内，收入未见增长，毛利率逐年下降，2013年上半年亏损。根据《业务规则》，拟挂牌企业应当"业务明确，具有持续经营能力"。依据现有资料，尚不足以准确判断公司的持续经营能力。

（3）报告期内，公司通过实际控制人控制的香港公司向国外采购产品，出现大量关联交易，关联交易定价的必要性、公允性无法充分说明，且实际控制人目前尚无注销香港公司的计划，公司治理存在瑕疵。

案例1-2

业务渠道狭窄，财务表现不佳，会计基础薄弱，
会计核算真实性存疑，持续经营能力弱，被股转系统劝退。

某系统集成公司，注册资本600万元，主营业务为系统集成服务、软件开发、信息技术咨询、信息系统运维服务及系统集成配套产品的销售。基本财务状况如下：

项目	2013年1-7月	2012年	2011年
营业收入	750万	1100万	550万
营业成本	530万	700万	350万
净利润	120万	205万	60万
经营性现金流量净额	-160万	170万	18万

撤销申请依据及问题分析如下：

公司的业务主要集中在某市区街道办事处等基层政府单位，公司曾于2009年与该政府单位签订了采购定点框架协议，协议有效期为2009年至2011年，现已过期且未再续签，原因尚不明确。根据说明书已披露信息，现有已签订待执行的合同金额仅170万元，其余大部分合同尚处于洽商中，存在较大不确定性。根据《业务规则》，拟挂牌企业应当"业务明确，具有持续经营能力"。而依据现有资料，公司业务获取途径以及现有经营模式的可持续性尚不明确，2013年财务现金流为负，加之公司总体规模太小、会计核算基础薄弱，内核委员会决定对该公司的推荐挂牌申请暂不予通过。

三、挂牌审核阶段

经过推荐挂牌阶段后，主办券商将正式向全国股份转让系统公司提出挂牌申请。具体流程在2013年12月30日修改的《股份公司申请在全国中小企业转让系统公开转让、股票发行的审查工作流程》中有明确规定。

（一）股东人数未超过200人的股份有限公司

股东人数未超过200人的股份有限公司，直接向全国股份转让系统公司申请挂牌。要求披露的文件（见图1-4）：

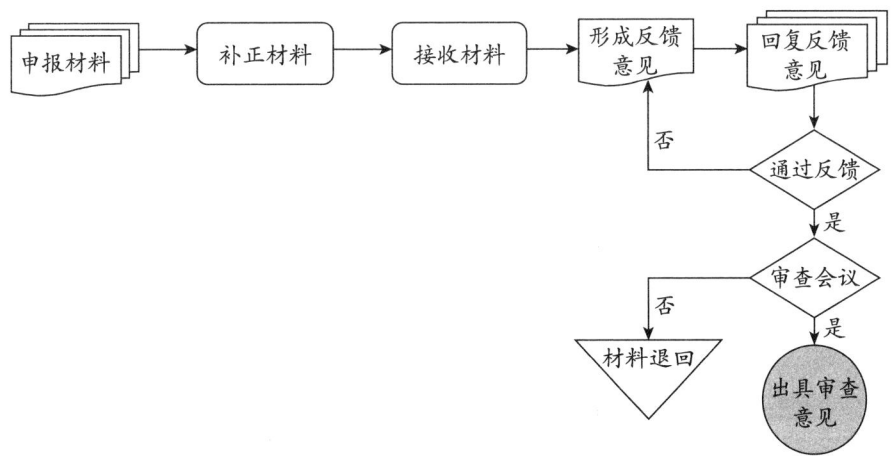

图1-4　股东人数未超过200人的股份有限公司挂牌审核流程

全国股份转让系统公司设接收申请材料的服务窗口。2013年12月30日修改的《全国中小企业股份转让系统挂牌申请文件内容与格式指引（试行）》列明了需要提交的文件目录，其中包括：公开转让说明书（申报稿）；财务报表及审计报告（最近两年及一期）；法律意见书；公司章程；主办券商推荐报告；定向发行情况报告书（如有）。

（二）股东人数超过200人的股份有限公司

根据新修改的《业务规则》，拟申请挂牌公司的股东人数可以超过200人。股东人数超200人的股份有限公司，公开转让申请经中国证监会核准后，再按规定向系统公司申请挂牌（见图1-5）。

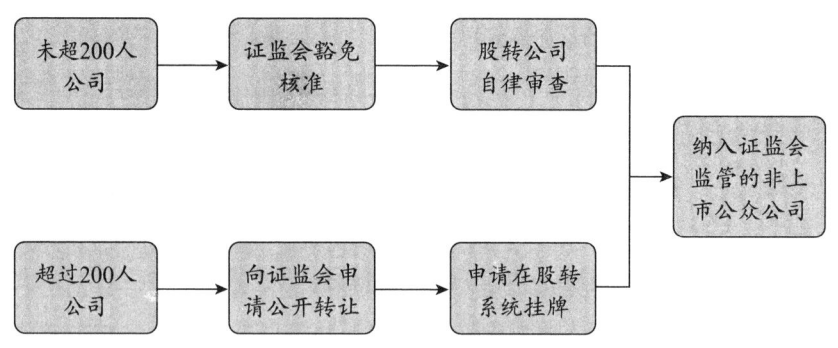

图1-5　股东人数差异与挂牌审核流程对比

要求披露的文件：根据《全国中小企业股份转让系统挂牌申请文件内容与格式指引（试行）》，要求披露的文件与股东人数未超过200人时有所不同，披露文件指出：公开转让说明书（证监会核准的最终稿）；财务报表及审计报告；法律意见书；公司章程；主办券商推荐报告；股票发行情况报告书（如有）；中国证监会核准文件。

四、挂牌阶段

在"新三板"挂牌阶段的流程如图1-6。

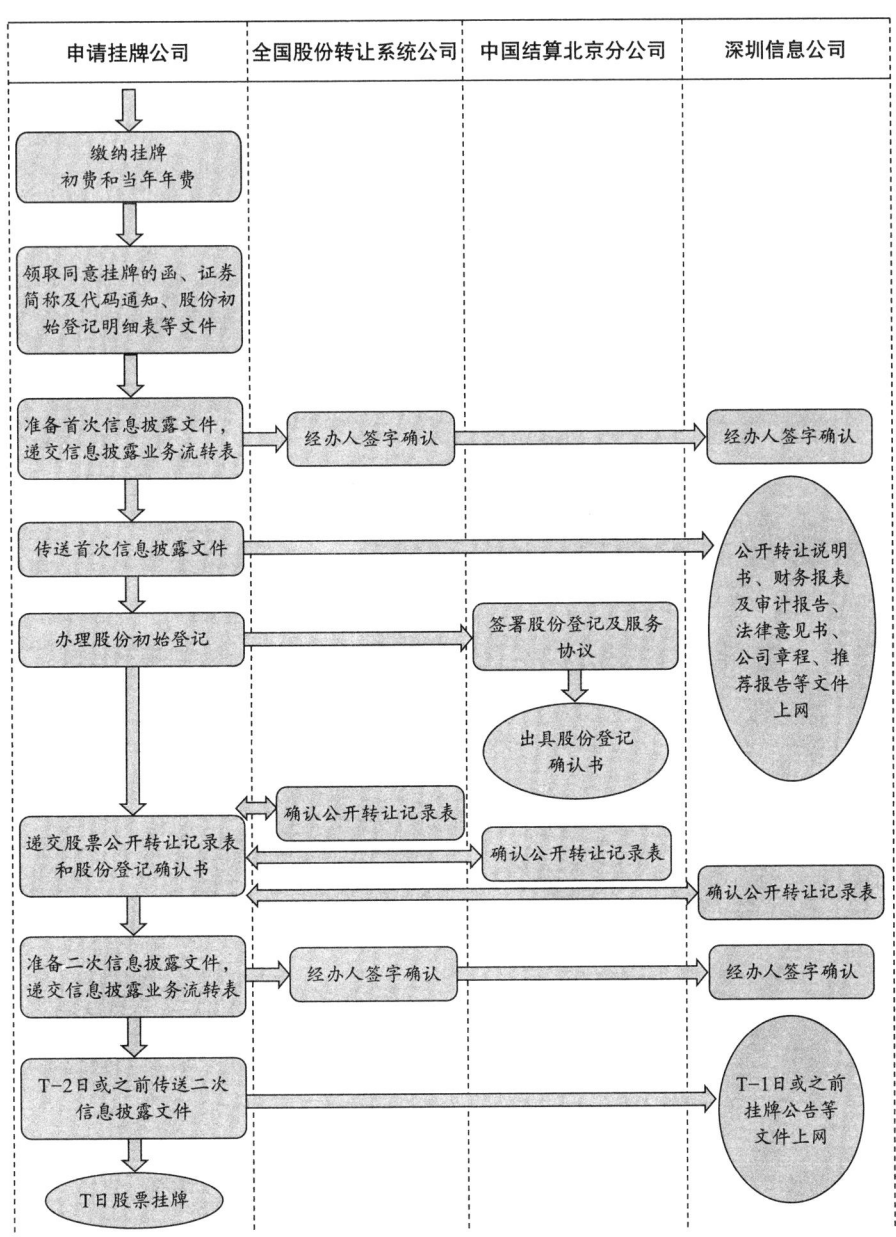

图1-6 挂牌阶段一般流程图

首先,申请挂牌公司应向股份转让系统公司申请证券简称及证券代码,并缴纳挂牌初费和年费,领取挂牌相关文件。注意,公司股票挂牌时,如股份存在首次解除转让限制的情形,申请挂牌公司应向主办券商提交股份首次解除转让限制申请材料，经主办券商审核盖章后，提交至股份转让系统公司。

取得证券简称和代码的当日，公司及主办券商应向深圳证券信息公司报送挂牌前的首次信息披露文件①，第二个工作日或之前相关文件应在股份转让系统指定信息披露平台披露（www.neeq.com.cn/www.neeq.cc）。同时，公司还需前往中国证券登记结算有限责任公司北京分公司办理股份初始登记，取得《股份登记确认书》。

最后，公司获得《股份登记确认书》的当日，应向全国股份转让系统公司报送《股份登记确认书》、《股票公开转让记录表》等文件，办理挂牌前的第二次信息披露事宜②。T–1日或之前，第二次信息披露的相关文件应在上述指定信息披露平台披露，并在T日正式挂牌。

第三节　券商及各中介职责与工作流程

一、主办券商制度

全国股份转让系统实行主办券商制度。作为"新三板"的特色制度，"新三板"主办券商制度的核心安排是主办券商不仅负责推荐企业挂牌，而且要在推荐企业挂牌后，从促进企业的发展与成长、提升企业内在价值出发，为企业提供持续的督导与服务，突出主办券商对挂牌公司终身服务的理念。

---

① 首次信息披露文件包括：1.公开转让说明书；2.财务报表及审计报告；3.补充审计期间的财务报表及审计报告（如有）；4.法律意见书；5.补充法律意见书（如有）；6.公司章程；7.主办券商推荐报告；8.定向发行情况报告书（如有）；9.全国股份转让系统公司同意挂牌的函；10.中国证监会核准文件；11.其他公告文件。文件披露后，不得随意更改、替换或撤销。如有特殊原因确需修改，申请挂牌公司和主办券商应当及时向全国股份转让系统公司挂牌业务部提出申请。

② 挂牌前的第二次信息披露文件包括：1.关于公司股票将在全国股份转让系统挂牌公开转让的提示性公告；2.关于公司定向发行股票将在全国股份转让系统挂牌公开转让的公告（如有）；3.其他公告文件。

《暂行办法》、《全国中小企业股份转让系统主办券商管理细则》和《全国中小企业股份转让系统主办券商持续督导工作指引（试行）》构成了主办券商制度的完整体系。根据《管理细则》的要求，对主办券商实行业务备案制度，即凡具有证监会批准的相应业务资格并在人员、技术上符合有关要求的证券公司均可向全国股转系统提交申请，备案后即可开展相关业务。鉴于各业务的性质不同，股份转让系统对申请从事不同业务的主办券商也提出了不同的要求，汇总如表1-3显示：

表1-3　券商开办不同业务的资质要求

推荐业务	经纪业务	做市业务
具备证券承销与保荐业务资格 设立推荐业务专门部门 配备合格专业人员 建立尽职调查制度、工作底稿制度、内核工作制度、持续督导制度及其他推荐业务管理制度 其他	具备证券经纪业务资格 配备开展经纪业务必要人员 建立投资者适当性管理工作制度、交易结算管理制度及其他经纪业务管理制度 具备符合全国股份转让系统公司要求的交易技术系统 其他	具备证券自营业务资格 设立做市业务专门部门 配备开展做市业务必要人员 建立做市股票报价管理制度、库存股管理制度、做市风险监控制度及其他做市业务管理制度　具备符合全国股份转让系统公司要求的做市交易技术系统 其他

《管理细则》同时强化了对主办券商的持续管理和信息披露，即强化过程监管和行为监管，明确主办券商从事尽职调查、持续管理制度、落实投资者适当性管理制度、异常交易处理等业务要求；督促主办券商勤勉尽责、归位尽责。

在主办券商制度下，公司挂牌基本由主办券商决定，成功挂牌后，主办券商还要对公司的信息披露和公司治理等进行持续督导，以提升挂牌公司的规范运作水平和信息公开透明程度，督促企业牢固树立公众公司意识和回报投资者的意识，促进企业在规范运营的基础上实现持续稳健的发展。对券商而言，这一责权利相一致的制度安排，使挂牌企业的质量与发展同主办券商的利益和信誉密切相关，促进主办券商与高新技术中小企业共同成长。引导主办券商建立自我约束、自我发展的机制，实现主办券商和挂牌公司间的相互监督与制衡。

二、券商及各中介主要职责

企业在"新三板"挂牌过程中涉及的中介机构包括：证券公司（作为主办券商）、会计师事务所、律师事务所和资产评估机构（如需要评估）。我们将这些中介机构在企业挂牌"新三板"的过程中所承担的主要职责按第二节"挂牌流程"依次反映，以便读者更清晰地了解各中介机构在挂牌流程中的职责所在。

表 1-4 券商及各中介主要职责

阶段	主办券商	律师事务所	会计师事务所
改制阶段	成立项目小组，开展尽职调查；根据企业的融资需求，为企业引入战略投资者；协同企业制定改制方案；对公司主要股东、董事、监事和高级管理人员等进行辅导和专业培训，帮助其了解与"新三板"挂牌有关的操作流程。	对改制过程中的法律事项尽职调查，提供法律意见；辅导企业设立或变更为股份有限公司；起草《三会》决议、发起人协议、公司章程等文件；对公司主要股东、董事、监事和高级管理人员等进行辅导和法律知识培训。	对申请挂牌企业的财务状况进行尽职调查，出具改制《审计报告》；负责申请挂牌企业的资本验证，出具《验资报告》。
推荐挂牌阶段	继续开展尽职调查，出具尽职调查报告；组织申请挂牌企业和中介机构制作挂牌申请文件；将申请材料提交内核机构审议，出具内核意见；同意推荐的，出具推荐报告。	继续进行尽职调查；出具《法律意见书》等申请文件；对各种挂牌申请文件的合规性进行判断。	继续进行尽职调查；出具最近两年及一期的《审计报告》。
挂牌审核阶段	组织申请挂牌企业和中介机构针对股转系统的审核反馈意见进行回复或整改。	针对股转系统的审核反馈意见进行回复或整改。	针对股转系统的审核反馈意见进行回复或整改。
挂牌阶段	协助企业完成挂牌流程。	为企业挂牌前后的各种法律事务提供咨询。	提供与企业挂牌有关的财务会计咨询服务。

续表

阶段	主办券商	律师事务所	会计师事务所
挂牌之后	持续督导挂牌公司诚实守信、规范履行信息披露义务、完善公司治理机制； 检查挂牌公司"三会"规范运作情况； 督导挂牌公司规范履行信息披露义务，事前审查信息披露文件； 对挂牌公司进行现场检查； 持续的培训服务； 建立与挂牌公司的日常联系机制； 解答挂牌公司各种业务咨询。	为企业各种法律事务提供相关服务，包括但不限于对挂牌公司的年度股东大会进行见证。	提供与企业挂牌有关的财务会计咨询审计服务，包括但不限于对挂牌公司进行年度审计并出具审计报告。

公司在改制阶段还需要资产评估机构的参与。资产评估机构对股份有限公司设立过程中使用的实物、知识产权、土地使用权等非货币资产进行评估作价、核实资产，出具《资产评估报告》。

企业为了在"新三板"顺利挂牌也需要完成如下工作：初期遴选中介机构；成立内部股改小组，初步拟定改制方案；形成股份挂牌报价转让决议；配合中介机构尽职调查，提供相关必需材料；配合中介机构完成各种文件的起草和提交等。企业成功挂牌"新三板"后还须持续开展两项工作：一是持续信息披露，包括临时公告和年报等；二是接受主办报价券商的督导，并且接受公众投资者的咨询。

三、券商及各中介工作流程

第一步：尽职调查。三大法定中介机构（证券公司、会计师事务所和律师事务所）经过对申请挂牌公司的初步调查，与公司签订保密协议后，进场对公司进行实质性的尽职调查。

第二步：形成股改方案。主办券商协助企业确定股改方案，并协调中介机构和企业由非股份有限公司变更为股份有限公司。

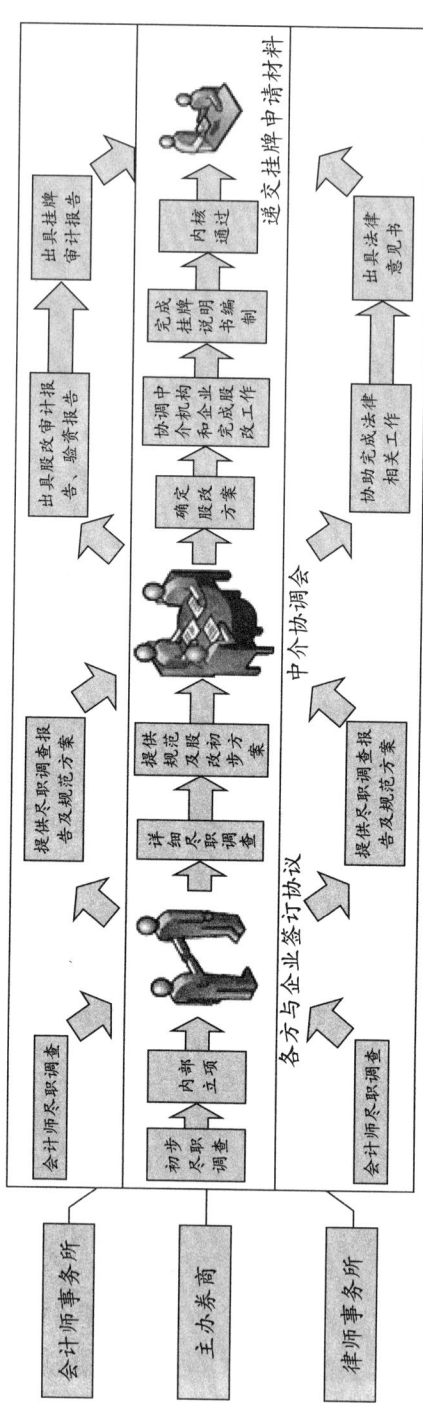

图 1-7 券商及各中介企业挂牌工作流程简图

第三步：内核与挂牌审核。在主办券商的主导下，各中介机构制作所需挂牌申请文件并提交内核机构内核，内核通过后由主办券商形成推荐报告及其他申请文件，提交股份转让系统进行挂牌审核。

第四步：挂牌。挂牌审核通过后，企业进入正式挂牌的流程，包括申请证券简称和代码、办理股份初始登记、相关文件公开上网披露、举行挂牌仪式等。至此，企业正式在"新三板"挂牌。

第四节 地方政府"新三板"补贴制度分析

一、地方政府"新三板"补贴现状

我国地方政府对企业在"新三板"挂牌的补贴政策较为普遍，通过对30多家地方政府的补贴政策分析，其特点和规律大致归纳如下：

1. 高新技术企业的支持导向。大多数城市的补贴政策适用于该城市的高新技术开发区企业。有些城市在市一级对所有在"新三板"挂牌企业提供补贴，同时其高新区还另外对挂牌企业给予补贴。例如东莞市对所有成功挂牌企业给予100万元奖励，同时东莞市松山湖高新区另奖励50万元。这样的政策对高新区内的企业有更大的激励。

2. 全行业"普惠"补贴。目前，各地政府给出的挂牌补贴不区分行业，成功挂牌的企业均可以得到补贴，不存在行业差别。从长期来看，政府可以考虑国家产业结构调整方向，结合本地区主导产业的发展，形成一定的行业补贴差异，充分利用政府补贴的引导功能。

3. 补贴存在区域差异。目前"新三板"挂牌企业的补贴存在区域分布上的差异。经济发达地区政府的补贴从市到区层层补贴，同时，辅助以相应税收优惠和补贴。

4. "新三板"挂牌呈常态化后，地方政府的补贴政策将面临革新。随着"新三板"挂牌企业数目的增加，部分地区政府补贴开始缩减，比如东莞市2013年"新三板"补贴可达200万至300万元，目前补贴150万元，有所下调。但是，在部分二、三线城市，"新三板"补贴政策起步较晚，目前仍然处于比较积极的状态，比如，西安市最新的政策是将补贴从 80 万元提高到了 150 万元。总体来说，随着挂牌企业数的增加，补贴政策的引导和示范效应得到充分发挥，"新三板"挂牌将成为企业融资和资本运营的主要通道。

表 1-5　地方政府"新三板"补贴政策

园区名称	财政补贴金额	财政补贴发放时间及办法	税收优惠政策	备注（政策文件）
北京中关村科技园区	60 万	改制后中关村园区管委会一次性补贴 30 万元，成功挂牌后一次性补贴 30 万元		《关于印发〈中关村国家自主创新示范区企业改制上市和并购支持资金管理办法〉的通知》（中科园发〔2014〕27 号）
上海张江高新园区	不超过 160 万	改制费用补助最高不超过 60 万元，挂牌费用补助最高不超过 100 万元		《关于印发〈上海市张江高科技园区科技孵化及加速发展扶持办法〉的通知》（沪张江园区管〔2012〕145 号，有效期至 2015 年 12 月 31 日）
苏州高新区	230 万	挂牌成功后园区一次性奖励。江苏省财政厅给予 30 万元补助。2013 年底前挂牌成功，区级财政将给予挂牌企业总额 200 万元奖励。今后两年的奖励金额将视当年政策实施情况进行延续或调整	个人股东用未分配利润、盈余公积金转增股本的，以缴纳个人所得税时点算起，两年内缓征。从第三年开始分年度缴清（第 3 至 5 年分别为 30%、30% 和 40%）	《苏州高新区"新三板"挂牌企业三年培育计划（试行）》（苏高新管〔2013〕200 号）；《江苏省财政厅关于促进金融业创新发展的若干意见》（苏财金〔2014〕23 号）

续表

园区名称	财政补贴金额	财政补贴发放时间及办法	税收优惠政策	备注（政策文件）
苏州工业园区	230万	分企业改制结束、正式递交申请和正式挂牌三阶段，按50万元、50万元、100万元的比例分步兑现。江苏省财政厅给予30万元补助	个人股东用未分配利润、盈余公积金转增股本的，以缴纳个人所得税时点算起，两年内缓征。从第三年开始分年度缴清（第3至5年分别为30%、30%和40%）	《苏州工业园区管委会关于新三板政策的抄告单》（苏园抄字〔2011〕第4号）；《江苏省财政厅关于促进金融业创新发展的若干意见》（苏财金〔2014〕23号）
苏州相城区	230万	挂牌成功后园区一次性奖励200万元。江苏省财政厅给予30万元补助	个人股东用未分配利润、盈余公积金转增股本的，以缴纳个人所得税时点算起，两年内缓征。从第三年开始分年度缴清（第3至5年分别为30%、30%和40%）	《苏州相城区关于印发〈关于推进"新三板"挂牌企业培育工作的实施意见〉的通知》（相政发〔2013〕60号）；《江苏省财政厅关于促进金融业创新发展的若干意见》（苏财金〔2014〕23号）
温州	100万	挂牌成功后奖励100万元		《温州市人民政府办公室关于鼓励和支持企业进入全国中小企业股份转让系统挂牌的意见》（温政办〔2013〕175号）
宁波	100万-150万	高新区的企业成功挂牌，最多获得100万元的奖励。宁波市江东区挂牌企业从市、区两级获得奖励扶持达150万元		《关于新增我区企业到"新三板"挂牌融资扶持政策》（来源于区政府官网信息）
杭州高新区	90万	改制结束奖励30万元，挂牌成功后给予60万元补贴。完成后由财政一次性发放奖励		来源于区政府官网信息

续表

园区名称	财政补贴金额	财政补贴发放时间及办法	税收优惠政策	备注（政策文件）
南京高新区	180万	补贴步骤分为完成内核、上报材料、挂牌交易三阶段，奖励额度分别为50万元、50万元和80万元。可享受补贴最高金额为290万元	完成挂牌后，对股改时用未分配利润和公积金转增股本时，企业个人股东缴纳的个人所得税，园区给予地方留成部分的50%奖励，合计总金额不超过60万；"新三板"挂牌企业以股权融资、发行公司债、可转债等实现融资，其融资额度投资在园区比例达80%或总金额达1亿元以上，由南京高新区按其实际募集资金的1%。奖励给企业，最高限额为50万元	《关于进一步鼓励和扶持企业进入代办股份报价转让系统挂牌的（暂行）规定》（来源于科学技术部火炬高技术产业开发中心官网信息）
合肥高新区	不超过120万	分阶段获得高新区最高70万元财政补贴。在全市层面，市财政给予50万元一次性补助		《合肥市促进服务业发展若干政策（试行）》（合政〔2013〕66号，2013年1月1日颁布，有效期一年）；《关于印发〈合肥高新区鼓励自主创新促进新兴产业发展若干政策措施（试行）〉的通知》（合高管〔2012〕162号）
武汉东湖高新区	120万	市区两级分阶段给予120万元奖励（市级累计奖励50万元，区级累计奖励70万元）		《武汉东湖新技术开发区管委会关于充分利用资本市场促进经济发展的实施意见》（武新管发改〔2014〕43号）

续表

园区名称	财政补贴金额	财政补贴发放时间及办法	税收优惠政策	备注（政策文件）
西安高新区	150万	股份制改制后，奖励50万元；成功挂牌后，奖励100万元	改制时，用未分配利润和盈余公积转增股份，依法缴纳的企业所得税及个人所得税，按其纳税额高新区留成部分的60%予以奖励，最高100万元。企业挂牌后三年内按企业所缴纳营业税、企业所得税、增值税高新区留成部分的50%予以奖励。企业挂牌后在资本市场定向增发成功融资的，对企业管理团队按融资额的1%予以奖励，单个企业累计不超过50万元	《西安高新区鼓励企业进入全国中小企业股份转让系统挂牌交易的暂行办法》（西高新发〔2014〕11号）
东莞松山湖高新区	150万	市政府在挂牌成功后一次性奖励100万元；区政府给予人民币50万元奖励		《关于印发〈东莞市鼓励企业挂牌全国中小企业股份转让系统暂行办法〉的通知》（东府办〔2013〕153号）;《松山湖高新区推动多层次资本市场建设管理暂行办法》（东莞市政府信息公开目录系统索引号0246-02-2014-424456，以上文件的有效期均至2015年12月31日）
肇庆高新区	130万	改制结束后补贴30万元，券商内核后50万元，挂牌成功后补贴50万元		《关于印发肇庆国家高新技术产业开发区"新三板"挂牌上市企业扶持暂行办法的通知》（肇府办〔2011〕31号）

续表

园区名称	财政补贴金额	财政补贴发放时间及办法	税收优惠政策	备注（政策文件）
惠州高新区	50万	签订改制协议后补贴20万元，成功挂牌后补贴30万元		《仲恺高新区管委会办公室关于印发〈仲恺高新区发展资本市场的实施意见〉的通知》（惠仲委办〔2014〕17号）
广州高新区	150万-200万	市政府给予挂牌企业最高100万资助；广州开发区按前30家挂牌企业每家给予100万元补贴，之后每家给予50万元补贴		《广州市人民政府关于印发支持广州区域金融中心建设的若干规定的通知》（穗府〔2013〕11号）；《关于加快科技金融发展的实施意见》（穗开管〔2011〕116号，2011年12月30日颁布，有效期五年）
珠海高新区	120万	股改完成后区奖励20万元；提交挂牌申请文件后区奖励50万元；成功挂牌后奖励50万元。挂牌后首次实现融资，且募集资金主要投放在本区的，区奖励50万元	对已完成股份制改造且与主办券商签订推荐挂牌并持续督导协议的企业，如在申请挂牌之前已按相关政策享受税收减免优惠，由于挂牌需要进行重组改制而不再符合税收减免优惠政策要求，需补缴已减免税收的，区财政按其所补缴的税收属区财政留成部分，给予企业等额研发经费支持	《珠海高新区关于鼓励企业进入全国股份转让系统（"新三板"）管理办法》（珠高〔2013〕46号）

续表

园区名称	财政补贴金额	财政补贴发放时间及办法	税收优惠政策	备注（政策文件）
深圳高新区	180万	改制资助最高30万元，挂牌资助最高150万元。拟挂牌企业根据深圳高新区的补贴办法提交相关文件获取资格认定。待挂牌成功后，依据相关票据实报实销，不超过180万元上限		《深圳市人民政府办公厅关于转发深圳高新区非上市股份有限公司进入代办股份转让系统改制和挂牌资助资金管理办法、深圳高新区非上市股份有限公司申请进入代办股份转让系统进行股份报价转让试点资格确认办法的通知》（深府办〔2009〕13号，发布日2009年1月7日，自发布日起30日后生效，有效期五年）
南宁高新区	200万	与中介机构后签约后补助20万元；改制30万元；受理后补助50万元；正式挂牌后50万元。南宁市政府：受理后补助20万元；正式挂牌后30万元		《南宁高新技术产业开发区管理委员会关于鼓励企业改制并进入代办股份转让系统挂牌的暂行办法》（来源于南宁高新区电子政务网官网信息，实施期限为2011年1月1日至2013年12月31日）；南宁市奖励政策来源于广西新闻网官网信息。
昆明高新区	30万	成功挂牌后给高管团队奖励30万元		《昆明高新技术产业开发区鼓励企业上市及投融资发展暂行办法》（昆高开委发〔2012〕33号）
柳州高新区	150万	改制奖励：每家企业按实际发生费用最高奖励40万元；正式挂牌奖励：给予企业90万元奖励，给予主办券商20万元奖励		《支持非上市企业进入证券公司代办股份转让系统奖励资金管理暂行办法》（来源于科技部火炬中心官网信息）

续表

园区名称	财政补贴金额	财政补贴发放时间及办法	税收优惠政策	备注（政策文件）
厦门高新区	110万	改制结束后补贴30万元，挂牌成功后补贴50万元，挂牌成功后市政府奖励30万。改制、挂牌后由企业填写园区相关申请表格，财政发放补贴欠款		《厦门火炬高新区管委会关于印发鼓励企业利用多层次资本市场促进企业改制上市的暂行办法的通知》（厦高管经〔2008〕1号）；《厦门市人民政府关于推进企业上市的意见》（厦府〔2013〕28号）
三亚	180万	海南省政府对挂牌成功企业一次性奖励60万。三亚市对挂牌的前10家企业给予120万元奖励		《关于印发〈海南省资本市场发展专项资金管理暂行办法〉的通知》（琼财债〔2014〕555号）；市政府奖励政策来源于海南日报数字报
重庆高新区	不超过150万	市政府对挂牌的企业给予挂牌费用50%且累计不超过100万元的补贴；高新区对挂牌的企业给予挂牌费用50%且累计不超过100万元、市区两级累计不超过150万元的奖励。拟挂牌企业依据重庆市财政局及金融办补贴办法提交财务顾问协议，每年3月1日及9月1日发放两次补贴	改制时，追溯调整前三年利润，依法补交的企业所得税，由市财政按市级留成部分的85%给予专项补贴	《重庆市重点拟上市企业财政补贴和奖励暂行办法》（渝财企〔2011〕349号）；高新区奖励政策来源于重庆商报官网信息

续表

园区名称	财政补贴金额	财政补贴发放时间及办法	税收优惠政策	备注（政策文件）
成都高新区	100万+50万	分阶段高新区给予每户最高100万元补贴资金。市政府补贴50万元。完成后由财政发放，若企业需要提前获得，由高新区下属盈创动力对企业进行有偿贷款（10%），企业完成项目再将补贴用于还贷	企业改制过程中整体变更产生的个人所得税，高新区留存部分全部返还（约为税费的25%）	《成都市人民政府办公厅关于印发〈成都市支持企业创新能力建设若干政策〉的通知》（成办发〔2013〕48号）印发日为2013年9月10日，自印发之日起30日后生效，有效期三年；《成都高新技术产业开发区关于促进企业发展壮大的优惠政策》（来源于凤凰网官网信息）
绵阳高新区	160万	绵阳市对企业在"新三板"挂牌后一次性给予80万元补贴，绵阳高新区在企业完成股改后给予30万元补贴，挂牌后给予50万元补贴		市、区奖励政策均来源于四川日报官网信息
乐山	100万	可分阶段获得高新区100万奖励；成功挂牌后，市政府给予人民币100万元的经费补助，同时要求各区县政府也适当给予其经费补助		《企业改制并进入全国中小企业股份转让系统挂牌申报、奖励暂行办法》（来源于乐山高新区官网）；市政府奖励政策来源于中国日报网官网信息
石家庄高新区	100万	改制和券商内核结束后补贴50万元，挂牌成功补贴50万元		《石家庄国家高新区"新三板"企业上市资助资金管理办法（试行）》2013年11月发布

续表

园区名称	财政补贴金额	财政补贴发放时间及办法	税收优惠政策	备注（政策文件）
大连高新区	290万	市政府补贴140万元，高新区补贴150万元，分签约、改制、挂牌三阶段补贴。市政府补贴采取半年一申报，实报实销，签约、改制、挂牌分别为40、40、60万元，高新区采取季度申报，分别奖励10、40、100万元		《关于大连市企业上市补贴专项资金管理办法的补充通知》（大财企〔2012〕228号）；《大连高新技术产业园区企业改制上市费用补贴专项资金管理办法》（大高管发〔2010〕98号，自2010年12月1日执行，有效期五年）
包头稀土高新区	100万	最多获得高新区100万元奖励		《包头稀土高新技术产业开发区鼓励企业证券市场挂牌上市补助资金管理办法》（来源于内蒙古晨报官网信息）
青岛高新区	70万	按不超过实际发生费用的70%给予补助，每个企业最高补助金额不超过70万元。对市级重点拟挂牌企业完成改制，并通过券商内部审核推荐挂牌的企业，按不超过实际发生费用的70%给予补助，每个企业最高补助金额不超过70万元		《青岛市人民政府办公厅关于支持企业在全国中小企业股份转让系统挂牌有关事项的通知》（青政办发〔2013〕39号），有效期至2017年12月31日）
银川	150万	自治区对2014年、2015年、2016年在"新三板"挂牌的企业，分别给予100万元、50万元、30万元的经费扶持。市政府补贴30万，完成申报后补贴50万，挂牌成功后补贴70万	对企业因资产评估增值补缴的企业所得税或企业将未分配利润转增股本缴纳的个人所得税，在企业挂牌后，市级和县区级留成部分于挂牌当年全额补贴给企业	《自治区人民政府关于加快资本市场建设的若干意见》宁政发〔2014〕59号 《关于进一步加快发展非公有制经济的实施意见》（银党发〔2013〕54号）

二、地方政府补贴制度浅析

如前所述,地方政府对"新三板"挂牌企业的补贴政策极大地促进了企业改制和在"新三板"挂牌的积极性。随着"新三板"挂牌企业的增加和"新三板"功能的有效发挥,越来越多的企业将会主动选择在"新三板"挂牌,因次,地方政府的"新三板"补贴政策是一个阶段性的措施。此外,政府补贴给地方政府财政带来较大的压力,从市场化发展角度看,补贴也并不利于"新三板"的良性发展。

首先,"新三板"的人气和对企业的吸引力是一个市场选择,而非政府的推动。企业选择"新三板",在于资本市场提供的展示、融资、资本运营的机会,政府干预会扭曲资金投向和资金价格,不利于资金的优化配置,不符合市场运行规律。

其次,在政府补贴的情况下,一些企业的挂牌动机可能并非规范治理、满足融资需求,而是套取政府补贴,或者较少考虑挂牌后的可持续发展问题。企业挂牌不是一场赛跑,也非跑马圈地。企业选择在资本市场挂牌是企业根据自身发展战略和扩张机会等考虑做出的决策,政府补贴因而可能导致劣币驱逐良币现象。政府应该顺应市场要求,给企业创造公平、自主的环境。归根结底,减少干预、定好规则、做好服务是对政府,也是对市场最大的推动。

综合来看,政府补贴是政策引导型,在市场化放开之后会变为需求拉动型,企业正确的生意逻辑是为了做这件事的预期而付出成本。随着"新三板"本身的发展,融资与交易会进一步扩大规模,届时越来越多的企业会参与其中,政府补助也会逐步退出,以进一步提高企业市场化竞争能力。

三、番禺区政府服务中小企业的新模式[①]

广州市番禺区以上市培育为抓手,依托科技金融,构建多元化、多层次、多渠道的上市培育体系,形成覆盖企业成长全过程的资金供应链和创

---

① 广东省广州市番禺区上市办,2014年12月19日。

新服务链，闯出一条政府推动企业产业转型升级、做强做大中小民营科技企业的特色之路。

（一）番禺区上市办的成立

2010年4月，为深入开展企业上市培育工作，番禺区成立了番禺区企业上市培育基地建设工作领导小组，负责统筹、指导和协调企业上市工作，下设办公室（简称"番禺区上市办"），由番禺区科信局和国资局选派专业人员组成专业的团队，承担工作领导小组的日常工作和培育企业上市的具体工作。领导小组由区长任组长，分管的两位副区长任副组长，成员包括17个与企业上市密切相关的部门的主要领导。经过几年的发展，领导小组成员单位已发展到25个。

（二）实践经验

番禺区以企业上市培育为突破口，工作获得了省、市科技部门的认同，2012年广东省科技厅将番禺区认定为"广东省科技和金融结合试点区"，今年又以广州市科技金融促进会为基础认定了"广东省科技金融综合服务中心广州科技金融示范区（番禺区）服务中心"。近年来，为推动企业上市，番禺区开展了大量卓有成效的工作。

1. 立足企业上市培育，建立企业上市培育工作体系

第一，建立上市培育企业数据库，积极辅助企业上市融资。番禺区上市办根据企业的经营、发展情况以及上市进程，对照各板块的上市条件来确定上市培育对象，已建立起包括重点培育、优选对象、后备资源三个层次的上市培育企业数据库。截至2014年底，已确定上市重点培育企业30家，优选和后备培育企业30家。第二，善用企业上市行政审批绿色通道，健全领导小组成员联络机制，建立企业开具守法证明介绍函制度，确保上市重点培育企业上市计划顺利进行。第三，定期召开企业上市工作研讨会，搭建联系政府和企业的桥梁，形成畅通的沟通机制。让相关的职能部门及时了解企业的困难和问题，适时制定相应的扶持措施。第四，举办企业上市沙龙活动，不断丰富沟通交流形式。番禺区上市办广泛邀请有意上市企业和与资本市场有关的中介机构、金融机构、行业协会、科技园区加入到上市培育工作中，举办形式多样的沙龙活动。第五，组织番禺区企业上市知识培训大课堂，开展企业上市持续性培训活动。番禺区上市办参考了相关的培训课程，结合番禺区企业上市实际需求，设计了包含基础篇、实战篇、谋略篇三个篇章的"番禺区企业上市知识培训大课堂"，制定详细培训计划，开展定期滚动式、持续性的培训活动，为企业上市提供了解资本市场信息的机会和平台。第六，加强区域上市培育政策研究，适时向政府提议修订扶持政策。正在加紧完善《番禺区企业上市等直接融资奖励实施细则》，增加了对企业"新三板"挂牌的奖励、激励和帮助企业上市融资。第七，加大宣传，不断提高社会各界对企业上市的认知度。借助网络、电视台、电台、报纸等媒体，加大对上市融资的宣传推广，加强对上市活动的报道，逐渐在番禺区内形成资本市场发展的良好氛围。第八，掌握真实材料、了解企业需求，到企业实地调研。通过掌握第一手材料，更好地协助企业完成上市工作。第九，配合番禺区发展总部经济的战略目标，积极吸引区外拟上市企业落户番禺区，并在区番禺打造上市总部。

2. 大力推动创业投资基金的发展，发挥政府资金的引导和放大效应

2011年，番禺区上市办主导协助番禺区政府参与成立广州市第一家创业投资政府引导基金——广州红土科信创业投资有限公司，基金规模3.2亿元。2012年，番禺区上市办再参与协助番禺区政府与广东中科招商合作，成立了广东中科白云新兴产业创业投资有限公司，基金规模达到25亿元。番禺区上市办持续为已落户的创投基金推荐项目，同时定期考察拟投及已投项目，推动其健康稳定发展。

3. 积极开展省市区联合科技贷款风险准备金项目，缓解科技型中小企业融资难、融资贵问题

由省科技厅出资1000万元，市科信局出资2000万元，番禺区出资2000万元，组成5000万元的省市区三级联动科技贷款风险准备金，并发动镇、街、科技园区参与。同时，不断探索"信用体系＋风险补偿"模式。模式一：由省市区风险准备金和银行各自承担50%的风险补偿，模式二：由省市区风险准备金、推荐者和银行分别承担40%、30%、30%的风险补偿。截至2014年11月，累计有36家企业通过联合科技贷款项目贷款，贷款总额超过4亿元，初步发挥政府资金的放大效应。

4. 前移上市培育工作，创新产学研发展模式，主导成立并积极推进广州大学生创业研究院的发展

2013年，番禺区上市办经过一年多的调研、考察和论证，与广州大学工商管理学院一起组织策划并完成了《大学生科技创业孵化工作实施方案》。方案获得了番禺区政府和广州大学的认可，两者联合提出政产学研结合、创业教育与创业孵化协同的大学生科技创业孵化组织与机制的构想，共同成立了广州大学生创业研究院，从而全程协同式助推大学生科技创业，是有效推进番禺区中小企业发展壮大，丰富上市培育后备资源，开展大学生科技创业教育与创业孵化的创新性尝试。经过不到一年的发展，现已制定了《广州大学生创业研究院创新创业教育培训体系设计方案》，开发了"卓越商道五连环"培训体系，并正在研究建设基于广州大学科技成果、创业项目的数据库。

5. 积极组织企业参加中国创新创业大赛（广东赛区）暨"珠江天使杯"科技创新大赛，大力发掘上市培育后备资源

连续两年，番禺区上市办积极组织、辅导番禺区企业参加中国创新创业大赛（广东赛区）暨"珠江天使杯"科技创新大赛。不但联合广州大学、广州证券有限责任公司、立信会计师事务所、国信信扬律师事务所组成导师团，为参赛企业举办赛前辅导会，而且亲临现场为企业打气，并协助企业与组委会沟通，尽最大的努力保障企业利益。经过番禺区上市办的努力，这两年番禺区的成绩均在广州市名列前茅。在比赛中，番禺区上市办发掘了不少企业加入上市培育企业资源库，部分企业已被列为上市重点培育企业。

6. 完善上市培育服务体系，积极推动筹建广州市科技金融促进会落户番禺区

为推动产业转型升级、培育战略性新兴产业，实施企业上市"双百工程"，实现"加快转型升级、建设幸福广州"的目标，2014年3月以来，在广州市科信局、番禺区科信局、开发区科信局的指导下，番禺区上市办负责具体组织、策划，由广东中科招商、广州红土科信、广州科技总公司、广州证券、立信会计师事务所、国信信扬律师事务所、视声科技、石头造环保科技和广州大学生创业研究院等金融、创投、科技服务组织、与首次公开发行（IPO）有关的中介机构，以及知名科技型企业共同发起成立广州市科技金融促进会，并落户番禺区。借此平台，更好地把番禺区企业上市培育经验推广到全广州，从而加快推动、培育广州市科技型企业上市融资。

（三）工作成效

1. 拉动番禺区经济快速发展、实现财税及社会保障资金明显增收

第一，通过推动企业上市促进番禺区经济的快速发展。企业上市能够激发企业内在发展的活力，更能增强地区经济发展的动力。企业为上市进行股份制改造，建立规范的现代企业制度，有利于管理和技术创新，提高核心竞争力，企业取得跨越式的发展，也将显著的拉动番禺区国内生产总值（GDP）的增长。通过对番禺区企业从未计划上市到拟上市的3个年度之间的总收入的分析，可以看出，企业年总收入大幅提升，三年累计增加超过百亿，年均复合增长率超过30%，大大促进了番禺区经济发展。第二，通过企业上市促进番禺区财税收入增加。一方面，企业因上市改制为股份有限公司，财务运作更加规范合法而税费增加；另一方面，企业产能扩大，业务扩展，收入大幅增加，相应税费也大幅增加。番禺区拟上市企业三年税收累计增加超过亿元，年均复合增长率超过40%。第三，通过企业上市促进番禺区社会劳动保障资金收入增加。中国证监会规定拟上市企业必须全员缴纳社保，拟上市企业为合规经营，相应的员工社保费用支出大幅增加。同时随着企业产能增加，职工人数也大幅增加，社保费用也相应大幅增加。番禺区拟上市企业三年社保费用累计增加数亿元，年均复合增长率超过40%。

2. 引入全国知名风投公司投资番禺区企业，利用风投公司的资金和资源加快推动番禺区企业上市

据统计，番禺区上市重点培育企业大部分引入了风险投资，番禺区拟上市企业引入民间风投资金总额超过10亿元，大大缓解了拟上市企业融资难、融资贵的问题。同时，风投公司在企业治理、规范管理、引进人才、上下游产业发展等方面能为拟上市企业带来新的机遇，助力企业发展壮大，成为行业内领军企业。

3. 形成良好的企业上市氛围，助推番禺区优质企业保持行业领先地位

番禺区上市办成立前，番禺区只有5家上市公司。番禺区上市办成立以来，大力发掘、培育、推动区内有潜质的企业上市，截至2014年10月，番禺区上市企业达到6家，上"新三板"企业2家，有4家企业上市材料上报中国证监会获得受理，并均已预披露信息，等待过会。2015年将新增10家以上企业上首次公开发行（IPO）或"新三板"。预计，随着首次公开发行（IPO）审批加快和新三板政策的进一步完善，未来将有大批区内企业上市融资。

4. 以上市培育为抓手，依托科技金融，建立政府服务外包的有效模式

番禺区上市办发挥政府和市场的合力，共同发掘、培育、推动企业上市，获得省、市上市科技部门的认可。从今年开始，在番禺区上市办的推动下，成立了广州市科技金融促进会，将上市培育和科技金融工作向社会组织延伸。通过政府引导、市场化运作，实行政府服务外包，不仅能确保上市培育工作的社会效益和公共性，而且能保证较高的服务效率，广州市科技金融促进会将有效推动市内各区上市培育工作，是政府推动企业转型升级的创新模式。

番禺区上市办在省、市、区各级领导和部门的大力支持和关心指导下，先行先试、创新思路、发挥优势、真抓实干，面对瞬息万变的宏观环境，稳中有进的开展各项工作，切实服务区内企业，积极推动更多有潜质的企业上市。下一阶段，番禺区上市办将进一步发挥工作效能，不断壮大番禺区企业上市培育体系，加快推动多层次资本市场健康发展，有效推进产业转型升级，为中小企业创新创业发展提供强而有力的保障。

第二章 "新三板"挂牌审核案例分析

中小企业在发展过程中或多或少都会存在一些瑕疵或者问题,中介机构协助企业改制或者尽职调查过程中应该尽早地对企业所存在的问题进行规范和完善,以符合"新三板"的挂牌条件。经过对 2014 年以来成功挂牌公司的案例进行筛选和分析,从主要挂牌条件出发,总结出常见问题以及解决思路,以供借鉴。

表 2-1 挂牌常见问题类别概览

挂牌条件	常见问题类别
依法设立且存续满两年	公司设立与出资
业务明确,具有持续经营能力	业务模式
	持续经营能力
	会计处理
	财务指标
公司治理机制健全,合法规范经营	资产权属
	合规经营
	同业竞争
	关联交易
	税务
股权明晰,股票发行和转让行为合法合规	股权转让
	股东资格
	实际控制人

第一节 挂牌常见问题案例分析：设立与出资

针对依法设立且存续满两年这个挂牌条件，我们在案例分析中总结出比较常见的具体问题如下：

表 2-2 公司设立与出资环节常见问题概览

常见问题类别	具体问题表现
公司设立与出资	主体改制问题
	股份来源
	出资形式与过程

一、主体改制问题

（一）审核重点

根据《全国中小企业股份转让系统股票挂牌条件适用基本标准指引（试行）》（以下简称《指引》），主体改制问题的审核要点为：依法设立且存续满两年。

依法设立，是指公司依据《公司法》等法律、法规及规章的规定向公司登记机关申请登记，并已取得《企业法人营业执照》的公司。公司设立的主体、程序合法合规主要要求如下：

（1）国有企业需提供相应的国有资产监督管理机构或国务院、地方政府授权的其他部门、机构关于国有股权设置的批复文件。

（2）外商投资企业须提供商务主管部门出具的设立批复文件。

（3）《公司法》修改日期（2006年1月1日）前设立的股份公司，须取得国务院授权部门或者省级人民政府的批准文件。

（二）问题解析

根据最新的《业务规则》，申请股票在全国中小企业股份转让系统挂牌的公司是纳入中国证监会监管的非上市公众公司，我国暂无对公众公司做出定义的法律法规，但由于股转系统的规则与非上市公众公司规则体系相互衔接，故可依据《非上市公众公司监督管理办法》的规定执行。非上市公众公司是指有下列情形之一且其股票未在证券交易所上市交易的股份有限公司：股票向特定对象发行或者转让导致股东累计超过200人；股票以公开方式向社会公众公开转让。

有限责任公司拟挂牌股转系统，应先将公司性质变更为股份有限公司，此变更过程即称为"股份制改制"（以下简称"股改"）。有限公司在股改过程中，遇到的主要问题是在有限公司阶段的主体性质问题以及影响改制的财务问题。

1. 特殊主体

国有性质的有限责任公司，不论是其设立、改制还是股权变更，均受到较多的约束。除此之外，性质较特殊的拟改制主体也包括股份合作制企业、研究所等等。对于该类性质较特殊的主体，项目小组调查的重点一般是其出资设立及股权转让的合法合规性。

2. 主体财务情况

影响企业改制的财务问题主要包括其本身的财务情况以及与净资产数额相关的问题。由于改制主要是从法律层面对企业进行制度上的变更，目前我国对财务情况是否影响改制尚无规定，财务情况的优劣并非阻碍成功改制的必然因素。

但具体而言，改制主体由于会计、审计制度发生变化，有可能导致改制涉及的净资产发生变化。《公司法》对关于企业股改时净资产的规定，仅限于要求"有限责任公司变更为股份有限公司时，折合的实收股本总额不得高于公司净资产额"。

（三）解决思路

对于特殊主体改制问题的处理方式为：披露关于主体内部改制审批、投资者份额确定、主管机关批准或确认、登记机关核准等主要文件。

对于与改制相关的特殊财务情况其一般解决思路为：根据实际情况通

过公司意思自治的方式（召开股东会）调整实收股本。净资产折股时，如出现较突出的问题导致审计报告提出了保留意见，则应就该问题出具专项审计及评估，将保留事项涉及的金额剔除，为改制清除财务相关障碍。

（四）参考案例

案例 2-1

现代环境（证券代码：430669）

公司前身为研究所，系由上海环境工程公司、上海环境工程协会申请设立，企业性质为全民与集体联合经营，隶属于上海环境工程公司，注册资金为3万元，其中职工集资认购2.1万元，上海环境工程公司投资0.3万元，上海环境工程协会投资0.6万元。1988年7月14日，上海市长宁区工商行政管理局核准研究所设立。1999年7月28日，上海长宁审计事务所出具了审计报告〔长审事财（99）303号〕，以1999年6月30日为基准日，研究所经审计的总资产为1695917.87元，总负债为452812.10元，净资产为1243105.77元。

1999年8月10日，研究所向上海市工商行政管理局长宁分局申请改制为有限责任公司。

1999年12月4日，研究所投资者依据上海市长宁审计事务所的审计报告〔长审事财（99）303号〕，签署了《资产界定协议书》。

1999年12月4日，上海现代环境工程技术有限公司（筹）召开第一次股东会，选举产生了公司董事会成员及公司监事，审议通过了公司章程。同日，全体出资人签署了《出资人协议书》，约定了各自的出资额，编制了股东出资额清单。

1999年12月10日，上海市长宁区经济体制改革办公室出具了《关于上海现代环境工程技术研究所改制为上海现代环境工程技术有限公司的批复》〔长经体改（1999）第21号〕，同意研究所改制为有限责任公司。

研究所改制前注册资本为20万元，改制变更后注册资本为125万元（其中原企业资产界定124.3万元，姜妙根以货币增资0.7万元，增资价格为1.00元/股）。1999年12月24日，上海长宁审计事务所出具了验资报告〔长审事专（99）057号〕，验证截至1999年12月24日，有限公司注册资本已全部到位。

2000年4月19日，上海沪中资产评估有限公司出具了以改制为目的的资产评估报告〔沪中评报字（2000）第19号〕，以1999年6月30日为基准日，经评估的净资产价值为1243105.77元。

2000年5月8日，上海市长宁区国有资产管理办公室出具了《关于上海现代环境工程技术研究所整体资产评估结果的确认通知》〔长国资评（2000）32号〕，对前述《评估报告》〔沪中评报字（2000）第19号〕之结果予以确认。

2000年5月23日，上海市工商行政管理局长宁分局核准有限公司设立，并核发了注册号3101052002198的企业法人营业执照。

案例2-2

复展科技（证券代码：830903）

2014年3月31日公司召开2014年第三次临时股东大会，审议通过了关于《因公司财务会计事项变更导致审计报告净资产值变化》的议案。

根据中兴财光华会计师事务所有限责任公司上海分所出具的"中兴财光华（沪）审会字（2014）第1011号"《审计报告》，截至2013年12月31日，公司经审计的净资产为35429366.66元，公司全体发起人同意折合股份公司股本3500万股，余额为429366.66元计入资本公积。

后根据中兴财光华会计师事务所（特殊普通合伙）2014年3月6日出具的中兴财光华审会字（2014）第07091号《审计报告》，截至2013年12月31日，母公司经审计的净资产为35284131.33元，应计入资本公积的金额为284131.33元。

相比于前一份审计报告，公司的净资产减少了145235.33元，原因系按照权责发生制原则将原计入预付账款的费用与新三板相关的中介机构费用依据服务进度确认了管理费用。公司拟根据后一份审计报告的结果调减资本公积－股本溢价145235.33元，同时进行会计账务处理。

（五）案例评析

1. 现代环境

现代环境前身为研究所，属于特殊性质的主体，其改制前先通过了内部的改制审批，再由各投资主体确认持有资产份额，同时对注资和资产进行了验资与评估，而后又分别向主管部门上海市长宁区经济体制改革办公室和上海市长宁区国有资产管理办公室申请相应的批复和通知，完整地履行了一系列资产验证和确认流程，成功地实现研究所改制为股份有限公司。

2. 复展科技

复展科技的改制过程较简单，其因管理费用的发生相应调整了改制后的股本数，而通过召开临时股东大会的形式，对该调整做出了确认，解决了由于审计变化导致的股本不足。

二、股份来源

（一）审核要点

股份来源的审核依据是《业务规则》中要求的"股权明晰"。鉴于《业务规则》对于"股权明晰"未做出细化的规定。因此，审核时可能参考《首次公开发行股票并上市管理办法》和《首次公开发行股票并在创业板上市管理办法》的有关规定以及《中国证券监督管理委员会法律部关于职工持股会及工会持股有关问题的法律意见》相关规定的精神，从严把控。

（二）问题解析

股份的特殊来源包括国家股和职工股，对国家股问题的分析相对简单，项目组重点关注的是该国家股的来源、验证以及主管部门的审批意见；而对于因向内部职工募集设立的问题，审核的重点亦在于股权是否清晰、合法。

（三）解决思路

对于国家股而言，应收集并披露股权的来源、资产验证和主管机关对于改制的审批确认文件；对于职工股而言，则仍应对股权归属做出清晰的确认。

（四）参考案例

案例 2-3

江苏铁发（证券代码：430659）

公司成立以后，徐州、淮阴两市陆续以货币资金、土地使用权、设备等形式对公司进行出资，公司还引入了部分法人股股东。为验证股东出资，公司委托南京会计师事务所对包括淮阴区、徐州市公司的实物出资资产在内的公司资产进行评估（其中土地资产由中国地产咨询中心评估），委托江苏会计师事务所对公司的实收股本进行验证。

1994年2月28日江苏会计师事务所出具《关于江苏新淮铁路股份有限公司资产净值（评估后）验证报告》（苏会股字〔94〕第4035号）。根据该报告，公司截至1994年2月28日的各类资产已经经过南京会计师事务所评估且经江苏省国有资产管理局以苏国资企〔1994〕4号文件确认，江苏会计师事务所据此验证评估后的总资产为24629.49万元，负债总额为7168.84万元，资产净值为17460.65万元。

1994年3月28日，江苏会计师事务所出具《关于江苏新淮铁路股份有限公司实收股本验证报告》（苏会股字〔94〕第4037号）。该报告验证，公司实收股本为9955.97万元，其中国家股6726.65万元，法人股67.00万元，个人股3162.32万元。国有出资由土地使用权、设备、现金三部分构成。其中：土地使用权面积为5842.47亩，经国家土地局中国地产咨询中心评估并经江苏省国有资产管理局确认，评估值为4502.07万元，其中淮阴区3368.31万元，徐州市1133.76万元；设备为旧钢轨55公里，经江苏会计师事务所评估并经淮阴区国有资产管理局确认，评估值为443.58万元，其中淮阴区354.09万元，徐州市89.49万元；现金出资1781万元，其中淮阴区1210万元，徐州市571万元。淮阴区、徐州市分别委托淮阴区投资公司与徐州市投资总公司行使国有股股东权益。

1994年4月14日，淮阴区国有资产管理处出具《关于江苏新淮铁路股份有限公司国家股权界定的通知》（淮国界定字〔1994〕第17号），确认股份公司国家股本总额为6726.65万元（包括资金入股1781.00万元，钢轨折价入股443.58万元，土地使用权入股4502.07万元），其中，淮阴区投资公司作为淮阴区的国家股权持股单位，共持股4932.40万元（其中资金入股1210.00万元，钢轨折价入股354.10万元，4371.15亩征用土地的土地使用权入股3368.31万元）；徐州市投资总公司作为徐州市的国家股权持股单位，共持股1794.25万元（其中，资金入股571.00万元，钢轨折价入股89.49万元，1471.32亩征用土地的土地使用权入股1133.76万元）。

1994年4月24日南京会计师事务所出具《资产评估报告书》（宁会评〔94〕015号），对股份公司资产进行评估，经评估，于基准日1994年2月28日，股份公司全部资产净值为17460.65万元。

为实现政企分开，1993年3月26日，淮阴区人民政府出具《关于委托淮阴区投资公司作为江苏新淮铁路股份有限公司发起人的通知》（淮政发〔1993〕289号），将所持公司股份划转至淮阴区投资公司名下；1994年4月26日，徐州市人民政府出具《证明》，将所持公司股份划转至徐州市投资总公司名下。

1994年4月24日，淮阴区工商行政管理局向公司颁发变更后的《企业法人营业执照》。股份公司登记的注册资金变更为9956万元，经济性质为股份制。

1994年5月10日，江苏省国有资产管理局出具《关于江苏新淮铁路股份有限公司国家股股权管理有关问题的批复》（苏国资企〔1994〕4号），确认公司经国家体改委批复的股本总额为9955.97万元，其中国家股6726.65万元，占67.56%，法人股67万元，占0.67%，个人股3162.32万元，占31.76%，同意经南京会计师事务所评估的截至1994年2月28日的净资产17271.93万元中，9955.97万元仍作为股本不变，其余7315.96万元转为公积金；并同意将淮阴、徐州两市投资公司作为两市国家股股权代表单位。

1994年5月26日，国家国有资产管理局出具《对江苏新淮铁路股份有限公司上市项目资产评估结果的确认通知》（国资评〔1994〕315号），同意南京会计师事务所对股份公司资产的评估结论，确认股份公司评估后的总资产为 24629.49 万元，总负债为 7168.85 万元，资产净值为 17460.64 万元。

（五）案例评析

根据上述《关于江苏新淮铁路股份有限公司实收股本验证报告》（苏会股字〔94〕第 4037 号）、淮阴区国有资产管理处《关于江苏新淮铁路股份有限公司国家股权界定的通知》（淮国界定字〔1994〕第 17 号）、江苏省国有资产管理局《关于江苏新淮铁路股份有限公司国家股股权管理有关问题的批复》（苏国资企〔1994〕4 号）以及《江苏新淮铁路股份有限公司章程》、公司制作的法人股股东名册等资料，验资及国家股划转之后，公司股权结构得以明晰。

三、出资形式与过程

（一）审核要点

根据《指引》要求，拟挂牌公司股东的出资合法、合规，出资方式及比例应符合《公司法》相关规定：

（1）以实物、知识产权、土地使用权等非货币财产出资的，应当评估作价，核实财产，明确权属，财产权转移手续办理完毕。

（2）以国有资产出资的，应遵守有关国有资产评估的规定。

（3）公司注册资本缴足，不存在出资不实的情形。

（二）各类出资问题解析、解决思路、参考案例及案例评析

由于新《公司法》出台前，对于公司注册资本的构成，历年《公司法》均有详细的比例要求，因此出资问题仍为审核的另一重点。除货币出资外，债权、实物、职务发明和不动产，均为特殊的出资标的，对于非货币资产作为出资标的，一般的要求为评估和验资。因此，与非货币出资有关的瑕疵常见于出资标的的合法性，及其评估和验资的过程。此外，出资不实、

抽逃出资也是审核关注的重点。

以下将分别从无形资产出资、实物出资、迟延出资、债权出资、抽逃出资等方面进行分析。

1. 无形资产出资

根据最新的《业务规则》，股份有限公司申请股票在全国中小企业股份转让系统挂牌，不受股东所有制性质的限制，也不限于高新技术企业。但目前挂牌的企业中有很多属于科技型企业。万得资讯（WIND）资料显示，2014年1月至9月15日，共有772家企业成功挂牌，其中信息技术类企业为162家，占比超过20%。在信息技术类企业中，股东以无形资产出资的情况非常普遍。拟挂牌企业在无形资产出资方面的主要问题表现是：无形资产超比例出资、无形资产评估瑕疵和无形资产权属不明等问题，此外，还有无形资产未产生预期效益、无形资产出资与主营业务不相关等问题。

（1）无形资产超比例出资

A. 问题解析

无形资产超比例出资是指有限公司设立时无形资产（包括非专利技术等）出资比例超过20%，与当时《公司法》（1999年12月25日修订）的相关规定不符合，即"以工业产权、非专利技术作价出资的金额不得超过有限责任公司注册资本的百分之二十，国家对采用高新技术成果有特别规定的除外"。需要注意的是，2014年修订的《公司法》废止了对货币出资金额最低比例的要求。

B. 解决思路

第一，2005年之前施行的公司法中注明"国家对采用高新技术成果有特别规定的除外"，这为突破无形资产出资比例提供了灵活的空间。我国相关政府部门以及地方政府相继出台或实施过一系列的关于以高新技术成果出资入股问题的规定。例如，北京市曾实施过的《中关村科技园区企业登记注册管理办法》。因而，可以考察用于出资的无形资产是否符合高新技术成果的相关要求（《关于以高新技术成果出资入股若干问题的规定》等）、注册地是否在中关村技术园区内，符合这些要求的企业适用高新技术成果的相关法律准则（《中关村科技园区条例》《中关村科技园区企业登记注册管理办法》等），不受无形资产出资比例的限制，因而不构成挂牌的实质性障碍。不符合高新技术成果的公司，可通过补充获得相关科技主管部门的认定来进行弥补。第二，中介机构可从无形资产现时账面价值是否在逐年摊销之后符合了出资要求、公司是否因当时的出资行为受到相关部门的处罚、公司股东是否书面确认不会对本次出资行为产生争议或纠纷、无形资产出资行为是否已符合现行有效的《公司法》之要求等方面如实披露并进行解释，做出无形资产超比例出资不存在实质性法律障碍的说明。

C. 参考案例

案例 2-4

蓝科泰达（证券代码：430643）

有限公司成立时，股东田某某以软件作价20万元，作为无形资产出资投入企业，占注册资本40%。根据当时《公司法》（1999），40%的占比已经超出法律规定的上限。

虽然该企业无形资产占比超过法律规定，但仍符合《中关村科技园区条例》和《中关村科技园区企业登记注册管理办法》等文件的要求。同时，公司股东已经在章程中确认了该出资事项，并经法定机构评估，也获得工商登记核准，履行了必要的法定程序。因此，该公司设立时无形资产的比例并不构成其挂牌的实质性障碍。

D. 案例评析

与另一个案例（天健创新）相似，蓝科泰达因设立于北京中关村科技园区，故其注册登记可获得所在园区的政策支持，但前提是必须遵守特定政策对无形资产出资的程序性要求。

（2）无形资产权属不明

A. 问题解析

根据《公司注册资本登记管理规定》，股东或者发起人必须以自己的名义出资。因而无形资产权属不明的问题主要是指无法区分该无形资产属个人发明还是职务发明。

B. 解决思路

可以由中介机构根据相关法律准则确认出资人在公司设立后已经依法取得了该无形资产的所有权，涉及专利权出资的可以从专利权人背景出发说明其具有独立完成所出资专利的能力。律师在厘清无形资产形成过程的基础上，说明出资人不存在权利瑕疵并出具公正意见。拥有无形资产的股东可做出承诺，承担一切与无形资产权属瑕疵有关的责任。若无法排除出资人职务成果的嫌疑，认定职务发明的界限较为模糊，则应当从严谨性出发，由原出资人现金补充出资或者对无形资产出资做减资处理。

C. 参考案例

案例 2-5

成明节能（证券代码：430380）

股东李某用于出资的著作权与公司生产经营相关，但著作权人是否在一定程度上利用了公司的场所、设备等物质条件，是否认定为职务发明界限较为模糊。

2013 年 1 月 28 日临时股东会一致同意，李某将上述著作权出资用现金补正。临时股东会决议如下：①公司于 2011 年 7 月将公司注册资本由 200 万增加至 580 万元，股东某以一项著作权："采暖供热系统温度调控专家识别系统 VCM-5.0"认缴新增注册资本 200 万元。现全体股东同意股东李某变更出资方式，以现金出资 200 万元人民币置换前述著作权出资，公司注册资本 580 万元保持不变，公司各股东出资额及股权比例均保持不变；②李某原用于出资的"采暖供热系统温度调控专家识别系统 VCM-5.0"著作权仍由公司享有著作权，且无需向李某支付费用等。

2013 年 1 月 29 日，国富浩华会计师事务所陕西分所出具验资报告，确认股东李某已向中国工商银行成明有限公司账户以现金方式汇入 200 万元。2013 年 1 月，成明有限公司就此次出资置换办理了工商登记。

D. 案例评析

该案例通过以现金方式将存疑资产全额置换的方式，彻底解决了无形资产权属不明的瑕疵。

（3）无形资产评估瑕疵

A. 问题解析

根据《公司法》等法律准则，无形资产出资应当评估作价，且不得高估或者低估作价，因而无形资产出资的评估瑕疵（未评估/高估等）也是需要解决的问题之一。

B. 问题解析

可考虑股东之间是否已签署了无形资产出资确认书和财产转移协议，且该出资涉及的各方不存在疑义；是否已办理工商登记并未由工商部门提出任何异议。解决评估高估等问题，可由专业评估机构重新进行评估，原出资股东以货币资金补足评估值与原账面值的价差。最后，中介机构如实披露并进行不存在实质性法律障碍的说明。为避免日后出现纠纷，其他股东可出具免责说明，表示不再追究出资不实的股东的责任。

C. 参考案例

案例 2-6

古城香业（证券代码：830837）

河北省商标资产评估事务所于 2000 年 3 月 6 日，以 1999 年 12 月 1 日为评估基准日，对古城工艺香厂持有的"古城"商标进行了评估。根据该评估报告，"古城"商标于评估基准日的评估价值为 1821 万元。

古城工艺香厂改制成立清苑古城香业有限公司时，将原古城工艺香厂的全部资产评估后作为清苑古城香业有限公司的注册资本，其中"古城"商标作价 630 万元。古城集团成立及公司设立时均未对该商标作价计入注册资本进行调整。

2003 年 11 月 15 日，公司召开 2003 年第二次临时股东大会并通过决议，同意由发起人股东以现金 630 万元补充出资，以替换"古城"商标的作价出资。根据河北华安会计师事务所有限责任公司于 2004 年 5 月 21 日出具的《审计报告》，公司发起人股东于 2003 年 11 月 20 日将前述补充出资全部汇入公司帐户。保定市工商局对前述现金补足出资的情形进行了确认，证明公司不存在注册资本未缴足的情形，且无争议或纠纷。

D. 案例评析

公司以现金置换商标出资,体现了公司会计处理问题的严谨性,保护了中小股东的合法权益,履行程序规范。"古城"商标权属转移手续合法,相关账务处理合法合规。

2. 实物出资

①问题解析

企业在实物出资方面的主要问题表现为实物出资未经评估。《公司法》规定,对作为出资的非货币财产应当评估作价,核实财产,不得高估或者低估作价。因而,实物出资未经评估与上述无形资产出资未经评估一样,存在一定法律瑕疵。

②解决思路

可以由评估机构进行复核并做出复核评估报告,由出资人对实物出资部分以货币资金进行再出资。或者由实物出资股东出具兜底承诺,承诺承担一切相关责任和损失,由其他股东出具不追究承诺。最后中介机构可从实物资产来源、公司股东股权并未因此而存在潜在纠纷和风险、公司债权人未因此瑕疵而遭受损失等方面出具不存在实质性法律障碍的证明。

③参考案例

案例 2-7

泰信电子(证券代码:430576)

根据山东省济南市会计事务所历城分所 1995 年 5 月 4 日出具的《验资证明》记载,有限公司申请注册资金 50 万元,个人投入实缴注册资金 50 万元,其中现金为 4.5 万元,CATV 遥控 IC 一万套,价值共计 38 万元,486 计算机 3 台,价值共计 5.4 万元,386 计算机一台,价值 0.8 万元,HP4L 打印机一台,价值 0.7 万元,传真机一台,价值 0.6 万元,上述实物出资没有经过资产评估,不符合 1994 年 7 月 1 日生效实施的《公司法》第 24 条有关实物出资必须经过评估作价的规定。

经核查,根据山东省济南市会计事务所历城分所在《验资申请报告表》中确认,38 万元的 CATV 遥控 IC 的作价依据,分别是根据山东省肥城市电子仪器厂开出的收款收据和增城（广东）正果电子公司开具发票进行确认，其中，山东省肥城市电子仪器厂开具的收款收据金额为23万元，增城（广东）正果电子公司开具发票金额为15万元；486和386计算机、打印机和传真机是根据这些资产的购置成本作为作价依据。

为了进一步解决该出资瑕疵的问题，公司实际控制人陶某某于2013年11月15日存入与实物出资等值的45.5万元现金，并已进入公司资本公积科目，作为出资溢价。

④案例评析

该案例主要是通过验资报告确认实物原始收款收据以及实际控制人增加现金投入的方式，充分解决了实物出资未经评估的法律瑕疵。

3. 迟延出资

①问题解析

迟延出资是指在做出判断的时点出资已经缴纳，但缴纳时间晚于《公司法》、公司章程或出资的股东会决议等决策文件所规定的出资时间。

②解决思路

首先要对未按期缴纳的出资进行补正。然后由中介机构根据如下方面出具意见：是否在延期出资期间，发行人经营正常，没有对公司及债权人等主体的利益造成实质性侵害；是否正常通过年检，工商行政管理部门未就上述逾期出资对公司及股东做出任何形式的行政处罚；是否超过了《行政处罚法》规定的二年追责时效；控股股东是否出具声明，承诺承担全部赔偿责任，或者其他股东出具声明免除股东延期出资的违约责任等。需要注意的是，2014年修订的《公司法》取消了对注册资本缴清年限的限制。

③参考案例

案例 2-8

鑫森海（证券代码：830848）

2001年8月1日，鑫森海创新有限公司（Something High Innonvation Company, LTD，以下简称"Something"）签署章程拟设立厦门鑫森海电子有限公司，英文名：Something High Electric（Xiamen）Company, LTD。

章程约定，公司投资总额为贰拾万美元（$200000.00），注册资本壹拾伍万美元（$150000.00），由投资者Something认缴。

2001年9月，有限公司设立。关于有限公司首次注册资本缴纳情况的说明如下：

根据有限公司章程规定，首期注册资本于营业执照发放后三个月内缴注册资本的百分之十五，其余部分在公司成立后十二个月内缴清（即最迟于2002年9月17日缴清）。但是，有限公司第七期、第八期、第九期注册资本分别于2002年10月8日、2002年12月5日、2003年2月13日缴纳，已经超出了公司章程规定的注册资本缴纳期限。

根据《中华人民共和国外资企业法实施细则》第30条规定："外国投资者缴付出资的期限应当在设立外资企业申请书和外资企业章程中载明。外国投资者可以分期缴付出资，但最后一期出资应当在营业执照签发之日起3年内缴清。外国投资者未能在前款规定的期限内缴付第一期出资的，外资企业批准证书即自动失效。外资企业应当向工商行政管理机关办理注销登记手续，缴销营业执照；不办理注销登记手续和缴销营业执照的，由工商行政管理机关吊销其营业执照，并予以公告。"此外，第31条规定："第一期出资后的其他各期的出资，外国投资者应当如期缴付。无正当理由逾期30天不出资的，依照本实施细则第三十条第二款的规定处理。外国投资者有正当理由要求延期出资的，应当经审批机关同意，并报工商行政管理机关备案。"

（1）有限公司首次注册资本缴纳完毕的时间虽然超出了公司章程约定的12个月期限，但并未超出法定的3年期限。

（2）截至2003年2月13日，有限公司股东Something认缴的出资全部足额到位，履行了出资义务，不存在出资不实的情形。

（3）有限公司延期缴纳出资的情形已经经过厦门市外商投资企业主管部门和工商行政管理部门备案。

（4）有限公司设立以来，均通过了历年的外商投资企业联合年检，外商投资企业主管部门及工商行政管理部门亦未就上述逾期出资行为做出任何形式的行政处罚。

（5）Something 系有限公司唯一股东，其控股股东崔全诚出具了《声明与承诺函》，若公司因前述逾期出资遭受损失，将由其承担全部赔偿责任。

④案例评析

2002年有限公司未按期交付作为出资的货币，虽违反了公司章程等规定，但有限公司已及时自行改正，因此该逾期出资的行为对其挂牌不构成重大法律障碍及实质性影响。

4. 债权出资

①问题解析

债权出资是指投资人以其对公司的债权向公司出资，抵缴股款。万得资讯（WIND）资料显示，2014年1月至9月15日772家成功挂牌的企业中，净资产低于4000万元的企业占59%，最低的企业只有58万元，多数"新三板"挂牌企业的规模不大。这些规模较小的企业在设立之初，或初步经营阶段往往是由实际控制人以自有资金借给公司，用以补充流动性或其他正常经营的用途，这便涉及债权出资的有效性认定问题。

②解决思路

《公司法》规定股东可以用货币出资，也可以用实物、知识产权、土地使用权等可以用货币估价并可以依法转让的非货币财产作价出资。也就是说，法律并未对债权出资进行禁止性规定。债权出资的认定，可以考虑以下几个方面：债权出资是否以公司经营发展为目的，债权出资的资金来源是否合法且自有；债权出资是否真实，债权转股权的作价金额并未高于债权的账面值，并已取得了相关验资报告；债权出资股东是否出具承担相关责任、不损害其他股东或第三方利益的承诺；工商行政管理机关是否已进行了相关变更登记，并未提出异议。律师就以上几方面出具法律意见，证明债权出资的真实性和合法性。

③参考案例

案例 2-9

帝信通信（证券代码：430408）

2002年7月9日，有限公司召开股东会，全体股东一致同意有限公司名称由"沈阳市帝信通信电子工程有限责任公司"变更为"沈阳帝信通信电子工程有限公司";股东刘某某以债转股方式增资250万元,增资后公司注册资本变更为300万元。而该笔债权转股权未经评估。

根据刘某某与公司签订《协议书》中做出的承诺,以及《沈阳帝信通信股份有限公司2013年度第二次临时股东大会》决议,刘某某于2013年10月22日以现金250万元存入公司账户,以消除该股东于2002年7月以债权250万元转股权未经评估的瑕疵。

控股股东、实际控制人刘某某已出具书面承诺,"如因该瑕疵给帝信通信造成损失的,将由本人承担相应责任,并以个人资产补偿公司损失"。

股东刘某某这里以债权增资250万元的出资方式存在瑕疵,但对本次挂牌转让不构成实质性障碍。

④案例评析

本案例再一次通过全额现金置换的方式解决了债权转股权未经评估的瑕疵。

5. 抽逃出资

①问题解析

抽逃出资是指在公司验资注册后,股东将所缴出资通过一定方式暗中撤回,却仍保留股东身份和原有出资数额的一种欺诈性违法行为。对于抽逃出资的界定,认定具体标准可参考《关于适用公司法若干问题的规定(三)》以及中国人民银行《关于印发〈对金融机构违反会计制度规定等问题定性的说明〉的通知》[①]。但在实际操作中,抽逃出资行为仍需对其主体、目的、行为性质和后果等进行总结。因此,审核机构仍可能从实质性审查原则出发并结合实际情况认定。相应的解决方法亦从该行为的主体、目的、性质和后果等方面,结合实际情况逐一论述[②]。

在司法实践中,抽逃出资的方式主要有:公司验资注册后,将货币出资用于偿还股东个人债务或他人个人债务,这常常表现为发起人或股东用

---

① 参考网址:http://www.66law.cn/topic2012/ctczzsfjs/86670.shtml。
② 参考网址:http://hzdaily.hangzhou.com.cn/mrsb/html/2011-11/06/content_1165046.htm。

借款或贷款作为注册资本，一旦公司设立后，就将借来的出资抽回，归还原主；公司验资注册后，非因经营或正常业务开支又没有正当理由抽走货币出资；把他人的实物"借"来出资，公司一经注册，再将它归还原来的权利人；公司验资注册后，将已办产权转移手续的实物、工业产权、专利、非专利技术、土地使用权再无偿或以不合理的低价转让给他人等。

但是，根据国家工商行政总局回复江苏省工商行政管理局《关于股东借款是否属于抽逃出资行为问题的答复》，公司借款给股东是公司依法享有其财产所有权的体现，股东与公司之间的这种关系属于借贷关系，合法的借贷关系受法律保护，公司对合法借出的资金依法享有相应的债权，借款的股东依法承担相应的债务。此外，法律法规以及其他规范性文件均未禁止公司向自然人股东提供借款。因此，股东向公司借款并不必然构成抽逃出资的行为，这二者之间需要由中介机构进行清晰的界定，以确保股东向公司借款不构成挂牌实质性障碍。

②解决思路

对于常见的股东借款并偿还的行为，其解决思路在于：首先，要确定借款已经归还，并承担了相关补救措施，如补缴了资金占用费等。然后，中介机构明确公司提供借款的原因，借款的形成过程，判断是否存在主观恶意，是否造成了公司、债权人的经济损失或实质损害，并根据如下方面出具意见：公司其他股东是否同意提供借款，是否存在潜在纠纷或争议；是否有工商行政部门无行政处罚的证明；是否有拆借股东承担相关责任、不再发生类似事件的承诺等。

③参考案例

案例2-10

金冠科技（证券代码：830857）

2000年5月，金冠有限设立，注册资本380万元。

金冠有限系吴某勇、吴某所、吴某米、吴某操、吴某转、吴某敢共同创办，于2000年5月12日取得省工商局核发的《企业法人营业执照》（注册号：4400002005559），名称为"广东金冠科技发展有限公司"，住所在广州市天河区车陂大岗工业区第四幢，法定代表人吴某勇，注册资本380万元，企业类型为有限责任公司，经营范围为"软件开发与销售，防伪印刷品技术开发，塑料、铝合金镜柜生产与销售"，营业期限自2000年5月12日至2003年5月12日。

根据广州恒威会计师事务所有限公司2000年5月10日出具的《验资报告》（恒验字〔2000〕第519号），截至2000年5月10日，金冠有限已收到各股东以货币缴纳的注册资本共计380万元。

经主办券商、国浩律师核查，金冠有限设立时，2000年5月10日，股东吴某勇、吴某所、吴某米、吴某操、吴某转、吴某敢（以下简称"吴某勇等"）向广州市万隆达商贸有限公司借款380万元用于缴纳出资。经核查广州恒威会计师事务所有限公司2000年5月10日出具的《验资报告》（恒验字〔2000〕第519号）及银行账户记录，主办券商认为吴某勇等的出资已到位。

2000年5月11日，吴某勇等向金冠有限借款380万元，归还广州市万隆达商贸有限公司。自2000年5月开始，吴某勇等陆续向金冠有限归还借款，截至2002年12月，已归还向金冠有限的借款380万元。经查阅借款的银行转款凭证及还款的全部相关账册、凭证、银行进账单、固定资产购置发票，主办券商认为上述借款与还款过程为金冠有限的正常经营活动，不存在抽逃出资的情形。

④案例评析

在金冠科技的案例中，吴某勇等已向金冠有限缴纳出资，并已归还向金冠有限的借款，且该事项距离公司本次申请挂牌已经超过三年，该事项不会对金冠科技挂牌构成实质性障碍，这些分析排除了股东抽逃出资的嫌疑。

第二节　挂牌常见问题案例分析：业务与经营

针对挂牌条件，在案例分析中总结出比较常见的具体问题如表2-3。

表 2-3 公司业务与经营环节常见问题概览

常见问题类别	具体问题表现
业务模式	客户或供应商集中度过大
	存在生产环节外包情形
	存在环境污染的风险
	存在大量现金交易
持续经营能力	经营亏损，持续经营能力存疑
会计处理	收入确认原则
	研发费用
	政府补助
财务指标	财务指标异常

一、业务模式

（一）客户或供应商集中度过大

1. 审核要点

挂牌条件"业务明确，具有持续经营能力"，其中根据《指引》，"业务明确是指公司能够明确、具体地阐述其经营的业务、产品或服务、用途及其商业模式等信息。"同时，根据"合法规范经营"要求和"具有持续经营能力"要求，公司业务不能存在违法违规事项，不得有"关键管理人员离职且无人替代；主导产品不符合国家产业政策；失去主要市场、特许权或主要供应商；人力资源或重要原材料短缺"（《中国注册会计师审计准则第 1324 号——持续经营》）的事项或潜在风险。

根据上述要求，公司开展业务的过程中，应该满足以下要求：取得所有必需的资质，符合相关环保政策；所属行业及生产产品尽可能做到不属于《产业结构调整指导目录》中的淘汰类；不存在失去主要市场、特许权或供应商的风险；人力资源及原材料充足等条件。

2. 问题解析

公司客户或供应商集中度过大，会使公司对客户或供应商产生重大依赖。一旦失去主要客户或供应商，会造成业绩下滑甚至影响持续经营能力。对于新三板挂牌企业，通常认为单一客户或供应商占比超过 50% 或前五大合计占比超过 80% 属于集中度过大。

3. 解决思路

①首先定性判断公司对客户或者供应商是否存在依赖问题；

②如果定性为不存在依赖，需要通过供求关系、市场特点、公司市场地位和产品特色等方面解释客户或供应商的可替代性；

③对于定性为存在依赖的，需要通过双方的相互依赖情况、签署的长期协议、公司的市场地位和产品特色等论证客户或供应商的稳定性；

④描述公司为了解决集中度过大的问题所采取的措施及时间计划，并论证其可行性；

⑤重点核查重大客户或供应商与公司是否存在关联关系，是否有利益输送的情况；

⑥充分的信息披露及风险提示。

4. 参考案例

案例 2-11

世优电气（证券代码：830827）

公司对主要客户湘电风能有限公司的销售额在 2012 年为 94874429.77 元，占比 100%；2013 年销售额为 87737766.73 元，占比 100%。如果公司的服务质量、响应速度以及整体技术水平、后续技术服务能力和持续创新能力不足，对客户的正常业务经营造成影响，公司对主要客户收入额将受到影响，进而影响到公司的盈利水平。

律师就上述事项发表了如下意见：

（1）根据公司及湘电风能出具的说明，经本所律师对湘电风能相关人员的访谈，经核查，湘电风能与世优股份之间不存在关联关系，与世优股份的 5% 以上股东、董事、监事、高级管理人员及其他关联方之间不存在关联关系，与世优股份的关联方投资的其他企业不存在关联关系。

（2）经本所律师核查，报告期内，公司的主要客户为湘电风能，湘电风能在公司的 2012 年度、2013 年度的销售总额占比均为 100%，公司对湘电风能存在重大依赖性，公司能否持续成为湘电风能的供应商，对世优股份的利润及持续经营存在较大影响。

（3）为解决对湘电风能的重大客户依赖性，2013 年 12 月 27 日，世优股份与湘潭世通签署《资产收购协议》，世优股份收购湘潭世通全部的经营性资产，成立机械事业部，致力于发电机组配套机械设备的研发、生产和销售，主要产品有集电环、塔筒升降机、风力发电机用叉流式换热器。上述资产收购完成之后，世优股份的产品呈现了多元化的趋势，产品的多元化满足了不同客户的需求，随着市场的不断拓展公司的客户也会逐步呈现多元化。

（4）为防范重大客户依赖性给公司带来的持续经营风险，2014 年 3 月 12 日，世优股份与湘电风能签署《战略合作协议》，协议约定：世优股份为湘电风能定制和供应风力发电机组成套电气控制系统，在湘电风能自产风力发电机组的市场推广时提供售前支持（包括方案设计、技术培训等），帮助湘电风能获得项目，湘电风能承诺给予世优股份 80% 以上风力发电机组成套电气控制系统采购份额。协议的有效期自 2014 年 3 月 12 日至 2024 年 3 月 11 日止。

综上所述，本所律师认为：世优股份及关联方与湘电风能之间不存在关联关系；世优股份为防范重大客户依赖性给公司带来的持续经营的风险，采取的措施是适当的、合理的。

案例 2-12

南安机电（证券代码：430634）

2011 年、2012 年、2013 年 1—6 月公司前五大供应商采购金额占当期采购额的比例分别为 86.73%、80.24%、78.78%，报告期内，前五户及第一大供应商采购占比均呈现逐步下滑趋势。

前五户采购占比较高的主要原因是公司固定分销某几个国际品牌的电气设备，公司目前分销最多的产品来自于派克汉尼汾流体传动产品（上海）有限公司，公司自主产品元器件也主要采购自该公司。

公司报告期内从派克汉尼汾公司采购的产品均为交流变频器及直流驱动器，公司报告期内与其签订的授权经销协议均为每年签署一次。虽然报告期内单一供应商及前五户采购占比较高，但除了大型的石化集团、电力集团等客户外，派克汉尼汾等设备制造商并不直接向其他大量的中小客户提供产品，而是需要本公司等分销商将其产品销售。由于工业自动化产品供应商之间存在着激烈的竞争，各供应商的同类型产品具有可替代性。因此本公司与主要供应商之间是相互依赖关系。行业特性决定公司不能同时代理几家国际电气生产厂商同类产品，而ABB、西门子、艾默生均生产与派克汉尼汾公司相似的变频器及驱动器产品，且价格差异不大。如公司与派克汉尼汾公司合作产生问题，公司有充足渠道寻找新的供应商采购公司所需产品，因此，公司对派克汉尼汾公司单一采购比例较大不意味着公司对其存在严重依赖，潜在的供应商变化也不会影响公司的供货渠道，不会因此产生较大经营风险。

本公司董事、监高级管理人员核心技术以及主要关联方或持有本公司5%以上股份的东与本公司报告期内前五名供应商均不存在任何关联关系。

（二）存在生产环节外包情形

1. 审核要点

同"客户或供应商集中度过大"中提及的审核要点。

2. 问题解析

出于成本等因素考虑，部分企业会存在将生产经营上的某个环节外包的情况，例如外协加工、定点生产（OEM）、原始设计商（ODM）、服务外包、工程分包等。出现外包情况时，监管部门会对公司的独立性、是否存在利益输送等提出疑问，需要中介方重点核查。此外还要保证公司外包环节符合相关法律法规。

需要重点核查公司在外包的过程中是否合法合规、是否消除了外包过程中的质量风险、是否对外包供应商存在重大依赖、是否存在利益输送的情况等。

3. 解决思路

①通过描述公司的生产流程或服务流程，介绍外包环节在公司生产经

营中的作用；

②核查外包过程中是否合法合规，尤其是采用工程分包方式外包的，接包方是否拥有所需资质，外包合同是否有法律效力等；

③通过外包环节成本占比、外包供应商的分散情况、外包环节的市场状况等解释公司对外包环节不存在依赖性；

④重点核查重大外包供应商与公司是否存在关联关系，是否有利益输送的情况；

⑤描述公司对外包环节的供应商管理、质量控制等流程，介绍公司为了减少外包环节存在的风险所采取的措施。

4. 参考案例

案例 2-13

鸿图建筑（证券代码：430722）

报告期内，公司主要外协厂商情况如下：

（1）报告期内主要外协厂商的名称及外协产品、成本的占比情况明细略。

（2）外协厂商与公司、董事、监事、高级管理人员的关联关系情况

公司全体董事、监事和高级管理人员已出具相关声明，截至本公开转让说明书签署日，公司全体董事、监事、高级管理人员与上述外协厂商无关联关系。

注：上海徽德图文设计服务社（普通合伙）原执行事务合伙人王某系公司董事兼总经理、主要股东戴某某的配偶，公司财务总监王某的妹妹；原合伙人范某某系公司董事兼总工程师、主要股东王某林的配偶。2013年9月5日，王某、范某某将其持有的徽德图文的出资额转让后，上述人员与徽德图文不再存在关联关系。

（3）外协产品的质量控制

针对外协产品的质量控制，公司采取的措施主要包括：①事前加强对外协厂商的审核，了解厂商的实际能力，或者选择之前合作过的优质公司或个人进行合作；②在辅助性设计进行过程中，公司指派专人进行进度跟

踪与联系，必要时现场进行实时督导；③外协厂商或个人交付设计成果后，公司对完成的设计成果进行审核、确认，对于质量不达标或者有瑕疵的产品及时予以纠正，直至符合要求再对外出具方案。

（4）与外协厂商的定价机制

公司支付给外协厂商的价格按照目前的市场价格，结合具体项目的类型、规模、设计深度、设计周期等因素，与外协厂商协商一致后确定。

（5）外协在公司整个业务中所处环节和所占地位的重要性

公司建筑工程设计工作主要包括方案设计、初步设计、施工图设计及后期服务环节，外协厂商辅助公司设计的阶段主要在项目前期的方案设计。在某一时间内，如果公司项目比较集中，且客户方对设计的交付时间要求较高，公司将诸如概念性方案设计、立面设计与修改、剖面设计与修改、日照分析、交通分析等工作交由外部公司或个人协助完成，属于整个方案设计阶段的辅助性工作，建筑工程设计的主要核心技术工作均由本公司设计人员完成。

案例 2-14

海魄科技（证券代码：830890）

2012 年度和 2013 年度，公司前五名供应商累计采购量占当期采购总额的比重均为 100%，集中度高，是因为公司规模较小，单一采购金额容易占比较高。软件与信息服务外包行业其上游产业主要是软件与信息服务外包企业在提供服务过程中所需的信息技术（IT）咨询及设备供给。由于信息技术（IT）咨询服务及设备供给市场较为成熟，竞争状态比较稳定，因此软件与信息服务外包行业基本上不受信息技术（IT）咨询服务及设备供给的影响，不存在对于单一供应商的依赖。

报告期内，公司外包服务成本表现为向第三方采购人力资源服务，由于公司承接的客户项目订单多、工作量较大，公司自身人力资源紧张时需要向供应商补充相应的人员服务，以满足客户的整体业务需求。外包人员主要为公司相关项目组的技术人员提供支持性服务。公司在报告期内选定的供应商为商务咨询公司，其营业执照经营范围包括商务咨询服务、企业管理服务等，但无专门从事计算机软硬件技术领域内的技术开发和技术服务等内容，相关资质偏弱；因其规模较小，专业技术人员储备有限，人员稳定性较低。

公司之所以选择其作为供应商，主要考虑因素为公司注重考察供应商具体业务人员的基本技能、经验等情况，从中择优选择，上述供应商提供的服务内容能够满足公司需求；同时，公司管理团队能够按不同的项目严格把控采购的人员服务质量，通过日常管理、工作中沟通、培训、监督和考核，能够满足公司客户的需求和项目整体质量要求。

由于该项采购在公司前两年业务成本中占比较高，供应商集中且实力较弱会对公司业务的持续稳定性构成风险。公司已通过不断增加自身人力资源引进投入及分散采购等方式提升服务能力的稳定性，降低对外包服务供应商的依赖程度及相关风险。同时，公司股东和实际控制人刘陶出具了书面承诺，"如公司因报告期内供应商采购可能存在不规范经营行为受到经济处罚或损失，刘陶将无条件代公司承担全部相关经济损失，确保公司不会因此受到损失。"

由于现阶段公司规模较小，对于部分订单集中、工作量较大的项目，公司因自身人力资源紧张需要向供应商采购相应的支持性人员服务，随着公司自身技术性人才的培养和引进，公司将逐渐减少相应的人力外包服务。公司凭借自身核心团队的开拓和坚持，在技术外包服务领域与大型企业级客户形成了稳定的长期合作关系，技术服务取得主要客户的认可，公司具备独立开展业务的能力和持续经营能力。如公司能顺利进入资本市场，伴随着其公信度的提升，及不同渠道资本的注入，将使公司的持续经营能力获得更大程度的支撑。

经核查，报告期内公司的主要外包供应商与公司除正常业务合作关系之外，无其他关联关系。公司目前没有董事、监事、高级管理人员、核心技术人员、持有公司5%以上股份的股东及其他主要关联方在上述供应商中占有权益。

（三）存在环境污染的风险

1. 审核要点

同"客户或供应商集中度过大"中提及的审核要点。

2. 问题解析

对环境有污染的行业或企业，需要重点关注其排污的合法性，以及是否属于被淘汰类的行业。

3. 解决思路

①如实披露公司的排污情况，核查其是否满足相关的法律法规；

②生产厂商应取得环保部门的《环评报告》，公司应取得环保部门的《无重大违法违规证明》；

③介绍公司在排污处理中采取的措施与技术，公司取得的排污资质、认证体系、减排的专利或技术、环保部门或第三方检测机构的检测报告等；

④股东出具为挂牌公司承担因环境保护而产生损失的承诺函。

4. 参考案例

案例 2-15

中瑞药业（证券代码：430645）

公司日常生产产生的污染物及其处理情况，依法所采取的环境保护措施：

（1）中瑞药业日常生产产生的污染物及其处理情况，依法所采取的环境保护措施如下：

公司主要产品为烟酸、烟酰胺、肌醇烟酸酯、盐酸特拉唑嗪、盐酸法舒地尔，其中，烟酸、烟酰胺、肌醇烟酸酯在日常生产过程中产生的污染物主要为废碳、废气（氨气、盐酸雾）以及废水，公司对三种污染物分别采取了有效的环境保护措施。盐酸特拉唑嗪、盐酸法舒地尔的生产采取母液循环利用，生产过程中不产生废弃物。

①对于废碳，公司严格按照《固体废物污染环境防治法》的要求，指定场所妥善储存，并委托持有危险废物处理许可证的单位进行处置（与天津合佳威立雅环境服务公司签订废物处理合同），达到无害化的要求，避免了二次污染。

②公司在生产过程中产生的废气主要包括含氨尾气和盐酸雾。公司通过技改，对烟酸胺生产工序中使用过渡碱金属联合催化剂代替原有催化剂，不再添加氨水，使烟酸胺的生产不再产生氨气挥发；在制备肌醇烟酸酯的

氯脂化反应中，生成副产品盐酸，在分解游离工序中加入过量碱液，盐酸被全部中和，由于反应均在密闭釜中进行，该工序盐酸基本上没有挥发。

③对于废水，公司生产工艺中产生的工艺废水，经收集浓缩后作为二次母液进一步利用。生活污水经化粪池处理后排入公司污水处理池，合格后排入公司的循环水池。雨水直接排入厂旁中干排渠。冲洗水，设备罐内冲洗进母液罐循环利用。循环冷却水，排入厂区南侧的蓄水池。纯化水尾水，排入公司污水处理池，合格后排入公司的循环水池。

公司一贯重视环保工作，目前为止没有因为违反环境保护法规受到处罚。2013年10月11日，天津市武清区环境保护局出具的《企业遵守环境保护法律法规证明》中规定："天津中瑞药业股份有限公司自2011年1月1日至今，能够遵守环境保护相关法律法规，在我局历次执法检查中，未发现环境违法行为。"此外，公司建立了一系列环境保护管理制度，主要包括《环保管理制度》、《突发环境污染事故应急预案》、《质量、环境管理体系管理手册》，确定了各部门环境保护职责，保证检测、评价环境质量，并及时应对突发环境污染事故。

公司取得了天津中瑞药业有限公司烟酸胺技改项目《建设项目环境影响报告表》(2008年4月)、《建设项目环保设施竣工验收监测报告》(武)环监验资第(WJY13061)号(2013年11月)。该监测报告依据国家环保总局环发〔2000〕38号《关于建设项目环境保护设施竣工验收监测管理有关问题的通知》、国家环保总局〔2002〕13号《建设项目竣工环境保护验收管理办法》、天津市人民政府〔2004〕第58号令《天津市建设项目环境保护管理办法》等环保法规，做出环境管理核查结果："经核查技改项目能够执行建设项目'三同时'的有关规定。企业的环境管理机构能够有效地运转，各职能部门能够履行各自的职责，执行国家环境管理有关规定。企业内部制订了较完整、详细的安全、生产、设备和环境管理的有关规定，做到严格执行、定期检查、责任落实"。

（2）亨天利日常生产产生的污染物及其处理情况，依法所采取的环境保护措施

子公司亨天利的主要污染物为废碳、废气（氨气、盐酸气）以及废水

（主要是锅炉的冷凝水等）。

废碳委托持有危险废物处理许可证的单位进行处置，达到无害化的要求，避免了二次污染；公司在2006年10月至2007年期间，对烟酰胺生产新工艺进行研发，并将新工艺应用于公司与亨天利的实际生产中，废气由专门设备进行吸收处理后循环利用，不再产生氨气挥发；废水经过处理后进行排放，并取得了证书编号为120041的《天津市排污（水）许可证》，在报告期内持续按时缴纳排污费。2013年12月17日，天津市武清区环境保护局出具《企业遵守环境保护法律法规证明》："天津亨天利化学有限公司坐落于武清区城关镇，2010年11月至今，在生产经营活动中能够遵守环境保护法律、法规，我局未发现其存在环境违法行为"。

2003年8月26日，子公司取得天津市武清区环境保护监测站出具的（武）环监验资第（03015）号《建设项目环保设施竣工验收监测报告表》，该报告表做出环境管理检查结果及验收监测结论："项目能够执行国家建设项目有关管理规定，环保设施与主体工程同时设计、施工及使用，配合环保部门开展环境管理工作，工厂制定了各项管理制度，并严格履行岗位责任制，对该项目的各项环境管理工作进行有效的管理；对该项目排放的各类污染物的监测过程中，生产处于正常运转状态，实际负荷达到设计能力的80%，排放的各项污染物能够达到国家控制的标准要求"。

2013年12月16日，公司股东出具承诺："在任何情况下，若因亨天利及中瑞药业环境保护而发生任何纠纷，将全部由肖元海等27名股东共同负责解决；若因此而给中瑞药业或亨天利造成损失，将全部由上述27名股东共同承担连带责任。"

（四）存在大量现金交易

1. 审核要点

同"客户或供应商集中度过大"中提及的审核要点。

2. 问题解析

对于采购或销售存在大量现金交易情况的公司，由于交易过程缺少了银行流水这一重要会计凭证，导致会计师的审计工作难度加大。

3. 解决思路

①通过描述公司所处行业的特点、上下游情况，说明公司采用现金交易的必要性；通常来说除农业企业外其他行业采取现金交易的公司股转系统对此的关注度比较高；

②描述公司的内控制度，核查内控制度的执行情况，重点核查公司收入和费用的真实性、完整性；

③介绍公司为了减少现金交易采取的措施。

4. 参考案例

案例 2-16

银花股份（证券代码：430739）

公司现有商业模式中包括了籽棉的收购模式、籽棉的加工模式、主要产品皮棉的盈利模式。

在收购模式方面，公司采购籽棉主要集中在金乡县的鸡黍镇、司马镇和兴隆镇。根据公司当年制订的采购计划，公司业务部人员一般在每年的5月到采购地摸底棉花种植面积，了解棉花长势，并指导农民种植，确保棉花丰收，落实棉花采购计划，与农民达成口头协议，主要涉及当年棉花种植面积及预计产量等。收购期间业务部人员到乡镇各村的农户，逐家落实棉花收购，确保当年采购计划的顺利实施。

报告期内每年9月至次年2月是公司籽棉的集中收购期。公司在向棉农收购籽棉时，开具"籽棉收购验级、过磅、入库单"，该单一式三联，即存根联、付款联和保管联，其中付款联在验级、过磅、入库等完成后交给棉农至付款处领取棉款，付款人员在审核无误后付款并由棉农签名后，加盖付讫章，交公司会计部门在网上开具农产品收购发票。

发票、收款收据上的棉农名称及金额一致，采购真实。

报告期内，公司采购籽棉均为现金交易，这与当地棉农长期形成的对现金的认知观念以及当地银行网点偏少有关，与棉农之间的现金交易给棉农提供了交易便利。

公司制定了《现金管理制度》，在实际经营中严格按照该制度执行：公司财务部设资金管理岗，负责收集各部门的月度资金收支核算；日常现金支付业务按照申请、审批、复核和办理支付的程序执行；公司会计、出纳人员职责分工，现金的收入、支出和保管只限于出纳人员负责办理，非出纳人员不得经管现金，现金收入须由会计人员开出收据或发票，及时编制收款凭证，出纳清点现金后，在凭证上加盖"现金收讫"章后方可入账，现金付款业务须凭原始凭证，在经办人签字和有关负责人审核批准，并经会计复核、填制付款凭证后，出纳才付款并在付款凭证上加盖"现金付讫"章后入账，现金付款的原始凭证不得涂改；结合公司的实际情况，将现金结算和现金使用限制在合理范围内。

采购的现金结算系与棉农交易的产物，在棉农观念转变，以及银行网点逐渐普遍化的条件下，公司的采购现金结算情况将会得到改善。

报告期内公司皮棉销售均为银行转账，棉籽销售除自然人客户为现金交易外，其他均为银行转账，2013年1月至9月公司现金结算的销售金额占当期销售总额的比例为22.74%。公司将严格执行现金结算的内控制度，实现销售的银行转账方式，将现金结算降低至零。

二、持续经营能力

（一）审核要点

根据《指引》，持续经营能力是指公司基于报告期内的生产经营状况，在可预见的将来，有能力按照既定目标持续经营下去。具体要求如下：

第一，公司业务在报告期内应有持续的营运记录，不应仅存在偶发性交易或事项。营运记录包括现金流量、营业收入、交易客户、研发费用支出等。

第二，公司应按照《企业会计准则》的规定编制并披露报告期内的财务报表，公司不存在《中国注册会计师审计准则第1324号——持续经营》中列举的影响其持续经营能力的相关事项，并由具有证券期货相关业务资格的会计师事务所出具标准无保留意见的审计报告。

财务报表被出具带强调事项的无保留审计意见的，应全文披露审计报告正文以及董事会、监事会和注册会计师对强调事项的详细说明,并披露董事会和监事会对审计报告涉及事项的处理情况,说明该事项对公司的影响是否重大、影响是否已经消除、违反公允性的事项是否已予纠正。

第三,公司不存在依据《公司法》第一百八十一条规定解散的情形,或法院依法受理重整、和解或者破产申请。

(二)问题解析

挂牌条件不设置财务指标,包容亏损企业,但也不是没有标准。挂牌公司尤其是亏损企业是否具备持续经营能力是财务审核的重要标准之一。对于经营业绩较差的企业,若不能充分说明其具备持续经营能力,则会提高通过挂牌审核的难度。

(三)解决思路

一般可从市场容量、公司订单、亏损原因、业绩增长情况、公司所持技术能力等方面分析,说明公司具备持续经营能力。

(四)参考案例

案例 2-17

高衡力(证券代码:430665)

报告期内,公司的收入、利润情况如下:

项　目	2013 年 1-9 月	2012 年	2011 年
营业收入	7093248.07	3680417.25	2483676.74
净利润	426608.97	-1514206.51	-1546833.27
归属于申请挂牌公司股东的净利润	426608.97	-1514206.51	-1546833.27
扣除非经常性损益后的净利润	422399.53	-1962855.46	-1376353.09
归属于申请挂牌公司股东的扣除非经常性损益后的净利润	422399.53	-1962855.46	-1376353.09

公司关于持续经营能力的说明：

公司虽然建筑节能业务开展时间较短，盈利性还没有完全体现，但是从市场容量、公司订单、公司所持技术、公司财务能力和人员配备能力方面分析均体现公司有良好的业务发展基础，具有持续经营能力。

第一，建筑节能市场容量巨大，公司拥有广阔的发展空间。

2013年上半年，全国建筑业总产值为60177亿元，同比增长19.3%；全国建筑业房屋建筑施工面积为78.55亿平方米，同比增长15.2%。根据二季度经营数据显示，鲁班咨询预计全年固定资产投资增速维持在20%左右，全年建筑业产值约为16.5万亿元，同比增长21.9%。另据《2013-2017年中国智能建筑行业发展前景与投资战略规划分析报告》显示，我国建筑业产值的持续增长推动了建筑智能化行业的发展，智能建筑行业市场在2005年首次突破200亿元之后，以每年20%以上的增长态势发展，2012年市场规模达到861亿元。2012年我国新建建筑中智能建筑的比例仅为26%左右，远低于美国的70%、日本的60%，市场拓展空间巨大。按照"十二五"末国内新建建筑中智能建筑占新建建筑比例30%计算，未来三年智能建筑市场规模增速有望维持在25%左右，2013年市场将超千亿规模。更有学者乐观预测，2012年至2020年的8年内智能建筑市场规模将达1万亿元。

在如此巨大的市场容量下，随着公司各项软件、硬件指标日趋完备，在市场上拥有一定的竞争能力，便可以完全体现公司的业务能力并表现在公司的营业收入的增长上。

第二，公司订单不断增加，已经开始盈利。

公司早期主要业务为阀门的生产和销售，节能业务开展较少，从2011年开始，公司逐步向建筑智能化节能领域转型。由于建筑节能业务刚刚起步，公司需要在市场开拓和研究开发方面投入大量资源，因此2011年和2012年公司分别亏损154.68万元和151.42万元。经过前期的资金投入和市场培育，公司建筑节能业务从2012年底开始收获，不断获得大订单，如广州富力盈凯大厦中央空调节能项目、珠海横琴湾长隆酒店空调系统节能项目、粤电信息大厦节能改造项目，三个项目合计金额超过1200万元。此外，还有富力盈耀BA系统项目、海南假日酒店BA项目、中海珠海富华里酒店VAV空调项目,公司已经完成深化图纸设计,正在参与招标,中标签署协议后,公司订单数量和订单金额均将较大增长。

在报告期期后,2013年10月1日至2013年12月31日,公司就在报告期内已经签订和报告期期后新签订的合同,按照合同条款约定确认收入情况。

报告期期后确认的收入主要包括节能设备的销售收入以及节能方案咨询收入,由于节能方案咨询收入占总收入的比例较报告期内的占收入比例高,同时报告期后公司的节能方案咨询收入的毛利率较高,以至2013年10月1日至2013年12月31日收入的平均毛利率约为50%,主营业务毛利为人民币2867395.14元。

截至2013年12月31日,对于公司已经发货尚未确认收入的节能设备销售项目,公司预计在2014年上半年使该部分节能设备得到发包方验收确认并在2014年记录公司收入。按照公司2013年1月至9月份销售节能设备业务毛利率26.45%计算,预计以上业务收入人民币1827650.74元和毛利为人民币483405.02元。

第三,公司技术得到市场认可,市场反应较好。

在已经完成的项目中,公司向客户承诺的节能目标均可以实现,节能效果符合客户要求,客户对公司提供的服务满意。而且,公司采用的技术方案在保证节能效果的同时综合报价较低,性价比较高,在市场上有一定的竞争力。因此,在未来公司具有继续获得订单的能力。

第四,公司财务状况稳健。

公司目前发展主要依靠自有资金,不存在大额贷款,资产负债率较低。因此,财务状况稳健,不存在较大的流动性财务风险。

第五,公司人员配置满足公司持续经营要求。

公司由张某、尹某某、官某某和高某某四位有丰富行业经验核心技术人员的带领,为公司提供了业务、技术上有强而有力的支持。此外,公司共有在职员工37名,构成情况如下:董事会3人,人事行政部5人,财务部3人,采购部1人,技术设计部3人,产品研发部2人,工程管理部3人,业务拓展部5人,售后服务部2人,子公司10人。以上人员配置基本上满足了公司持续经营上的要求。

第六,公司运营费用保持平稳,没有出现销售退回情况。

公司日常运营费用主要包括固定成本和浮动成本,固定成本主要包括固定资产折旧、长期待摊费用摊销费用、办公室租金、水电费等;浮动成本主要包括人员工资、社保、差旅费和咨询费等。

由于公司一直维持着较稳定的经营费用支出,且没有出现意外销售退回或者其他大额增加公司成本费用的情况。同时公司2013年收入较2012年同期有大额增加,业务毛利率也有所增加,所以在2013年公司盈利状况较好,2013年1月至12月未经审计的净利润约为人民币170万元。

第七,制约公司发展的因素主要是资金和人员。

公司具有市场竞争力的技术,但受制于资金有限和人员短缺的原因,公司承接大型项目的能力有限,也缺乏同时开展多个项目的能力。如果能够解决资金和人员问题,公司将有能力承接更多订单,从而使公司实现规模经济,增加盈利能力。目前,在人员方面,公司已经开始制订和逐步实施员工扩招计划,为未来发展进行人才储备。同时,公司将借助于本次全国中小企业股份转让系统挂牌的契机,通过资本市场拓展融资渠道,解决制约公司业务发展的资金问题。

案例 2-18

楼兰股份(证券代码:430657)

报告期内,公司的营业利润情况如下:

项 目	2013年1–6月	2012年度	2011年度
营业利润	−3575821.02	−2162795.08	−1004.42

公司可持续经营能力情况分析:

(1)公司报告期内营业利润均为负数主要是研发费用投入较大及销售费用的持续增加所致,具体分析如下:

①研发费用投入较大。公司2011年、2012年、2013年1–6月研发费用分别为333.73万元、1294.86万元、984.84万元,分别占当期营业收入

的比重为10.90%、28.89%、45.15%，其中，资源开发和管理系统（以下简称"RD&M"）相关的研发项目2011年、2012年、2013年1—6月研发费用分别为326.50万元、780.61元、556.65万元，占当期研发费用比例分别为97.83%、60.28%、56.52%。持续大量的研发费用支出成为公司营业利润为负数的主要原因。

②销售费用的持续增加。随着公司新产品RD&M系统的研发成功及逐步完善，为拓展新产品市场，公司在销售方面加大了投入力度，尤其是加大了对销售团队的建设，2011年、2012年、2013年1月至6月销售费用分别为801.98万元、1279.96万元、550.37万元，分别占当年营业收入的26.18%、28.56%、25.23%；其中，销售人员薪酬2011年、2012年、2013年1月至6月分别为32.69万元、760.35万元、354.85万元，占主营业务收入的1.07%、16.96%、16.27%。销售费用的持续增加也成为公司营业利润为负数的原因之一。

目前，公司RD&M系统研发已经趋于完善，围绕RD&M所涉及的新产品的销售模式以及市场应用正在进一步推广，由于拓展销售对象和市场应用需要一定的时间，公司新产品RD&M系统报告期内销售收入尚未能完全覆盖研发费用及销售费用的增长，导致公司报告期内营业利润为负。

（2）可持续经营能力保障

①车载项目研发逐步完成，2014年研发费用趋于下降。自2009年起，根据发展战略及市场需要，公司积极进行新产品研发。报告期内，公司研发费用主要投入于RD&M系统相关内容研发，其中，RD&M系统相关的研发项目2011年、2012年、2013年1月至6月研发费用分别为326.50万元、780.61元、556.65万元，占当期研发费用比例分别为97.83%、60.28%、56.52%。公司RD&M系统功能实现主要包括"云服务平台"、"车载网关设备"和"经销商和车主应用"三部分。其中"云服务平台"开发已趋于完善，运行稳定；"车载网关设备"已专业适配6大品牌近百个车型，如物流车WIT50，奥迪WIT100、奥迪WIT150、奥迪WIT180、奥迪WIT190等产品；"经销商和车主应用"所实现的功能也较为完整。因此，RD&M系统主体开发及配套产品研发的完善，将使得公司2014年研发费用趋于下降。

②公司的营业收入持续性较强且稳定增长。

A. 新产品 RD&M 系统销售模式的确立以及销售对象的拓展将增强公司营业收入持续性、促进营业收入的增长。

针对公司新产品 RD&M 系统市场推广，公司所确立的 RD&M 系统销售模式主要分为两种，一种为直接销售 RD&M 系统的"用户许可"，按照数量收费，该类模式下公司产品在性价比上具有明显优势。公司所提供的产品可以为车主及经销商提供产品车辆检测、三年产品责任险、一键救援、远程点火等功能，销售单价暂定为 5000 元，而在市场上其他产品中，实现"一键点火"的单独功能产品售价为 8000 元，另外，"产品责任险"一项，以奥迪车为例，三年强盗险售价合计约 10000 元。因此，公司产品所提供的较多功能和较低的市场价格使得产品具有较强的市场竞争力。另一种是为经销商（汽车销售服务 4S 店）提供创新服务方案及该服务所涉及的所有信息系统建设，按照约定条款进行收益分成，实现销售收入，该类销售模式属于公司创新型产品销售模式，目前正在经销商客户中试点销售。

随着公司新产品的研发成功及逐步完善，新产品市场拓展力度的逐渐加大，自 2011 年起，公司陆续签订 RD&M 系统销售合同（报告期内 50 万元以上）。

公司 2011 年、2012 年、2013 年 1 月—6 月签订的 RD&M 系统销售合同（50 万元以上）金额分别为 468 万元、720 万元、2560 万元，增长势头良好，为增强公司营业收入持续性、促进营业收入的增长提供了强有力的保障。

B. 公司原有产品 DS CRM 系统持续增长的客户数量为公司提供稳定的收入来源。

公司 DS CRM 系统主要应用于汽车销售领域，主要客户为一汽大众特许经销商。公司通过与一汽大众有限公司、一汽大众销售有限公司签订一汽大众特许经销商客户关系管理系统建设项目框架协议，分阶段在奥迪品牌及大众品牌特许经销商（汽车销售服务 4S 店）实施。目前，其收费方式分为一次性收费和连续性收费两种，其中软件费和系统后续服务费由一汽大众汽车有限公司承担，按照安装 4S 店数量收取；实施费用由一汽大众销售有限公司承担，其中包括了系统安装与顾问、DS-CRM应用培训，采取一次性固定收费的方式；系统硬件费用由特许经销商承担，根据经销商规模，公司提供标准版和简化版硬件系统，采取一次性收费。

由于公司所生产的DS-CRM系统具有的技术领先优势及客户黏性特点，使该类产品主要客户一汽大众公司及其特许经销商具有较强的稳定性，促使公司该产品的存量经销商（汽车销售服务4S店）客户数量持续增加，为公司提供稳定的收入来源。2011年、2012年、2013年1月至6月年公司实施安装DS-CRM系统客户数量分别为：96家、153家、187家。同时根据DSCRM系统的主要应用客户一汽大众公司的2014年度汽车销售服务4S店设立计划，预计2014年将完成DS-CRM系统实施160家。

报告期内，公司DS-CRM系统2011年、2012年、2013年1月至6月，合同（50万元以上）签订金额分别为666.00万元、956.85万元、586.30万元，稳定增长。

C. 公司咨询类业务收入的稳定增长将为公司收入的持续性提供进一步保障。

咨询类业务主要包括数据分析、数据营销、管理技术及系统应用培训、系统搭建咨询及技术服务，咨询类业务属于公司系统销售在应用中的衍生业务，与公司系统类产品销售具有一定的关联性。由于公司系统类产品技术的领先、销售额的稳步增加，使得公司咨询类业务客户对象较为稳定、收入持续增长。

公司报告期内2011年、2012年、2013年1月至6月咨询类收入合同（50万元以上）签订金额分别为1432.53万元、1812.33万元、624.20万元，稳定增长。

D. 公司2013年下半年销售合同签署情况亦说明了公司具有获取持续营业收入的能力。公司2013年7月至12月签订的销售合同（50万元以上）总额达2535.57万元。

随着新产品销售模式的确立及销售对象的拓展，公司未来新产品销售规模预计会进一步增加。同时，由于技术领先优势和客户黏性特点，公司原有产品DS CRM系统的存量客户将持续增加；公司咨询类服务销售收入将随着公司系统类收入的增长稳步提高。因此，公司营业收入的持续能力具有较强的保障。

综上所述，公司报告期内营业利润均为负数的原因主要为RD&M系统及其配套应用的研发费用和销售费用投入较大，而因新产品的市场应用推广所具有的周期性特点，公司新产品虽实现了一定的销售收入，但尚无法完全覆盖其投入费用导致。目前公司新产品RD&M系统主体研发已经完成并且配套产品趋于完善，该类研发费用今后将有所下降。并且公司加大销售方面的投入力度，随着新产品销售模式的确立及销售对象的拓展，新产品未来的销售规模预计会进一步增加，同时原有产品DS-CRM系统的技术领先优势和客户黏性特点，存量客户将持续增加。因此，在可预见的将来，公司营业利润将由负转正，公司具备持续经营能力。

（五）案例评析

1. 高衡力

2011年、2012年公司的净利润平均约为−150万元，2013年1月至9月净利润约为40万元，盈利能力较弱。为充分说明公司具有持续经营能力，公司结合行业相关数据说明市场容量巨大，结合报告期内以及报告期后取得订单情况合理预测未来业绩，结合公司技术方案的分析说明其竞争力，结合资产负债率等指标说明财务状况稳健，结合公司人员结构说明人员配备满足经营需求，结合销售退回、期间费用等情况说明公司运营费用平稳，结合目前公司发展瓶颈以及应对措施说明公司未来将增加盈利能力。通过以上方面的综合分析，公司较好地说明了其具备持续经营能力。

2. 楼兰股份

报告期内，公司的营业利润均为负数，且亏损金额逐渐扩大，主营业务的盈利能力较弱。首先，公司解释亏损的主要原因是报告期内研发新产品和拓展新产品市场导致研发费用和销售费用增加较多；其次，结合研发项目完成情况说明未来研发费用趋于下降，结合新产品、原有产品以及咨询业务收入的销售增长情况、报告期后销售合同签署情况等方面说明公司的营业收入持续性较强且稳定增长。通过以上方面的综合分析，公司较好地说明了其具备持续经营能力。

三、会计处理

（一）收入确认原则

1. 审核要点

根据《指引》及《公开转让说明书内容与格式指引》相关规定，公司应按照《企业会计准则》的规定编制并披露报告期内的财务报表，并需根据业务特点披露各类收入的具体确认方法。

2. 问题解析

收入是指企业在日常活动中形成的、会导致所有者权益增加的、与所有者投入资本无关的经济利益总流入。若企业滥用收入确认原则可能导致提前或推迟确认收入、提前或推迟结转成本等调节利润或粉饰财务报表的情形。因此，收入确认原则是尽职调查以及审核的重点内容之一。

根据《企业会计准则》，收入包括销售商品收入、提供劳务收入和让渡资产使用权收入。

①销售商品收入同时满足下列条件的，才能予以确认：

A. 企业已将商品所有权上的主要风险和报酬转移给购货方；

B. 企业既没有保留通常与所有权相联系的继续管理权，也没有对已售出的商品实施有效控制；

C. 收入的金额能够可靠地计量；

D. 相关的经济利益很可能流入企业；

E. 相关的已发生或将发生的成本能够可靠地计量。

②企业在资产负债表日提供劳务交易的结果能够可靠估计的，应当采用完工百分比法确认提供劳务收入。

③企业在资产负债表日提供劳务交易结果不能够可靠估计的，下列情况应当分别处理：

A. 已经发生的劳务成本预计能够得到补偿的，按照已经发生的劳务成本金额确认提供劳务收入,并按相同金额结转劳务成本。

B. 已经发生的劳务成本预计不能够得到补偿的,应当将已经发生的劳务成本计入当期损益,不确认提供劳务收入。

④让渡资产使用权收入同时满足下列条件的,才能予以确认:

A. 相关的经济利益很可能流入企业;

B. 收入的金额能够可靠地计量。

3. 解决思路

公司的收入确认原则必须根据自身业务特点,结合具体销售模式来披露收入确认的具体时点及依据。

4. 参考案例

案例 2-19

华曦达(证券代码:430755)

通过供应链公司办理出口的业务流程具体如下:

公司收到国外客户的订单后,公司与供应链公司签订相应的内贸合同;客户开具信用证或预付订金给公司指定的供应链公司;供应链公司收到信用证或预付订金后,通知公司。公司即开始采购材料进行加工或生产;产品完成后,公司发货给供应链服务公司,供应链服务公司负责办理货物报关相关手续,并与客户进行货款结算;供应链公司收到信用证全部货款后,支付相应货款给公司。

公司根据委托供应链公司办理出口的流程及会计准则中销售货物收入的确认标准,公司对供应链公司办理出口收入确认的具体条件如下:

A. 货物已经由供应链公司从仓库提货(或按照供应链公司要求将货物按照指定地点发出);

B. 收到供应链公司提供的相关货物海关报关单复印件;

C. 收到供应链公司关于收到国外客户的信用证或预付订金的相关通知;

D. 公司与国外客户签订了合同或订单,并开具销售发票。

公司在满足了上述四方面条件后,才确认供应链公司办理出口的销售收入。

5. 案例评析

华曦达部分销售通过供应链公司间接实现，可能会令人产生其最终销售是否实现以及调节利润的疑虑。因此，华曦达需要详细解释该种业务的具体流程以及制定的相应收入确认条件，说明其收入确认原则符合准则规定。

（二）研发费用

1. 审核要点

根据《指引》相关规定，公司应按照《企业会计准则》的规定编制并披露报告期内的财务报表。

2. 问题解析

研发费用是指企业内部研究开发项目的支出，其中分为研究阶段支出与开发阶段支出。根据《企业会计准则》，企业的研发费用在符合相关条件时可予以资本化，形成无形资产并在其使用寿命内系统地分摊其应摊销的金额，否则需要费用化并计入当期损益。由于研发费用的资本化或费用化对当期损益的影响较大，尤其是对于盈利能力较低的企业影响更甚，且研发费用是否符合资本化条件往往会涉及一些主观判断，因此研发费用的处理是否恰当也是审核所关注的重点之一。

根据《企业会计准则》，企业内部研究开发项目的支出，应当区分研究阶段支出与开发阶段支出。研究是指为获取并理解新的科学或技术知识而进行的独创性的有计划调查。开发是指在进行商业性生产或使用前，将研究成果或其他知识应用于某项计划或设计，以生产出新的或具有实质性改进的材料、装置、产品等。

企业内部研究开发项目研究阶段的支出，应当于发生时计入当期损益。

企业内部研究开发项目开发阶段的支出，同时满足下列条件的，才能确认为企业无形资产：

A. 完成该无形资产以使其能够使用或出售在技术上具有可行性；

B. 具有完成该无形资产并使用或出售的意图；

C. 无形资产产生经济利益的方式，包括能够证明运用该无形资产生产的产品存在市场或无形资产自身存在市场，无形资产将在内部使用的，应当证明其有用性；

D. 有足够的技术、财务资源和其他资源支持，以完成该无形资产的开发，并有能力使用或出售该无形资产；

E. 归属于该无形资产开发阶段的支出能够可靠地计量。

3. 解决思路

根据《企业会计准则》并结合公司的研发流程、相关制度文件来区分研究阶段和开发阶段以及费用化和资本化条件，说明公司研发费用相关会计处理是否正确。

4. 参考案例

案例 2-20

博锐尚格（证券代码：830766）

报告期内，公司的研发支出资本化金额较大，其中 2013 年情况如下：

2013 年开发支出列表

研究开发项目	期初账面余额	本期发生额	本期减少		期末账面余额
			计入无形资产	计入当期损益	
开发支出	1485287.49	4684195.46	5220764.84		948718.08
合计	1485287.49	4684195.46	5220764.84		948718.08

公司关于研发支出的处理方式的说明：

公司内部研究开发项目的支出，分为研究阶段支出与开发阶段支出。研究是指为获取并理解新的科学或技术知识而进行的独创性的有计划调查；开发是指在进行商业性生产或使用前，将研究成果或其他知识应用于某项计划或设计，以生产出新的或具有实质性改进的材料、装置、产品等。研究阶段具有计划性和探索性的特点，由于其还处在理论探索阶段，其研究是否能在未来形成成果，即通过开发后是否会形成无形资产具有很大的不确定性。开发阶段具有针对性和形成成果的可能性较大的特点，由于开发阶段比研究阶段更进一步，形成无性资产的可能性较大。

公司划分研究阶段与开发阶段的标准是形成无形资产的可能性。根据公司《研发费用管理制度》和《设计开发控制程序》，在划分研究与开发阶段的时候，公司的管理机构以及研发部门应并根据两者特点和区别来判断形成无形资产的可能性。

A. 研究阶段

根据研发部门提供的经审核批准的《项目计划书》为依据进行研发费用的立项核算，将项目组相关人员的工资、社保、原材料等支出记入管理费用－研发费用－××项目进行核算。研发费用根据立项的项目进行归集，包括：

①研发活动直接消耗的材料、燃料和动力费用；②企业在职研发人员的工资、奖金、津贴、补贴、社会保险费、住房公积金等人工费用以及外聘研发人员的劳务费用；③用于研发活动的仪器、设备、房屋等固定资产的折旧费或租赁费以及相关固定资产的运行维护、维修等费用；④用于研发活动的软件、专利权、非专利技术等无形资产的摊销费用；⑤用于中间试验和产品试制的模具、工艺装备开发及制造费，设备调整及检验费，样品、样机及一般测试手段购置费，试制产品的检验费等；⑥研发成果的论证、评审、验收、评估以及知识产权的申请费、注册费、代理费等费用；⑦通过外包、合作研发等方式，委托其他单位、个人或者与之合作进行研发而支付的费用；⑧与研发活动直接相关的其他费用，包括技术图书资料费、资料翻译费、会议费、差旅费、办公费、外事费、研发人员培训费、培养费、专家咨询费、高新科技研发保险费用等。

B. 开发阶段

根据公司《设计开发控制程序》的有关规定，以研发部门提交的《设计开发评审记录》为依据，对项目的设计结果是否满足设计要求、产品在使用、服务进行中是否存在潜在的危害故障模式、设计和开发过程是否需要改进、产品的经济效益实现方式等方面进行了确认，对于能够满足设计要求、产品使用不存在较大缺陷、产品潜在客户明确或为已中标项目定制开发的项目，财务依据其将该项目的后续支出转入开发支出科目进行核算。开发阶段相对于研究阶段而言，是已完成研究阶段的工作，在很大程度上具备了形成一项新产品或新技术的基本条件。企业内部研究开发项目开发阶段的支出，同时满足下列条件的，予以资本化：①完成该无形资产以使其能够使用或出售在技术上具有可行性。判断无形资产的开发在技术上是否具有可行性，应当以目前阶段的成果为基础，并能够提供相关证据和材料，证明企业进行开发所需的技术条件等已经具备，不存在技术上的障碍或其他不确定性；②具有完成该无形资产并使用或出售的意图。企业应该能够说明其开发无形资产的目的；③无形资产产生经济利益的方式，包括能够证明运用该无形资产生产的产品存在市场或无形资产自身存在市场；无形资产将在内部使用的，应当证明其有用性。无形资产是否能够为企业带来经济利益，应当对运用该无形资产生产产品的市场情况进行可靠预计，以证明所生产的产品存在市场并能够带来经济利益，或能够证明市场上存在对该无形资产的需求；④有足够的技术、财务资源和其他资源支持，以完成该无形资产的开发，并有能力使用或出售该无形资产。企业应能够证明可以取得无形资产开发所需的技术、财务和其他资源，以及获得这些资源的相关计划。企业自有资金不足以提供支持的，应能够证明存在外部其他方面的资金支持，如银行等金融机构声明愿意为该无形资产的开发提供所需资金等；⑤归属于该无形资产开发阶段的支出能够可靠地计量。企业对研究开发的支出应当单独核算，例如，直接发生的研发人员工资、材料费，以及相关设备折旧费等。同时从事多项研究开发活动的，所发生的支出应当按照合理的标准在各项研究开发活动之间进行分配；无法合理分配的，则计入当期损益。

根据公司《设计开发控制程序》的有关规定，财务以研发部门提交的《项目验收报告》以及软件产品的软件著作权，硬件产品的专利提交申请为依据，对于通过公司项目验收、产品市场情况明确且已形成软件著作权、专利提交申请将相关项目的开发支出转入无形资产。

案例 2-21

轩辕网络（证券代码：830891）

从 2012 年到 2013 年，公司持续加大对技术研发的资金投入，投资金额从 4360196.79 元增长到 6112910.13 元。

在研究阶段，研发部门采用技术分析、国内外同类产品比较、实施的优势分析等方法对项目所需技术的可行性进行分析，对可选的技术进行测试整合，选取最有效的技术方案进行研发；市场部通过对市场需求、产品前景分析和营销策略的制定，确定该项目未来经济利益产生的方式，出具产品成本估算、产品收益估算分析；研发部门及财务部门对研发该项目所需的人力、物力资源进行预算估计，制定项目投资估算、资金筹集方案和资金使用计划等；当上述分析及方案完成时，由上述研究阶段涉及的部门共同出具《项目可行性研究报告》将各个部门的研究成果进行论述，公司组织研发项目经理、研发部经理、财务部经理、总经理对上述《项目可行性研究报告》进行讨论。当《项目可行性研究报告》经参会人员同意汇签确认时，公司认为该研发项目已满足以下五个条件：①从技术上来讲，完成该无形资产以使其能够使用或出售具有可行性；②具有完成该无形资产并使用或出售的意图；③无形资产产生未来经济利益的方式，包括能够证明运用该无形资产生产的产品存在市场或无形资产自身存在市场，无形资产将在内部使用时，应当证明其有用性；④有足够的技术、财务资源和其他资源支持，以完成该无形资产的开发，并有能力使用或出售该无形资产；⑤归属于该无形资产开发阶段的支出能够可靠地计量。该研发项目满足资本化的要求。财务部门对该项目立项归集费用，《项目可行性研究报告》汇签的时点为该项目可进行资本化的时点，将开发过程中的人工工资、出差费用、会议费以及固定资产折旧等能够合理归类为该项目的费用进行资本化。

在开发阶段，研发人员根据所选定的方案设计开发系统平台，并进行数据测试，检验系统是否达到预期目标。测试完毕后，项目经理出具《项目研发成果汇总表》，描述该系统平台已实现的功能。研发部门其他人员及总经理组成验收小组，对该系统已实现的功能进行试用验收。当研发的系统通过验收后，则认为该系统平台达到预定使用用途，由研发部门出具《项目总结报告》，在报告中对技术概况、项目指标和成果完成情况进行论述，并与国内外同类研发工作进展情况做比较，确认研发的项目已达到预定使用用途。测试人员及研发部门经理对该报告签字确认，总经理对项目整体情况进行签字确认。财务人员将该《项目总结报告》签字确认的时点为研发项目转为无形资产时点。

于 2013 年 12 月 31 日，基于汇云的云计算公共服务平台项目处于市场需求调研阶段，未满足资本化的要求，故将其进行费用化。在报告期内，公司研发支出资本化的政策保持一致。

5. 案例评析

上述两个案例在报告期内的研发投入金额均较大，两家公司都能结合公司的研发流程和项目的具体情况来说明其研发费用会计处理正确。

（三）政府补助

1. 审核要点

根据《指引》的相关规定，公司应按照《企业会计准则》的规定编制并披露报告期内的财务报表。

2. 问题解析

政府补助是指企业从政府无偿取得货币性资产或非货币性资产，但不包括政府作为企业所有者投入的资本。在会计处理上，政府补助可根据不同情况确认为递延收益，并在相关期间计入当期损益，又或者是直接计入当期损益。因此，从审核角度来看，政府补助的会计处理是否恰当将会直接影响企业的经营业绩。

根据《企业会计准则》，政府补助分为与资产相关的政府补助和与收益相关的政府补助。

与资产相关的政府补助，应当确认为递延收益，并在相关资产使用寿命内平均分配，计入当期损益。但是，按照名义金额计量的政府补助，直接计入当期损益。

与收益相关的政府补助，应当分别下列情况处理：

A. 用于补偿企业以后期间的相关费用或损失的，确认为递延收益，并在确认相关费用的期间，计入当期损益。

B. 用于补偿企业已发生的相关费用或损失的，直接计入当期损益。

3. 解决思路

详细披露各项政府补助的具体情况，结合政府补助文件、项目情况详细说明公司所采取的会计处理方式的原因。

4. 参考案例

案例 2-22

奥新科技（证券代码：430760）

与资产相关政府补助和收益相关政府补助划分的依据：

① 根据《企业会计准则第 16 号——政府补助》规定，企业对于收到的综合性项目政府补助，需要将其分解为与资产相关的部分和与收益相关的部分，分别进行会计处理；难以区分的，将政府补助整体归类为与收益相关的政府补助，视情况不同计入当期损益，或者在项目期内分期确认为当期收益。

② 公司收到的各项政府补助批准文件。对在政府补助相关文件中指明与特定研发项目相关（FTTX 光纤接入系统光子集成 BOSA 项目）并形成资产的，公司将其划分为资产相关政府补助；对其余与特定研发项目无关联，并没有形成资产的，公司将其划分为与收益相关政府补助。

③ "掺铒光纤放大器子系统及可调激光器"划分为收益相关政府补助的理由。2007 年 3 月 6 日武汉东湖新技术开发区管理委员会下发《关于奥普斯技术（武汉）有限公司项目补贴款的批复》，公司于 2007 年 3 月 8 日收到武汉市财政局东湖新技术开发区分局拨付 6000000 元政府补助款，系用于掺铒光纤放大器子系统及可调激光器研发项目建设。由于"掺铒光纤放大器子系统及可调激光器"政府补助款用于该项目系列专利的研发，已形成 4 项专利技术。

根据《企业会计准则第 6 号——无形资产》，以上专项技术属于公司自行研发取得，虽形成无形资产但不予资本化，因此将收到的"掺铒光纤放大器子系统及可调激光器"政府补助款确认为与收益相关的政府补助。

④ "掺铒光纤放大器子系统及可调激光器"政府补助的收入确认依据。根据《企业会计准则第 16 号——政府补助》规定，公司将项目建设期 6 年确认为政府补助分期确认收益的基准。公司未按各年实际发生的研发费用确认各期收益的具体原因如下：

A.公司的研发团队未成立专门小组进行"掺铒光纤放大器子系统及可调激光器"项目研发。除该项目外，同时还研发其他多个项目，在资金使用及费用方面未单独按各研发项目进行归集，无法准确取得"掺铒光纤放大器子系统及可调激光器"项目的各期研发支出。

B."掺铒光纤放大器子系统及可调激光器"项目属于专业性极强的科研项目，需借助专家才能准确区分研发支出是否与该项目切实相关，在归集时可能出现误差。基于稳健性原则，公司确认项目建设期6年为分摊年限，将"掺铒光纤放大器子系统及可调激光器"政府补助款项平均分摊转入各期损益。

⑤申报会计师核查意见

我们执行了检查、测试以及其他我们认为必要的核查程序，经过核查，公司正确划分与收益相关和与资产相关的政府补助，并进行了恰当披露。

5. 案例评析

奥新科技详细解释了重大补助项目的具体情况以及相应的政府补助的处理方式，并由会计师出具了核查意见。

四、财务指标

（一）审核要点

《全国中小企业股份转让系统公开转让说明书内容与格式指引（试行）》第十三条规定，申请挂牌公司应在公开转让说明书中披露最近两年及一期的主要会计数据和财务指标简表，主要包括：营业收入、净利润、归属于申请挂牌公司股东的净利润、扣除非经常性损益后的净利润、归属于申请挂牌公司股东的扣除非经常性损益后的净利润、毛利率、净资产收益率、扣除非经常性损益后净资产收益率、应收账款周转率、存货周转率、基本每股收益、稀释每股收益、经营活动产生的现金流量净额、每股经营活动产生的现金流量净额、总资产、股东权益合计、归属于申请挂牌公司股东权益合计、每股净资产、归属于申请挂牌公司股东的每股净资产、资产负债率（以母公司报表为基础）、流动比率、速动比率。

（二）问题解析

挂牌条件不设置财务指标，因此财务指标审核重点主要是信息披露。《指引》规定，申请挂牌公司应披露最近两年及一期的主要会计数据和财务指标简表，并以合并财务报表的数据为基础进行计算。相关指标的计算应执行中国证监会的有关规定。

根据《全国中小企业股份转让系统主办券商尽职调查工作指引（试行）》，主办券商应调查公司的财务风险，综合评价公司的财务风险和经营风险，判断公司财务状况是否良好。

（三）解决思路

公司拟挂牌新三板，应以经审计的财务报表为基础计算和编制财务指标，并在公开转让说明书中进行如实披露，同时做好横向和纵向比较，对指标波动异常的进行解释说明。同时为利于公司通过审核，在对企业的资产、负债在挂牌前进行合理重组格外重要。以资产负债率为例，资产负债率过高将被视为企业偿债能力较弱，抗风险能力低，需要充分披露偿债能力，但过低可能被视为融资需求不足，也会受到审核重点关注。因此，适度负债有利于约束代理人道德风险和减少代理成本，债权人可对当前企业所有者保持适度控制权，也更利于企业挂牌融资。

（四）参考案例

案例 2-23

聚科照明（证券代码：430654）

偿债能力指标远低于同行业水平。公开转让说明书披露：报告期内，公司资产负债率较高，流动比率、速动比率较低，主要有如下两点原因：

A. 由于公司规模较小，其所购原材料又均来自产品质量上乘的大型企业，因此对上游企业议价能力不足，在预计销售大幅增长之前或是原材料相对较低的时点进行大规模采购所致，形成公司应付账款金额较大；

B. 公司为了扩大生产，进行固定资产的购买，如果采取股东增资之后进行购买，操作流程较为烦琐，故向关联方进行拆借资金。

我们对公司销售进行了分析，公司采购策略具有合理性，并且均于相应期后进行了款项支付，不存在大额长久未付现象。同时，公司于2013年8月进行了增资，并归还了所欠关联方款项。针对以上两点，公司虽然相关指标远低于同行业水平，但是指标并未充分反映公司的偿债能力。

案例2-24

世纪工场（证券代码：830888）

报告期内毛利率较大波动。

公开转让说明书中披露：2013年度、2012年度，公司主营业务综合毛利率分别为48.16%及38.54%，波动幅度较大。

毛利率波动的总体原因为：公司所属行业容易受到政治、经济、文化等多方面综合因素的影响，兼之公司规模较小，按照项目进行核算，具体项目业务内容的不同会造成毛利率出现一定程度的波动。（1）公司接受委托方委托，开展具体品牌及内容的创意设计与制作业务具有典型的客制化、独特性的特征。公司在综合考虑制作成本、制作风险的基础上同委托方根据具体项目单独议价，不同项目之间毛利率具有一定的波动性。（2）创意设计制作业务的成本控制本身具有一定程度的不可预测性，如受市场波动影响的劳务费支出、受天气因素影响的项目现场开支等。（3）不同项目之间的工作量构成不同，拍摄部分成本较高，后期制作部分成本较低。

具体而言，公司2013年度毛利率相对2012年度上升9.63%，上升幅度较大。2012年度，为增强品牌竞争力，增强业界影响，公司承接了2012年度中央电视台伦敦奥运会报道宣传片的创意设计与制作工作，为取得良好的制作效果，公司投入了较高的成本，该笔业务占公司2012年度全年收入的35.26%，毛利率仅为23.84%，从而拉低了公司2012年度的整体毛利率水平。但该业务为公司带来了良好的口碑与收效，2013年度公司从中央电视台承接的总体业务规模相对2012年度上升了335万元，2014年度，公司承接了索契冬奥会宣传片项目。

综上所述，报告期内公司主营业务毛利率的波动与公司业务性质、项目特色密切相关，主营业务毛利率的变动无重大异常。

（五）案例评析

对相关财务指标进行纵向和横向比较，对波动异常或存在明显有异于同行业指标的情形，应结合公司实际情况充分解释和说明原因，对其合理性进行阐述。

第三节 挂牌常见问题案例分析：治理与合规

针对这个挂牌条件，我们在案例分析中总结出比较常见的具体问题如表2-4。

表2-4 公司治理与合规环节常见问题概览

常见问题类别	具体问题表现
资产权属	自有房地产未办理权属证明
	租赁房地产未取得权属证明
	租用农村集体建设用地及上盖
	无形资产权属瑕疵
合规经营	劳动用工
	环保问题
同业竞争	同业竞争
关联方拆借	关联方拆借
关联交易	关联交易
税务	企业所得税核定征收
	整体变更时个人所得税缴纳问题
	税收滞纳金

一、资产权属

（一）自有房地产未办理权属证明

1. 审核要点

根据《指引》的要求，挂牌公司"可同时经营一种或多种业务，每种业务应具有相应的关键资源要素，该要素组成应具有投入、处理和产出能力，能够与商业合同、收入或成本费用等相匹配。"因此，挂牌公司对开展业务需要的资源要素应该拥有相应的权属，否则将影响公司的持续经营能力。

此外，公司在使用上述资源要素的过程中，应该符合合法合规经营的要求，不得存在违反《土地管理法》、《专利法》等法律法规的情形。

2. 问题解析

公司自建、自购房产、自有土地未取得《房产证》、《土地使用权证》等权属证明。通常是因为房屋施工手续不齐、违反规划建设、未通过安全消费验收，或证件正在办理中等原因所导致。

3. 解决思路

①对未办权证的原因进行如实披露，并对公司办理的过程、进度进行详细披露；如无法预计取得权证的时间，最好能够描述公司对寻找替代性的经营场所所做的努力；

②从未取得权证部分房地产的面积、用途、必要性等方面评估该事项对公司经营的影响；

③评估公司因该事项受到处罚或被迫变更地址的可能性，以及万一发生后产生的损失；

④取得有关部门的不存在重大违法违规证明；

⑤大股东对该事项可能导致的损失进行承担的承诺。

4. 参考案例

案例2-25

松宝智能（证券代码：830870）

公司持有房产情况如下：

序号	建筑物名称	房产所有权人	证书编号	面积（m²）	他项权利
1	工房	松宝有限	房地权房2004字第011056号	2519.55	无
2	库房	-	-	513.21	无
3	活动中心（含一楼食堂）	-	-	542.82	无
4	门卫室	-	-	18.92	无

上述房产中，库房、活动中心（含一楼食堂）、门卫室等房产合计面积为1074.95m²，系为公司仓储零部件及部分部门的日常办公所用，没有办理房产证书。

公司在2003年计划新建厂房及综合办公楼，当时综合办公楼的规划位置在目前库房及活动中心位置处，但因此处背靠变电站，妨碍了公司综合办公室楼的新建。公司为解决部分办公需要、员工就餐及门卫值班问题临时搭建活动中心及门卫室。公司向规划部门沟通变更设计规划，后由于城市规划原因，故变更规划未得到批复。

随着公司的快速发展，销售的增加也带动了仓储量的增加，而公司原有的厂房已无法满足仓储需求，故公司2007年在原规划办公楼靠近变电站的位置处重新搭建了钢结构的简易库房，以改善公司的仓储条件。

因厂区内房产建设变更规划未得到批准，公司未取得建设工程规划许可证，导致公司上述活动中心、库房及修建的门卫室皆未办得房屋产权证书。

目前公司的办公、餐饮、仓储需求对于上述房产无特殊依赖，较容易通过租赁等方式获得同等条件的办公、餐饮、仓储场所，即使未来上述未取得房产证的房产被拆除也不会对公司的持续经营构成重大影响。

铜陵市经济技术开发区规划建设局出具《关于铜陵松宝智能装备股份有限公司相关房产规划情况的确认函》确认：因城市规划原因，使公司所建造的活动中心（含食堂）、库房、门卫室的规划未能得到批准。上述所列部分房产不属于重大违法违规行为。

此外，铜陵经济技术开发区管理委员会出具《关于铜陵松宝智能装备股份有限公司相关房产拆迁风险的确认函》确认：因城市规划原因，公司上述部分房产未及时取得相关产权证书。该房产建筑未列为强制拆迁对象。虽然上述所列部分房产未取得相关产权证书，但因属城市规划原因导致，上述所列房产不属于重大违法违规行为。

公司实际控制人阮运松承诺：如若上述未办理房产证房产根据相关主管部门的要求被强制拆除，则本人愿意在无须松宝智能支付任何对价的情况下承担松宝智能上述房产拆除、搬迁的成本与费用，并全额补偿其因拆除、搬迁、受到相关处罚所造成的一切损失。

（二）租赁房地产未取得权属证明

1. 审核要点

同"自有房地产未办理权属证明"中所提及的审核要点。

2. 问题解析

公司租赁用于生产经营的土地或房产未取得相应权属证明，原因大多同上。

3. 解决思路

①从未取得权证部分房地产的面积、用途、租金价格、市场替代性等方面评估该事项对公司经营的影响；

②分析该租赁行为的法律风险，并取得有关部门的不存在重大违法违规证明；

③大股东对该事项可能导致的损失进行承担的承诺。

4. 参考案例

案例2-26

莱博股份（证券代码：430650）

公司于2012年8月26日从上海康强生物科技有限公司租赁了位于上海市奉贤区金汇镇江艇路188号2号库房，租赁面积800平方米，租赁期限为2012年8月26日至2015年8月25日，租金为0.6元/平方米/天。上述房屋因土地性质变更原因尚未取得房产证存在未来可能被有关部门责令拆除的风险，届时奉贤库房面临搬迁可能被有关部门责令拆除，奉贤库房可能面临搬迁。

公司租赁奉贤库房的价格，在当地属于中等水平，公司在当地租赁新的库房并不存在较大的难度。若公司因所租赁的奉贤库房被责令拆迁等事项而导致奉贤房屋搬迁时，由此发生的经济损失包括现库房装修未摊销余额及搬迁费合计约78000元。公司控股股东及实际控制人李某某承诺，若公司因所租赁的奉贤库房被责令拆迁等事项而导致奉贤房屋搬迁时，由其承担所有的搬迁费用及拆迁给公司造成的任何经济损失。

公司控股股东及实际控制人最近两年内不存在因违反国家法律、行政法规、部门规章、自律规则等受到刑事、民事、行政处罚或纪律处分的情况。

针对上述事项律师发表意见如下：

经核查，本所律师认为，康强生物是合法存续的法人主体，虽然其租赁给莱博股份的库房尚未办理房产证，但该房产目前为其实际拥有，其有权对外出租上述房屋。对于莱博股份而言，其与康强生物之间仅为租赁合同关系，即使康强生物因该房产的所有权瑕疵而产生其他地方向其主张权利的情形，由于莱博股份已经按约向康强生物支付了租金，莱博股份不会因此受到其他第三方除已交付租金之外的权利主张。

莱博股份租赁的该库房租赁价格在当地处于中等水平。若合同租赁期届满，康强生物仍未取得该房产的房产证，莱博股份可以选择不再续租而寻找合适的库房搬迁。根据公司测算，库房搬迁给莱博股份造成的损失金额不大，且莱博股份控股股东、实际控制人李某某已经做出承诺，对莱博股份因此造成的损失进行补偿。

综上，莱博股份对于该库房的租赁虽然因康强生物的所有权瑕疵存在不规范之处，但鉴于莱博股份与康强生物仅为租赁合同关系，且莱博股份实际控制人已经承诺承担可能造成的费用和经济损失。因此，该事项对莱博股份不会产生重大影响，对本次挂牌不构成实质性障碍。

案例2-27

上元堂（证券代码：830923）

公司房屋租赁情况如下：

（1）公司经营用房产租赁情况

截至 2014 年 1 月 31 日止，公司及下属分公司门店用于经营的租赁房产总面积合计为 10153.41 平方米。

（2）非经营房产租赁情况

截至 2014 年 1 月 31 日止，公司租赁四处房产用于员工宿舍，总面积合计为 477.92 平方米。

（3）租赁房产产权瑕疵风险分析

目前，公司有八处经营性租赁房产和一处非经营性租赁房产未取得房产证，此外，公司尚有两处租赁房产（丹阳药房、湖熟药房）的出租方未提供该出租房产所有权人同意转租证明，虽然上述房屋租赁行为存在瑕疵，但公司已取得上述租赁房产出租方房屋购买协议或相关部门提供的产权证明，以及出租方的相关承诺，且上述营业场地均能够正常开展经营活动，未因场地租赁而产生纠纷的情形，因此，该部分房产产权瑕疵对公司持续盈利能力造成的影响较小。

公司目前采取直营连锁实体门店与网上药房齐头并进的运营销售模式，实体门店数逐年有步骤地拓展和增加，网上药房的业务贡献率也呈现逐年大幅提升。因此，单一门店对公司整个营销网络体系的重要性降低，如未来公司少数门店因租赁房产产权瑕疵问题而被迫搬迁、拆除，公司的整体经营状况不会受到重大不利影响。公司设立至今，并未发生因租赁房产产权瑕疵而导致门店被迫搬迁、关闭的情形。

对于上述公司租赁房产产权瑕疵情况，公司实际控制人杨某某已出具承诺函，承诺如应有权部门要求或决定、司法机关的判决、第三方的权利主张，公司租赁的物业因产权瑕疵问题而致使该等租赁物业的房屋及/或土地租赁关系无效或者出现任何纠纷，导致公司需要另租其他房屋及/或土地而进行搬迁并遭受经济损失、被有权部门给予行政处罚，或者被有关当事人追索的，其本人愿意无条件代公司承担上述所有损失赔偿责任及/或行政处罚责任、代公司及其下属门店承担上述所有经济损失，且自愿放弃向公司追偿的权利。

（三）租用农村集体建设用地及上盖

1. 审核要点

同"自有房地产未办理权属证明"中所提及的审核要点。

2. 问题解析

公司租赁了集体用地或其上盖建筑，通常也表现为无法完全取得房地产的权属证明。鉴于国家、地方对农村集体建设用地相关法律法规的复杂性，和企业使用集体用地情况的普遍性，特将集体用地问题单独罗列。

3. 解决思路

①对租用农村集体建设用地事项的形成原因进行如实披露，寻求当时及当地的法律法规对该行为进行支持；

②从该部分房地产的面积、用途、租金价格、市场替代性等方面评估该事项对公司经营的影响，并描述公司对寻找替代性的经营场所所做的努力；

③分析该行为的法律风险，并取得有关部门的不存在重大违法违规证明；

④大股东对该事项可能导致的损失进行承担的承诺。

4. 参考案例

案例 2-28

青鹰股份（证券代码：430647）

公司目前部分仓储用地为租赁用地。

2001年2月19日及2001年7月17日，青欣窗帘与上海佘山经济技术发展有限公司签订了两份用地协议书，就青欣窗帘所在地东西两侧垂直向后延伸至小河的约3亩土地及青欣窗帘旁边德美公司所在地东西两侧垂直向后延伸至小河的约2.5亩土地，合计共5.5亩土地的征用事宜达成协议，约定的用地性质为"使用"，青欣窗帘在签约当日向上海佘山经济技术发展有限公司支付定金作为出让金的一部分，并支付每亩土地每年1000元的使用费，使用费每五年递增5%，定金到位后青欣窗帘即可对该地块实施规划及填土等事宜，使用年限为50年。

经核查，该5.5亩土地性质为农村集体建设土地，上海佘山经济技术发展有限公司作为负责佘山镇农工商项目开发的主体，将该等土地提供给青欣窗帘使用的行为构成"以租代征"，与国土资源部于2005年颁布的国土资发〔2005〕166号文、2006年颁布的国土资电发〔2006〕22号文及国务院办公厅于2007年颁布的国办发〔2007〕71号文等文件精神不符，但该等事实发生在2001年，当时法律法规并未明确禁止这种行为，且青欣窗帘作为最终用地者，一直在寻求合法的用地途径，即签署上述用地协议时就以出让为目的，且其后也一直在督促办理该等土地的合法出让手续，但因客观原因未能办理出让手续。

主办券商和律师认为，上海佘山经济技术发展有限公司将该5.5亩通过"以租代征"的方式提供给青欣窗帘使用的行为存在法律瑕疵，青欣窗帘在最终通过出让方式取得该等土地的使用权前，对该等土地的使用权存在一定的不确定性；根据国土资发〔2005〕166号文规定，"对擅自通过出让、转让或者出租等方式将农民集体土地用于非农业建设的单位和个人，应依据《土地管理法》第七十六条、第八十一条的规定追究法律责任"，其中，《土地管理法》第七十六条"未经批准或者采取欺骗手段骗取批准，非法占用土地的，由县级以上人民政府土地行政主管部门责令退还非法占用的土地，对违反土地利用总体规划擅自将农用地改为建设用地的，限期拆除在非法占用的土地上新建的建筑物和其他设施，恢复土地原状，对符合土地利用总体规划的，没收在非法占用的土地上新建的建筑物和其他设施，可以并处罚款；对非法占用土地单位的直接负责的主管人员和其他直接责任人员，依法给予行政处分；构成犯罪的，依法追究刑事责任。"第八十一条"擅自将农民集体所有的土地的使用权出让、转让或者出租用于非农业建设的，由县级以上人民政府土地行政主管部门责令限期改正，没收违法所得，并处罚款。"青欣窗帘是基于与上海佘山经济技术发展有限公司的用地协议使用上述5.5亩土地，属于经无效批准而使用，批准主体及批准程序存在瑕疵，虽不属于恶意主动违规用地，但事实上存在被认定"非法占地"的可能，因此存在被责令退还该等土地、公司需要在现有土地上另外建造仓库的可能。

案例 2-29

斯达科技（证券代码：430737）

公司共有三处租赁房产和一处租赁土地，租赁房产产权所有人为黄金都，房屋产权证编号为锡房权证惠山字第 HS1000078629-2 号、锡房权证惠山字第 HS1000078629-1 号、锡房权证洛社字第 07000040 号。根据公司与黄金都续签的房屋租赁合同，房屋租赁期限至 2016 年 12 月 31 日止。同时，公司取得黄金都出具的承诺，承诺如下："房产租赁期限届满之日起 10 年内，斯达股份享有上述房产的优先租赁权，除非斯达股份自愿放弃上述优先权，否则本人将无条件同意按照届时的市场价格将上述房产继续租赁给斯达股份使用。如本人违背上述承诺，给斯达股份造成了直接、间接的经济损失、索赔责任及额外的费用，本人愿承担全部赔偿责任。"

该三处房产原属于无锡市斯达自控设备厂，无锡市斯达自控设备厂前身为无锡县电器仪表成套厂，原为洛社镇农业技术学校校办集体所有制企业，1996 年更名为无锡市斯达自控设备厂，1998 年经批准转制为黄金都个人独资企业。无锡市斯达自控设备厂取得公司目前所租赁房屋的所有权证书，对应土地原为洛社镇农业技术学校下拨，在 2002 年 9 月 20 日，无锡市斯达自控设备厂取得无锡市国土资源局惠山分局颁发的集体土地使用证，该证书注明地号 6226-21-053，土地使用者为无锡市斯达自控设备厂，坐落于无锡市惠山区洛社镇人民南路、312 国道，使用权面积 8651.4 平方米，土地使用权类型为租赁，终止日期为 2012 年 8 月 14 日。后由于无锡市斯达自控设备厂经营不善，企业申请注销（此时企业已更名为"无锡斯达电源设备厂"），并在 2006 年 9 月 21 日获得注销核准。无锡市斯达自控设备厂注销后，房屋所有权由投资人黄金都承继，黄金都于 2008 年 5 月 20 日取得新的房屋所有权证书，并将该房屋租赁给公司使用。无锡市斯达自控设备厂注销后，集体土地使用权无法转移给个人，土地使用权证书收回。后土地所有权人无锡市惠山区洛社镇人民政府授权无锡市惠山区洛社镇农业服务中心将土地租赁给公司使用。公司与无锡市惠山区洛社镇农业服务中心签订的《非农集体土地使用权租赁合同》，最新的租赁合同租赁期限为 2013 年 1 月 1 日至 2015 年 12 月 31 日。

经核查,《非农集体土地使用权租赁合同》、支付租金的凭证、无锡市惠山区洛社镇农业服务中心开具的发票及无锡市惠山区洛社镇人民政府出具的证明。确认在报告期内,无锡市惠山区洛社镇农业服务中心将该土地租赁给公司,公司已按期支付租金,并取得无锡市惠山区洛社镇农业服务中心开具的发票。

2013 年,公司计划在全国中小企业股份转让系统挂牌,中介机构进场后认为,公司虽与无锡市惠山区洛社镇农业服务中心签订了期限至 2015 年 12 月 31 日的租赁合同,但仍面临着政府土地规划变更而土地被收回的情况,如发生该种情况,公司将面临搬迁的风险。为避免该情况发生,公司于 2013 年 12 月 24 日取得无锡市惠山区人民政府核发的锡惠集用(2013)第 5265 号《集体土地使用权证书》,该证书显示土地使用权人为斯达股份;土地所有权人为无锡市惠山区洛社镇人民政府;座落为惠山区洛社镇人民南路、312 国道口;地类(用途)为工业用地;使用权类型为集体土地使用权租赁;终止日期为 2018 年 12 月 18 日;使用权面积为 8651.4 平方米。

同时,公司于 2014 年 1 月 7 日取得土地所有权人无锡市惠山区洛社镇人民政府出具的证明,证明内容如下:

"无锡斯达新能源科技股份有限公司于 2013 年 12 月 24 日取得无锡市惠山区人民政府核发的锡惠集用(2013)第 5265 号《集体土地使用权证书》,该证书显示土地使用权人为无锡斯达新能源科技股份有限公司;土地所有权人为无锡市惠山区洛社镇人民政府;坐落为惠山区洛社镇人民南路、312 国道口;地类(用途)为工业用地;使用权类型为集体土地使用权租赁;终止日期为 2018 年 12 月 18 日;使用权面积为 8651.4 平方米。该宗土地用途符合土地利用总体规划和村庄集镇规划,权属合法,界址清楚,在 2018 年 12 月 18 日之前无锡市惠山区洛社镇人民政府对该宗土地不存在拆迁计划或其他改变土地用途的计划。"

根据房屋所有权证书,黄金都拥有房屋所有权,但鉴于房屋属于地上建筑物,需依附土地存在,土地的权属及土地使用权期限会对房屋所有权产生影响,因此,公司能否一直租赁该等房屋存在不确定性。公司全体股东出具承诺，若公司因租赁黄金都拥有的三处房屋作为厂房而遭受任何损失（包括但不限于罚款、违约金、赔偿金、搬迁费等），将由公司全体股东承担。

（四）无形资产权属瑕疵

1. 审核要点

同"自有房地产未办理权属证明"中所提及的审核要点。

2. 问题解析

通常表现为股东用于增资的专利或非专利技术存在为职务发明的嫌疑，或用于公司生产经营的无形资产登记于个人名下等。

3. 解决思路

①股东增资的专利或非专利技术存在为职务发明嫌疑的，需要证明该专利或非专利技术并非职务发明；律师从发明人的研发能力、研发过程、参与人员、所需条件等方面进行核查，对该专利或非专利技术是否为职务发明做出明确结论；

②公司生产经营的无形资产登记于个人名下的，需要将相关资产移入挂牌公司，过去事项不得有损害公司利益的情形或损害已弥补；

③对于有瑕疵的无形资产用于增资，需要进行减资或现金替换的，在公司设立与增资部分进行分析，此处不赘述。

4. 参考案例

案例 2-30

津宇嘉信（证券代码：430726）

2010 年 4 月 28 日，有限公司做出股东决定，同意将注册资本增加至 3000 万元，股东匡某某以 2000 万元无形资产实施增资。本次用于出资的无形资产为 JYJX 型智能切换控制系统专有技术，属于非专利知识产权。根据北京科之源资产评估有限责任公司 2010 年 4 月 28 日出具的"科评字〔2010〕第 037 号"《资产评估报告书》显示：该无形资产评估值为 2008.37 万元，其中 2000 万元计入注册资本、8.37 万元计入资本公积。

JYJX 型智能切换控制系统，采用计算机控制技术和网络通信技术，可实现无人值守站信号电源屏和其他信号产品的远程监测与切换控制，是我国铁路信号设备领域的首创，可以解决无人值守站电源屏及其他设备因偶发性冲击造成断路器跳闸，产品填补了国内的应用空白，具有重要推广和应用价值。

2010 年 4 月 28 日，北京中京会计事务所出具了"中京内验（2010）第 011 号"《验资报告》对本次增资事项进行了审验。

2010 年 4 月 30 日，有限公司在北京市工商行政管理局完成了工商变更登记。本次股权转让及增资后，有限公司股权结构发生了变化。

经核查，匡某某用于出资的"JYJX 智能切换控制系统"系其个人智力劳动成果，且没有相反证据显示该技术属于职务发明或第三方所有，也不是来自于有限公司的技术开发或积累。截至目前，该项技术无潜在纠纷。

对于该事项，律师进行了核查，并发表了律师意见。根据核查结果，本所律师认为，该非专利技术系匡某某利用业余时间自主研发形成的，不属于匡某某执行任何单位的工作任务，亦未利用任何单位的物质技术条件，因此不属于《专利法》第 6 条和《专利法实施细则》第 20 条规定的职务技术成果；截至出具本补充法律意见书之日，该非专利技术不存在权属纠纷；匡某某对该非专利技术享有完整、独立的权利。

二、合规经营

（一）审核要点

《指引》详细规定了合法合规经营是指公司及其控股股东、实际控制人、董事、监事、高级管理人员须依法开展经营活动，经营行为合法、合规，不存在重大违法违规行为。并进一步细化条件要求，具体如下：

1. 公司的重大违法违规行为是指公司最近 24 个月内因违犯国家法律、行政法规、规章的行为，受到刑事处罚或适用重大违法违规情形的行政处罚。

（1）行政处罚是指经济管理部门对涉及公司经营活动的违法违规行为给予的行政处罚。

（2）重大违法违规情形是指，凡被行政处罚的实施机关给予没收违法所得、没收非法财物以上行政处罚的行为，属于重大违法违规情形，但处罚机关依法认定不属于的除外；被行政处罚的实施机关给予罚款的行为，除主办券商和律师能依法合理说明或处罚机关认定该行为不属于重大违法违规行为的外，都视为重大违法违规情形。

（3）公司最近24个月内不存在涉嫌犯罪被司法机关立案侦查，尚未有明确结论意见的情形。

2.控股股东、实际控制人合法合规，最近24个月内不存在涉及以下情形的重大违法违规行为：

（1）控股股东、实际控制人受刑事处罚；

（2）受到与公司规范经营相关的行政处罚，且情节严重；情节严重的界定参照前述规定；

（3）涉嫌犯罪被司法机关立案侦查，尚未有明确结论意见。

3.现任董事、监事和高级管理人员应具备和遵守《公司法》规定的任职资格和义务，不应存在最近24个月内受到中国证监会行政处罚或者被采取证券市场禁入措施的情形。

合规经营方面涉及的问题相对琐碎和个性化，但是，主要集中出现在劳动用工问题、环保问题、税务罚款问题、社保和公积金问题以及存在未决诉讼或行政处罚等问题。

（二）问题解析

企业经营过程中或多或少会存在一些瑕疵或者问题，所存在的问题涉及是否符合挂牌条件要求的"合法合规经营"问题的判断。通常情况下，中介机构应当对问题发生的背景和事实情况进行详细分析，判断该问题是偶发性的还是历史遗漏的普遍问题。还应当重点关注企业在该问题上的态度、法律后果以及责任划分，问题的存在是由于公司经营中故意的还是疏忽，抑或是由于第三方引起的？

通过对问题的分析，结合法律法规的规定，对该问题予以明确定性，确定该问题究竟是违反哪一层级的法律法规。在确定违法违规性质后，依照法律法规处理，评估对公司生产经营以及盈利能力的影响结果，进一步确定企业是否还能够符合挂牌或者上市的条件。

目前，在合规经营中比较多出现的问题是劳动用工问题、环保问题。下文将针对劳务用工问题及环保问题做进一步的阐述。

（三）解决思路

1. 劳动用工问题

根据《劳动合同法》、《劳动法》以及《劳务派遣暂行规定》（自 2014 年 3 月 1 日起施行）的规定，企业用工需要符合法律法规的规定。但是在《劳务派遣暂行规定》颁布实施前，我国的劳务派遣制度并不完善。基于企业行业特性或企业成立初期降低人工成本的需要，不少企业存在大量采取劳务工或劳务派遣的用工方式，其中劳务派遣尤为特出。《劳务派遣暂行规定》中明确规定，用工单位应当严格控制劳务派遣用工数量，使用的被派遣劳动者数量不得超过其用工总量的 10%。用工单位在规定施行前使用被派遣劳动者数量超过其用工总量 10% 的，应当制定调整用工方案，于规定施行之日起 2 年内降至规定比例。用工单位未将规定施行前使用的被派遣劳动者数量降至符合规定比例之前，不得新用被派遣劳动者。

劳务派遣用工解决思路为：首先，企业应当与员工签订劳动合同，为员工建立社保、住房公积金关系，限期纠正劳务派遣人数超过规定比例，并取得当地社保部门出具的合规证明；然后，由企业大股东或全体股东承诺承担因此可能产生的相应费用或损失。

2. 环保问题

环保相关问题主要是指公司未及时办理环保评价及其他环保相关手续的问题。根据《中华人民共和国环境影响评价法》和《建设项目环境保护管理条例》的相关规定，建设项目依法应当进行环境影响评价而未评价；改建、扩建项目和技术改造项目必须采取措施，治理与该项目有关的原有环境污染和生态破坏。

环保问题解决思路为：未及时办理环保评价及其他环保相关手续的，企业需要补申请环保评价，并取得环保局等主管部门出具该问题不属于重大违法违规行为的证明,由企业大股东或全体股东承诺承担因此可能产生的相应费用或损失。

(四)参考案例

案例 2-31

安凯达(证券代码:830811)

1. 公司的劳动用工

根据公司提供的员工花名册、公司书面确认及本所律师核查,截至 2013 年 12 月 31 日,公司员工人数 242 人,其中,公司正式职工 15 人,劳务派遣人员 227 人;其中公司与 15 名正式员工签订了劳动合同,依法建立了劳动关系。根据公司与贵州三赢劳务有限公司签署的《劳务承包协议》,公司支付贵州三赢劳务有限公司劳务承包费、管理费、社会保险费以及劳务承包金额 5.9% 的税费,贵州三赢劳务有限公司负责劳务人员社会保险参保手续的办理;根据公司与贵州博宏实业有限责任公司签署的《技术人员劳务派遣协议》,贵州博宏实业有限责任公司保留其派遣人员劳动关系,公司负责被派遣人员的工作岗位安排,支付薪酬及社会保险费用。

根据 2013 年 7 月 1 日正式实施的修订后的《劳动合同法》,用工单位应当严格控制劳务派遣用工数量,且只能在临时性、辅助性或者替代性的工作岗位上实施,劳务派遣用工数量不得超过其用工总量的一定比例,具体比例由国务院劳动行政部门规定。根据 2014 年 3 月 1 日起施行的《劳务派遣暂行规定》的规定,用工单位应当严格控制劳务派遣用工数量,使用的被派遣劳动者数量不得超过其用工总量的 10%。用工单位在规定施行前使用被派遣劳动者数量超过其用工总量 10% 的,应当制定调整用工方案,于规定施行之日起 2 年内降至规定比例。

经本所律师核查,目前公司已充分关注到新《劳动合同法》、《劳务派遣暂行规定》关于劳务派遣用工的相关规定,并大力推进人力资源管理及用工制度的规范。截至 2014 年 1 月 31 日,公司已与 85 名员工签订正式劳动合同。同时,公司第一届董事会第三次会议通过议案,确保在 2014 年底前公司劳务派遣人员数量不超过员工总数的10%。

本所律师认为，由于公司的行业特点和六盘水地区劳动力市场状况，公司目前劳务派遣用工尚不符合有关规定，但公司承诺将根据《劳务派遣暂行规定》设定的宽限期的要求，确保在2014年底前公司劳务派遣用工符合《劳动合同法》、《劳务派遣暂行规定》，因此，公司的劳动用工状况不会对公司本次挂牌转让造成实质障碍。

六盘水市钟山区人力资源和社会保障局于2014年3月6日出具证明，证明公司严格遵守国家各项劳动保障等法律法规，不存在拖欠工资、加班费、社会保险等任何劳动纠纷情形，没有出现因违反国家劳动保障法律、法规而受到行政处罚的情形。

综上，本所律师认为，公司在劳动用工、劳动保护及社会保险方面符合有关法律法规的规定，公司已经采取必要措施使劳务派遣用工在法定期限内满足《劳务派遣暂行规定》的要求，公司近二年不存在因违反劳动用工、劳动保护或社会保险方面的法律、法规及规范性的规定而受到行政处罚的情形。

2. 公司实际控制人的承诺

控股股东、实际控制人葛某于2013年11月20日做出书面承诺：若因任何原因导致公司被要求为员工补缴社会保险金或发生其他损失，实际控制人将无条件承诺承担公司的任何补缴款项、滞纳金或行政罚款、经主管部门或司法部门确认的补偿金或赔偿金、相关诉讼或仲裁等费用及其他相关费用，确保公司不因此发生任何经济损失。

综上，本所律师认为，公司控股股东、实际控制人葛某已就公司员工缴纳社会保险情况做出书面承诺，承诺承担相应费用或损失，公司员工缴纳社会保险事项对公司本次股票挂牌转让不构成实质性障碍。

案例2-32

大树智能（证券代码：430607）

未及时办理环评。

该公司于1993年成立，1998年前《建设项目环境保护管理条例》、《中华人民共和国环境影响评价法》（主席令第77号）尚未发布实施，因此公司在此期间未办理环评手续。1997年搬迁后至2013年搬迁之前的期间，公司存在未依法及时办理环评手续的情况，但未因此收到环境保护主管行政部门"责令限期补办手续"的通知，也未受到相关行政处罚。2013年8月19日，南京市江宁区环境保护局出具证明确认："南京大树智能科技股份有限公司系我局辖区内企业，近三年没有因违反环境法律、法规受到行政处罚的行为"。

公司已主动整改，其中公司已于2013年12月29日取得江宁区环境保护局出具环境影响评估报告的审批意见，根据该审批意见的要求，项目竣工后，需要按规定办理试生产核准手续，试生产三个月内完成环保专项验收；目前，公司建设项目已竣工，正在按照上述审批意见的要求申请"试生产核准手续"以及"建设项目环保设施竣工验收"。

公司不进行大型机械加工等生产，所有产品进行组装，对应的环评类别为编制环境影响报告表，即属于可能造成轻度环境影响类别，公司曾经存在的环境问题主要为未及时办理环评，公司已根据《环境影响报告表》的建议落实了相关的污染防治措施，特别针对日常生产中噪声问题采取了拟选用低噪声设备，对设备进行合理布局，增强车间密闭性，设备安装减震基座及隔离声屏的措施，确保厂界噪声稳定达标；公司日常生产经营产生的生活污水及清洗废水一起经化粪池处理后达到科学园污水处理厂接管标准，通过污水管网进入科学园污水处理厂集中处理，经过处理后一般不会对水质造成明显不良影响；基本不会对周围环境产生不良影响。目前公司不存在未来无法通过环评验收的不利因素。

公司控股股东及实际控制人王某苏于2013年12月30日做出承诺"若公司未来因上述未办理环境影响批复手续而被相关部门处罚的，本人将自愿以现金形式向公司足额补偿因该处罚给公司带来的全部经济损失"；公司已在积极准备后续竣工验收手续；公司将密切关注已落实的相关污染防治措施运行情况，并将按照环境保护主管部门的要求（若有）及时按期整改，包括但不限于增加环保设施、改进生产工艺、完善污染防治制度。

根据《中华人民共和国环境影响评价法》规定，公司若未按规定申请环境保护设施竣工验收的，环境保护主管部门先责令限期办理，若逾期未办理，再责令停止试生产；公司若不能通过验收，须按期整改并重新申请验收。

主办券商认为："公司未收到环境保护主管行政部门'责令限期补办手续'的通知，也未受到相关行政处罚，且其已在主动整改中，因此其曾经未及时办理环评的行为不属于重大违法违规行为。大树智能若发生不可预见因素导致环评验收不能一次性通过，也不会因此受到责令停产的处罚而影响公司的持续经营能力，但可能被要求限期整改，进而对正常生产经营活动产生一定影响。"

公司律师认为：根据环保主管部门出具的证明，报告期内公司没有因违反环境法律、法规受到行政处罚，公司2013年搬迁以来无违反国家环境保护方面的法律、法规和规范性文件的情形；公司目前已经取得了主管环保部门对公司生产建设项目环评手续的审批意见；公司实际控制人王某苏、原实际控制人王某宁也已分别就上述环评事宜出具了书面承诺。除发生不可预见情形外，公司通过建设项目环保设施竣工验收不存在实质性障碍，公司的环评事项不会对公司的生产经营活动产生重大影响，不会对本次公司股份申请进入全国中小企业股份转让系统挂牌构成实质性障碍。

（五）案例评析

（1）在《劳务派遣暂行规定》出台前，对于劳务派遣用工的解决思路一般为如实披露劳务派遣用工情况及原因，要求签订劳务派遣协议并披露主要内容，说明劳务派遣用工对公司生产经营的影响，取得主管部门的证明，中介机构即可对劳务派遣合法合规性做出结论。鉴于《劳务派遣暂行规定》自2014年3月1日起实施，该规定要求企业使用被派遣劳动者数量不得超过其用工总量的10%。

安凯达案例为劳务派遣员工人数比例超过规定的情形。截至2013年12月31日，公司员工人数242人，其中公司正式职工15人，劳务派遣人员227人。公司使用被派遣劳动者数量远远超过其用工问题的10%，因此，中介机构辅导整改，截至 2014 年 1 月 31 日，公司已与 85 名员工签订正式劳动合同。同时，公司第一届董事会第三次会议通过议案，确保在 2014 年底前公司劳务派遣人员数量不超过员工总数的 10%。2014 年 3 月 6 日，六盘水市钟山区人力资源和社会保障局于出具证明，证明公司严格遵守国家各项劳动保障等法律法规，不存在拖欠员工工资、加班费、社会保险等任何劳动纠纷情形，没有出现因违反国家劳动保障法律、法规而受到行政处罚的情形。

控股股东、实际控制人葛某于 2013 年 11 月 20 日做出书面承诺承担因此产生的损失及费用。

（2）大树智能案例为公司未及时办理环评。但公司取得了当地环保局出具近三年没有因违反环境法律、法规受到行政处罚行为的证明，且公司积极主动整改，在公司挂牌前取得环境影响评估报告的审批意见，并积极办理竣工验收手续，确保公司能一次性通过环保验收。

另外，公司控股股东及实际控制人承诺自愿承担因此给公司带来的全部经济损失。

三、同业竞争

（一）审核要点

同业竞争是指公司所从事的业务与其控股股东、实际控制人及其所控制的企业所从事的业务相同或近似，双方构成或可能构成直接或间接的利益冲突关系。

同业竞争的形成，通常为发起人改制过程中未能将构成同业竞争关系的相关资产、业务全部投入股份公司，最终导致股份公司现有的经营业务与控股股东形成竞争关系。

判断同业竞争是否成立，应遵从"实质重于形式"的原则，而不应局限于相关各方的经营范围是否重叠。从业务的性质、业务的客户对象、产品或劳务的可替代性、市场差别等方面进行判断，同时应充分考虑对发起人及其股东的客观影响。

（二）问题解析

《全国中小企业股份转让系统股票挂牌条件适用基本标准指引（试行）》及《全国中小企业股份转让系统业务规则（试行）》均未对同业竞争问题予以明确指引，但从避免公司任意转移业务和商业机会、保护其他股东利益的角度出发，应避免同业竞争的情况；健全的公司治理机制同样要求公司对同业竞争行为进行必要的规避或消除。

（三）解决思路

解决同业竞争可以考虑在企业改制过程中，通过特定的方式以消除。其中主要解决方式有以下几点：

①收购涉嫌同业竞争的企业；
②关联公司转让至非关联方或承诺退出相关领域；
③关联方变更经营范围。

如果企业同业竞争问题无法立即解决，公司要做好过渡期内的业务安排，尽早解决同业竞争问题。如果存在潜在同业竞争问题，应做重大风险提示，并披露解决同业竞争措施的实施计划及进度。

（四）参考案例

案例 2-33

恒瑞能源（证券代码：830807）

2013 年 9 月，恒瑞有限分别收购了广冠科技与六安恒瑞的全部股权，收购完成后，广冠科技和六安恒瑞变更为恒瑞有限的全资子公司。在收购完成前，恒瑞有限、广冠科技和六安恒瑞均为公司实际控制人王某某所有，上述收购属于同一控制下的企业合并。收购的原因是：广冠科技主要从事光伏电站投资运营、光伏电站工程 EPC 总包等业务，六安恒瑞虽未有正常经营业务，但其经营范围中包含建筑光伏一体化发电工程设计与施工等业务，为了避免同业竞争，提高公司规范运作水平，保持公司业务独立性与完整性，公司收购了广冠科技和六安恒瑞，使其成为公司的全资子公司。

收购完成后，公司及子公司的业务分工及合作模式为：恒瑞能源主要从事光伏电站投资运营、光伏电站工程EPC总承包业务；六安恒瑞主要负责光伏相关配套产品生产与销售；广冠科技主要负责EPC项目的施工及电站运行保障。

恒瑞能源对子公司及其资产、人员、业务的有效控制情况如下：

①恒瑞能源拥有广冠科技及六安恒瑞100%的股权，可以通过股权投资关系委派执行董事，通过执行董事任免总经理、制定管理制度、设置业务部门（包括人事、财务等）等方式实施对子公司的有效控制。

②恒瑞能源在成为广冠科技及六安恒瑞的股东后，制定了子公司的公司章程，公司章程均规定了不设置股东会，由股东按照公司法的规定行使股东会决策职权。

③恒瑞能源作为广冠科技及六安恒瑞的唯一股东，按照公司法及公司章程的规定，决定子公司利润分配政策及分配方案。

通过上述措施，拟挂牌企业通过收购涉嫌同业竞争的关联企业消除了同业竞争，且进一步规范了公司治理。

案例2-34

三多堂（证券代码：430667）

北京三多堂传媒股份有限公司是国内领先的专业纪录片投资、制作、发行公司，也是国内第一家在新三板挂牌的纪录片公司，公司实际控制人为高某某。三多堂挂牌报告期内，高某某除控制公司外，还控制了三多堂影视（现更名为"北京圣乃仁投资管理有限公司"）。三多堂影视报告期内主要从事宣传片制作业务，与公司构成同业竞争关系。为解决与公司的同业竞争问题，三多堂影视股东会于2013年11月8日召开会议通过决议，同意将三多堂影视名称变更为北京圣乃仁投资管理有限公司，经营范围变更为投资管理、投资咨询。2013年11月29日，三多堂影视办理完成其名称、经营范围变更的工商登记手续。

在三多堂影视完成名称及经营范围改变前，公司及其实际控制人一直将公司作为影视类业务经营的优先平台，大部分影视类业务由公司承担，在资产、人员等方面给予较大投入，而三多堂影视主要从事内容较简单的宣传片制作业务。且随着业务的转型，三多堂影视大部分人员已逐渐转移至公司，截至其公开转让说明书签署之日，三多堂影视名下只有3名员工以维持运转。

三多堂通过上述变更其关联公司经营范围，并转移相关人员及资产等行动，对同业竞争进行了消除。

（五）案例评析

（1）恒瑞能源

报告期内，恒瑞有限在合理分析并确定其自身及实际控制人所控制的关联公司的生产经营业务范围后，通过以拟挂牌企业收购涉嫌同业竞争企业的方式消除同业竞争。此种方式为实务中采取较多，且效果较好的一种。

（2）三多堂

报告期内，三多堂作为拟挂牌公司与三多堂影视业务存在重叠，三多堂通过改变三多堂影视的经营范围，并转移其相关人员及资产等行动，做到了实质上的经营范围变更，进而消除了同业竞争。

除上述两种解决同业竞争的普遍方式外，部分公司通过阐述与关联公司间的各种业务差异性，如原材料、生产工艺、目标客户及最终产品用途差异等，进而证明不存在同业竞争。

四、关联方拆借资金

（一）审核要点

关联方拆借资金行为既包括实际控制人、控股股东、主要股东及其控股的公司向公司借款，占用公司资金的行为，尤以大股东占用公司资金为主，方式多样，包括无偿占用、借款、公司为其借款提供担保等，也包括股东向公司提供无息资金的行为。

（二）问题解析

根据《全国中小企业股份转让系统股票挂牌条件适用基本标准指引（试行）》要求：公司报告期内不应存在股东包括控股股东、实际控制人及其关联方占用公司资金、资产或其他资源的情形。如有上述情况，应在申请挂牌前予以归还或规范。

（三）解决思路

对于股东或其控制的公司占用公司资金的行为，应要求资金的借入方在公司挂牌前归还借款，并由公司股东、董事会、监事会等出具承诺，加强公司治理和内部控制，确保公司利益不被公司股东、关联方、董事会、高级管理人员侵害。股东向公司提供资金的行为，由于《指引》并未明确规定，可匡算公司资金占用成本对正常经营活动的影响，并做进一步处理。

（四）参考案例

案例 2-35

族兴新材（证券代码：830854）

深圳市杰品科技有限公司（以下简称"深圳杰品"）主要负责族兴新材产品在珠三角地区的经销，自族兴有限成立早期即开始经销公司产品，与该公司的持续合作有利于公司产品在上述地区的推广。受经营环境影响，深圳杰品下游客户账款回收期拉长，间接影响深圳杰品向族兴新材的采购业务。经友好协商，族兴新材向深圳杰品短期出借一笔款项用于帮助其资金周转。

公司根据《关联交易管理制度》于 2013 年 8 月 12 日经族兴新材总经理办公会讨论批准，总经理签字同意，公司拟向深圳杰品短期出借 100 万元资金，由于深圳杰品系族兴新材关联方，关联高管梁某某回避办公会讨论决策。2013 年 8 月 12 日，族兴新材与深圳杰品签订借款协议，约定上述 100 万款项属短期拆借行为，仅限深圳杰品用于向族兴新材采购及推介其产品所需支付的款项，深圳杰品需于 2013 年 12 月 31 日前归还，逾期需收取利息。深圳杰品分别于 2013 年 12 月 5 日、12 月 16 日以银行转账方式归还 60 万元、40 万元。族兴新材于 2014 年 5 月提交了《公开转让说明书》。

公司在《公司章程（草案）》、《总经理工作细则》、《关联交易管理制度》等内控制度中均明确了关联交易、关联方资金占用的有关规定。

（五）案例评析

族兴新材 2013 年 8 月经过内部决策向关联方借款 100 万元，并于当年 12 月分两次全额收回，其关联方拆借款项在公司挂牌前得到了清理；同时，公司在内部控制制度上对关联方拆借行为进行了严格的约束。族兴新材切实按照《指引》规定，对关联方拆借行为进行了规范。

五、关联交易

（一）审核要点

关联交易的类型主要包括：购买或销售商品、购买或销售商品以外的其他资产、提供或接受劳务、担保、提供资金（贷款或股权投资）、租赁、代理、研究与开发项目的转移、许可协议、代表企业或由企业代表另一方进行债务结算等。

（二）问题解析

关联交易的存在可能给挂牌后的公司提供利润转移或掏空公司的机会，损坏其他股东的利益。根据《全国中小企业股份转让系统业务规则（试行）》，"控股股东、实际控制人及其控制的其他企业应切实保证挂牌公司的独立性，不得利用其股东权利或者实际控制能力，通过关联交易、垫付费用、提供担保及其他方式直接或者间接侵占挂牌公司资金、资产，损害挂牌公司及其他股东的利益"。为保证公司股东利益的最大化，拟挂牌公司应对关联交易进行严格管理，对无法避免的关联交易应当遵循合理的定价方式并如实披露。

(三)解决思路

一般情况下,企业应在挂牌前根据自身情况规范关联交易,包括对关联交易涉及的事项进行重组、将产生关联交易的公司股权转让给非关联方、对关联企业进行清算和注销等。对于无法避免的关联交易要如实披露定价方式,保证交易价格的公允性,不偏离市场独立第三方的公允价格标准,难以获得市场定价的应通过合同明确有关成本和利润的标准。最后,可制定《关联交易管理制度》加强对关联交易的规范。

(四)参考案例

案例 2-36

西安同大(证券代码:830951)

西安同大报告期内,公司租赁股东赵某某西安市高新区锦业路1号绿地世纪城A区1号楼10202室作为经营场所,年租赁费16800元。

报告期内,公司租用非关联方白某某位于西安市高新区锦业路1号绿地世纪城A区A1-10201的房屋,建筑面积195.61平方米,租期自2013年6月16日至2016年6月15日,其中2013年6月16日至2014年6月15日的租金为30元/平方米/月。公司租用赵某某房屋的价格低于市场价格,参照30元/平方米/月的价格计算,该房屋年租金应为62924.40元,股东赵某某向公司让渡利益金额为46124.40元,占公司2013年度利润总额的2.1%。

2014年5月6日,公司2014年第一次临时股东大会审议通过了《西安同大实业股份有限公司关联交易管理制度》,对关联交易进行规范。公司与股东赵××签订租赁合同发生在该制度制定之前。

案例 2-37

天加新材(证券代码:830853)

天加新材料股份有限公司是一家专业从事新型塑料包装薄膜(袋)研发及生产的高新技术企业。江阴普立包装材料有限公司为其主要客户之一,而普立包装为持有公司 5% 股份的股东张某所控制的企业；苏州天资包装科技有限公司为公司董事冯某某所控制的企业。报告期内，公司与前述两家关联企业均发生了关联交易，公司从以下两个方面对关联交易进行说明：

1. 关联交易公允性分析

（1）销售商

通过比较公司与普立包装及公司与其他主要代理商的销售代理协议中确定的销售价格，公司向普立包装的售价不低于向其他主要代理商售价的 95%，定价基本公允。

（2）采购设备

公司 2012 年向天资包装采购的吹塑机组系天资包装自行设计、建造所成，公司参考天资包装制造该吹塑机组的账面成本，与天资包装确定该设备采购价格为 220 万元。该定价合理，未损害公司利益。

2. 关联交易的必要性、持续性以及对财务状况和经营成果的影响

2013 年 1 月 10 日，公司与普立包装签订了为期一年的销售代理协议，后普立包装的控股股东张昱于 2013 年对公司进行增资，持有公司 5% 股份，成为公司第四大股东。张某出于对公司经营的认同，投资公司成为股东，未来公司将仍然与普立包装进行合作，2013 年度公司向普立包装累计销售 79.81 万元，占当期收入的 7.37%。

公司向天资包装采购设备的协议签订于 2010 年 7 月 1 日，该设备为定做型，2012 年 2 月交予公司进行调试，该设备为五层共挤高阻隔热收缩膜吹塑机组，为公司生产所需的核心设备。公司目前固定资产的成新率较高，短期内没有更新固定资产的需求。同时，公司未来在更新、购置固定资产时，将寻求独立第三方的设备供应商，减少关联交易。

（五）案例评析

（1）西安同大

西安同大报告期内以较低的价格租赁股东房产，公司通过披露关联交易合同、决策程序及其对公司经营情况的影响等，对关联交易进行了说明；但公司并非无法避免此关联交易，公司应当在如实披露的基础上尽快消除

此关联交易。

（2）天加新材

天加新材报告期内与关联企业普立包装发生非偶发性销售业务，与关联企业天资包装发生偶发性采购业务。因短期内无法避免非偶发性销售业务的发生，公司通过说明关联交易定价标准及其对公司经营成果的影响等方式，对关联交易进行了如实披露；同时，公司应健全关联交易相关制度，从公司治理层面减少并限制关联交易的发生。

六、税务

（一）企业所得税核定征收

1. 审核要点

《全国中小企业股份转让系统业务规则（试行）》2.1规定，股份有限公司申请股票在全国股份转让系统挂牌，应当符合条件（三）"公司治理机制健全，合法规范经营"。《全国中小企业股份转让系统主办券商尽职调查工作指引（试行）》第五十六条要求主办券商"了解公司的纳税情况是否符合法律、法规和规范性文件的要求。"

2. 问题解析

企业所得税的征收方式分为查账征收和核定征收两种。一般情况下，企业按查账征收方式缴纳企业所得税，只有在少数几种情况下才采用核定征收方式。在查账征收方式下，根据相关规定对企业的各项收入、成本、费用等逐项进行计算得出应纳税所得额后乘以税率得到应纳税额；而在核定征收方式下，由税务机关根据纳税人具体情况，核定应税所得率或者核定应纳所得税额。在这个问题上，需要关注核定征收是否合法合规及其对挂牌公司的影响。

3. 解决思路

新三板公司要求财务规范，因此采用核定征收税务，说明公司财务不规范，可能存在审计基础缺失的情况。如果公司计划在新三板挂牌转让，应及早规范财务，变更为查账征收方式。所以上述问题的解决方案首要是要求申请挂牌公司按照企业会计准则要求建立财务核算体系,并尽快申请企业所得税征收方式变更为查账征收。对于在报告期内申请挂牌公司或其子公司存在核定征收方式的,应如实披露,同时相关中介应对核定征收是否影响公司合法合规经营发表意见。

4. 参考案例

案例2-38

莱博股份(证券代码:430650)

子公司企业所得税应纳税款征收方式为"核定征收"。

在公开转让说明书中披露:由于子公司上海莱格生物科技有限公司和上海汝莱蒂生物科技有限公司成立之初,规模较小、人员较少,会计制度及会计账簿尚不健全,故按照"核定征收"方式缴纳企业所得税。由于上述两公司目前会计制度已较为合理规范、会计账簿已较健全;因此,已向相关税务部门申请将企业所得税应纳税款征收方式变更为"查账征收"。公司律师认为,莱格生物和汝莱蒂依法纳税,未受到相关主管税务机关的处罚,该事项不构成本次系统挂牌的实质性障碍。主办券商、会计师经核查后认为,莱格生物和汝莱蒂现有的规章制度基本涵盖整个生产经营流程,包括公司治理、采购管理、销售管理、财务管理、人力资源管理等各个环节,已形成较为规范的内部管理制度和较为完善的内部控制体系,同时制定了与母公司相同的会计政策,并独立建账核算,会计凭证完整规范,财务人员的配备符合相关法律法规的要求,能够按时编制财务报表并进行纳税申报,报告期会计核算基础已较为健全和规范。

经咨询税务机关,征收方式变更工作每年开展一次,最近一次将于2014年3月进行。公司承诺,届时会督促上海莱格生物科技有限公司和上海汝莱蒂生物科技有限公司办理相关申请手续,尽快完成两家子公司的企业所得税应纳税款征收方式变更。

由于上述两公司报告期内均为亏损状态,若按照查账征收的方法计算企业所得税,两公司报告期内均无须缴纳企业所得税,故报告期内即使按照查账征收方式缴纳企业所得税也不会对申报报表的各期净利润产生不利影响。

鉴于上述情况，依据《企业所得税法》第五十四条的规定"企业所得税分月或者分季预缴。企业应当自月份或者季度终了之日起十五日内，向税务机关报送预缴企业所得税纳税申报表，预缴税款。企业应当自年度终了之日起五个月内，向税务机关报送年度企业所得税纳税申报表，并汇算清缴，结清应缴应退税款。因此，纳税年度终了后，主管税务机关可以依法追缴税款，并可以计算滞纳金"，莱格生物和汝莱蒂仍存在补缴税款或缴纳滞纳金的风险，并且无论是税收征缴方式的变化还是是否补缴税款或缴纳滞纳金都需要主管税务机关的同意或做出决定。

公司控股股东及实际控制人李某某承诺，若莱格生物及汝莱蒂因所得税征收方式变更而被税务部门要求补缴税金、缴纳滞纳金或处以罚款，由其承担莱格生物及汝莱蒂所发生的所有经济损失。

5. 案例评析

申请挂牌公司子公司存在核定征收情形，应进行如实披露，各方中介发表意见；说明两种征税方式对公司财务及经营的影响；公司控股股东及实际控制人出具承诺书，对核定征收是否对挂牌条件之一合法合规经营形成障碍进行说明。

（二）整体改制的个人所得税问题

1. 审核要点

同"企业所得税核定征收"中所提及的审核要点。

审核时应关注有限责任公司整体变更为股份有限公司时，盈余公积和未分配利润转增股本和资本公积，自然人股东个人所得税是否足额缴纳。

2. 问题解析

目前，对有限责任公司按净资产折股变更成股份有限公司个人股东的个人所得税事项没有明确文件规定。实际上，各地政府对企业股份制改造过程中涉及的个人所得税政策执行不完全一致，某些地方政府为鼓励当地企业上市并做大做强，允许企业对上述个税缓交或不交，而有些地方则严格征收税款，各地在此方面政策的把握尺度差异较大。例如在上海，根据

《上海市人民政府办公厅转发市财政局等五部门关于推进经济发展方式转变和产业结构调整 若干政策意见的通知》（沪府办发〔2008〕38号）第十三条规定："加强金融服务，支持本市有条件的中小企业上市。对列入上海证监局拟上市辅导期中小企业名单的企业将非货币性资产经评估增值转增股本的，以及用未分配利润、盈余公积、资本公积转增股本的，可向主管税务机关备案后，在取得股权分红派息时，一并缴纳个人所得税。"

3. 解决思路

如申请挂牌公司未就企业股份制改造过程中自然人股东的个人所得税代扣代缴，则建议取得申请挂牌公司主管税局对该税务事项缓交的同意，并由申请挂牌公司的自然人股东进行承诺，同时建议申请挂牌公司的实际控制人进行连带承诺。

4. 参考案例

案例 2-39

上元堂（证券代码：830908）

全体自然人股东未缴纳个人所得税。

在公开转让说明书中披露：经核查，公司整体改制时自然人股东并未缴纳个人所得税。目前公司全体35名自然人股东已经做出了承担可能发生的补缴或者追缴责任的承诺，根据该《关于净资产折股而产生的任何税款缴交的承诺》，如今后出现税务机关根据国家出台的相关法律、法规与政策要求公司补缴或追缴2014年1月整体改制为股份有限公司时全体自然人股东以净资产折股所涉及的个人所得税，或因公司当时未履行代扣代缴义务而承担罚款或者损失的情形，上述35名公司自然人股东将按照整体变更时持有的公司股权比例，以个人自有资金自行履行纳税义务，承担公司补缴或者被追缴的上述个人所得税款及其相关费用和损失，并且保证不因上述纳税义务的履行致使公司和公司挂牌上市后的公众股东遭受任何损失。

公司发生整体变更时的实际控制人、控股股东杨某某对此亦出具了承担连带责任的承诺函，承诺若有任何上述自然人股东因任何原因导致其没有及时缴纳或者支付因公司整体变更涉及的应承担的个人所得税及公司发生罚款等相关费用和损失，公司实际控制、控股股东杨某某将对此类情形承担连带责任。上述两项承诺均自愿、有效，且出自承诺人的真实意思表示。

5. 案例评析

通过全体自然人股东分别承诺、实际控制人再出具连带承诺，确认公司整体变更时未扣缴股东个人所得税不会对公司造成不利影响，从而解决公司改制过程中可能存在的税务风险。

（三）税收滞纳金问题

1. 审核要点

《全国中小企业股份转让系统主办券商尽职调查工作指引（试行）》第五十二条，公司最近二年是否存在重大违法违规行为。

2. 问题解析

公司在报告期内收到的已生效的判决书、行政处罚决定书以及其他能证明公司存在违法违规行为的证据性文件，可能造成公司的重大违法违规，从而对公司"新三板"挂牌形成障碍。

3. 解决思路

申请挂牌公司在报告期内的税收滞纳金，属于税务机关的征税行为，申请挂牌公司应取得主管税局的合规证明。

4. 参考案例

案例 2-40

恒瑞能源（证券代码：830807）

在公开说明书中披露：2012年度的罚没损失为恒瑞能源2011年度增值税税款逾期缴纳的滞纳金，已由恒瑞能源于2012年11月14日前缴纳完毕。

根据《国家税务总局关于偷税税款加收滞纳金问题的批复》（国税函〔1998〕291号）第一条："根据：《中华人民共和国税收征收管理法》及其实施细则的规定，滞纳金不是处罚，而是纳税人或者扣缴义务人因占用国家税金而应缴纳的一种补偿。"该规定界定了滞纳金不带有处罚性质，而认定其是一种补偿性质。同时，肥西县国家税务局及肥西县地方税务局桃花分局已出具《证明》，证明恒瑞能源自2012年以来，依法纳税，未发现因违反有关税收的法律、法规或任何税收事宜被政府有关部门处罚的情形。因此，上述缴纳税收滞纳金的情形不属于重大违法违规行为。

5. 案例评析

根据相关法律法规说明滞纳金不属于处罚，同时由税务部门出具合规证明，对申请挂牌公司的税收滞纳金问题是否对挂牌条件之一合法合规经营形成障碍进行说明。

第四节 挂牌常见问题案例分析：股东与股权

针对这个挂牌条件，在案例分析中总结出比较常见的具体问题如表2-5。

表2-5 公司股东与股权转让环节常见问题概览

常见问题类别	具体问题表现
股权转让	国有股权、产权转让
	股权转让价格
	对赌情形
股东资格	股权代持
实际控制人	共同控制
	无实际控制人
	实际控制人变更

一、股权转让

（一）国有股权、产权转让

1. 审核要点

《指引》对于国有股权、产权的转让要求仍为合法合规。

根据《中华人民共和国公司法》《中华人民共和国国有资产法》《企业国有资产监督管理暂行条例》和《企业国有产权转让管理暂行办法》等

规定，国有资产转让由履行出资人职责的机构决定，转让全部或控股份额的国有资产，应当报请本级人民政府批准。"企业国有产权转让可以采取拍卖、招投标、协议转让以及国家法律、行政法规规定的其他方式进行。""除按照国家规定可以直接协议转让的以外，国有资产转让应当在依法设立的产权交易场所公开进行。转让方应当如实披露有关信息，征集受让方；征集产生的受让方为两个以上的，转让应当采用公开竞价的交易方式。"具体交易要求根据相应产权交易机构的交易规则规定进行。

2. 问题解析

国有资产程序瑕疵方面，主要是未履行国有资产转让的立项、审计、评估、在产权交易所公开挂牌转让等程序，而直接以协议方式实施转让。

3. 解决思路

可以通过补充相关国有股权转让程序，并获取相关级别的国资监管部门的批复来解决。未能取得省国资监管部门追认的，应如实披露并由公司大股东承诺承担责任。中介机构应结合国有股权转让的历史沿革、动机等，就国有股权结构变动与国有资产流失的潜在风险出具公正意见。

4. 参考案例

案例 2-41

长天思源（证券代码：830842）

2002 年 1 月 20 日，有限公司召开股东会并作出决议，同意佛山分析仪器厂将所持有的 5% 出资，共计 20 万元按面值分别转让给梁某某（持有 4.5% 出资）、廖某某（持有 0.5% 出资），其他股东同意放弃优先购买权；2002 年 8 月 1 日，佛山分析仪器厂与梁某某、廖某某签订《股份转让协议》，约定佛山分析仪器厂同意按面值出让所持有限公司 5%（即人民币 20 万元）出资，有限公司职工梁某某、廖某某同意按面值受让佛山分析仪器厂所持有限公司 5%（即人民币 20 万元）出资。

佛山分析仪器厂分别于 2002 年 4 月 8 日、2002 年 8 月 31 日、2002 年 9 月 30 日、2002 年 11 月 25 日及 2002 年 12 月 27 日足额收到由有限公司支付的股权转让款共计 20 万元整，佛山分析仪器厂出具了相应的收款收据。其后，有限公司于2003年7月4日及7月16日分别收到股东余某代替新股东梁某某、廖某某缴纳的投资款20万元整。2013年12月1日，余某与梁某某、廖某某签署了《代出资清偿确认函》，确认上述20万元代缴的股权转让款已全额清偿完毕，各方对公司的股权权属无争议或潜在纠纷。

前述佛山分析仪器厂转让有限公司股权时未履行相应审批程序，国有产权退出存在瑕疵。佛山分析仪器厂已于2001年经主管单位佛山市工业投资管理有限公司以佛工投字〔2001〕076号文批准转制成立新公司，于2002年根据佛山市经贸局以〔2012〕131号文批复向外商整体出让，2005年5月17日佛山分析仪器厂注销完毕。2008年5月26日，由佛山市公盈投资控股有限公司（系原佛山分析仪器厂主管机构佛山市工业投资管理有限公司更名）向佛山市禅城区工商行政管理局出具《长天公司受让股权有关情况说明》，确认如下内容："1. 佛山分析仪器厂于2002年以人民币贰拾万元出让了所持有的长天思源环保科技有限公司5%股份，受让人为佛山市长天思源环保科技有限公司股东梁某某和廖天某某、佛山市仪器分析厂于2002年底收齐出让股权的所有款项；2. 根据2002年1月20日佛山市长天思源环保科技有限公司股东会决议，佛山市长天思源环保科技有限公司股东梁某某持有4.5%股份、廖某某持有0.5%股份。"

2013年11月4日，佛山市公盈投资控股有限公司、佛山市人民政府国有资产监督管理委员会在《广东长天思源环保科技有限公司关于原国有产权转让的情况说明》上分别签署"情况属实"并盖具公章，确认如下内容："1. 佛山分析仪器厂于2002年将其持有长天公司的5%股权以人民币20万元转让给梁文智及廖天星，符合其当时实际经营状况需要，转让过程及结果不存在纠纷或争议，符合当时的相关规定。2. 2002年1月20日长天公司股东会决议，同意佛山分析仪器厂出让的20万元出资额（5%股权）其中的18万元出资额转让给梁某某（4.5%股权）、2万元出资额转让给廖某某（0.5%股权），其股东权益亦由梁某某及廖某某真实享有。3. 此次股权转让已经工商部门核准登记，截至本说明出具之日，未收到任何人对此次股权转让提出异议和第三人主张此次转让行为无效。"

5. 案例评析

上述股权转让的程序瑕疵已得到有效纠正，不会影响公司股份和公司经营的稳定，同时亦获得国有资产管理部门的确认，符合国有产权退出的程序要求。

（二）股权转让价格

1. 审核要点

审核要点主要是指符合《指引》对于股权转让合法合规的要求。

2. 问题解析

股权变更中，转让价格是较为常见的问题，易成为调查和审核的重点。股权转让的价格为题绝大多数属于低价转股。股权转让价格明显偏低，其掩饰的法律问题包括：（1）公司的利益被输送给受让方；（2）受让方得以避税。

根据《关于股权转让所得个人所得税计税依据核定问题的公告》（以下简称"公告"），自然人转让所投资企业股权取得所得，按照公平交易价格计算并确定计税依据（上市公司除外）。公告明确列举了股权转让价格"明显偏低"的情形：（1）申报的股权转让价格低于初始投资成本或低于取得该股权所支付的价款及相关税费的；（2）申报的股权转让价格低于对应的净资产份额的；（3）申报的股权转让价格低于相同或类似条件下同一企业、同一股东或其他股东股权转让价格的；（4）申报的股权转让价格低于相同或类似条件下同类行业的企业股权转让价格的；（5）经主管税务机关认定的其他情形。

对于价格明显偏低但有合理的理由，也有相应的列举：（1）所投资企业连续三年以上（含三年）亏损；（2）因国家政策调整的原因而低价转让股权；（3）将股权转让给配偶、父母、子女、祖父母、外祖父母、孙子女、外孙子女、兄弟姐妹以及对转让人承担直接抚养或者赡养义务的抚养人或者赡养人；（4）经主管税务机关认定的其他合理情形。

3. 解决思路

实践中，出于各种客观原因，股权转让并非按公允价格实现，例如母子公司之间内部股权划转、在特殊交易所购买的股权再次转让等。该类问题一般的解决办法有：控股股东、实际控制人出具承诺，因低价转股行为导致公司遭受的损失由控股股东、实际控制人承担，公司到税务部门开具无违法违规证明或其他确认文件，中介机构就此情形对公司挂牌不构成重大影响做出论述并发表意见。

4. 参考案例

案例2-42

复展科技（证券代码：830903）

2012年8月27日至2012年9月24日，通过上海联合产权交易所公开挂牌转让，征集到一个意向受让方：自然人张某；2012年10月12日，杨浦科创（出让方）与张某（受让方）签署《上海市产权交易合同》，杨浦科创将持有的复展有限0.9%出资份额转让给自然人张某，转让价格为人民币50万元。

2013年12月12日，复展有限法定代表人签署《上海复展智能科技有限公司章程修正案》，复展有限股东及出资变更为：十方同人，出资额为2100万元；沧蓝投资，出资额为875万元；王某，出资额为525万元。

同日，十方同人、张某分别与王某签署《股权转让协议》，两者分别将其持有的复展有限14.14%出资份额、0.86%出资份额转让给王跃，转让价格分别为495万元、30万元。

2013年12月18日，公司办理完毕工商变更登记。

张某于2014年6月6日出具了《声明与承诺》，确认如下内容：

①本人与上海复展智能科技股份有限公司股东、董事、监事、高级管理人员不存在《公司法》及《企业会计准则》规定关联关系，也不存在其他可能损害公司利益的关系；

②折价转让股权的主要原因在于本人另有投资方向需要在短时间内将持有的复展有限的股权变现，且折价转让后的价款本人也可以接受，在综合考虑各方面因素后，将所持公司股权予以折价转让，不存在损害公司利益的情况；

③本人受让的出资额为 30 万元，转让的出资额仍然为 30 万元，注册资本为 3500 万元，出资额比例应为 0.8571%，但因统计口径及四舍五入计算方式的不同，将受让及出让的出资额比例分别表述为 0.9% 及 0.86%，但并无实质性差异。

主办券商、申报律师经核查后认为，张某与公司股东、董事、监事、高级管理人员不存在关联关系，其折价转让股权系出于个人原因。

5. 案例评析

该案例属于较为特殊的折价转股，实践中由于中小企业股东对于相关法律规定缺乏了解，更常见的低价转股方式是按每股 1 元的价格转让；因此，本案例的解决方案更具备参考价值。

（三）对赌情形

1. 审核要点

《指引》对股权明晰的界定是公司的股权结构清晰，权属分明，真实确定，合法合规，股东特别是控股股东、实际控制人及其关联股东或实际支配的股东持有公司的股份不存在权属争议或潜在纠纷。而对赌协议恰恰易导致股权纠纷。

2. 问题解析

对赌协议是投资方与融资方在达成协议时，双方对于未来不确定情况的一种约定。如果约定的条件出现，投资方可以行使一种估值调整协议权利；如果约定的条件不出现，融资方则行使一种权利。通过条款的设计，对赌协议可以有效保护投资人利益、激励被投资企业管理层提升公司业绩。但由于内外部多方面因素，投融资方在对赌过程中面临较多风险。

对投资方而言，有可能通过虚增盈利来美化业绩，这样无形中就形成了业绩泡沫。不切实的业绩目标将进一步放大企业错误的发展战略和本身不成熟的商业模式，从而把企业推向困境。而一旦业绩不达标触及对赌协议条款时，融资方往往不愿意放弃企业控制权，较易产生对赌纠纷。

3. 解决思路

（1）投资机构与公司的对赌，涉及股东权益，建议解除对赌协议。

（2）投资机构与控股股东或实际控制人的对赌，控股股东或实际控制人应以书面承诺承担由此对赌协议给公司造成的全部损失。并要充分论证控股股东和实际控制人的偿债能力。

4. 参考案例

案例2-43

鄂信钻石（证券代码：830925）

①东湖创投与公司及公司部分股东签订相关协议中存在的对赌条款

东湖创投分别于2011年10月21日、2012年4月17日与鄂信有限及何某某、周某某、金沁园投资、汪某某、陈某某、张某某签订了《关于对湖北鄂信钻石材料有限责任公司之增资协议》、《关于对湖北鄂信钻石材料有限责任公司的增资协议之补充协议（2012年4月第二次增资）》。

②达晨投资与公司及公司部分股东签订相关协议中存在的对赌条款

达晨投资与鄂信有限及金沁园投资和何某某等五人，于2012年6月8日签订《关于湖北鄂信钻石材料有限责任公司之增资协议》及《关于湖北鄂信钻石材料有限责任公司之增资协议之补充协议》；于2013年10月23日签订《关于湖北鄂信钻石材料有限责任公司之增资协议之补充协议二》。上述协议约定的对赌条款包括业绩补偿条款、股票回购条款及优先受偿权条款。

③解除对赌条款的情况

佛山达晨创银创业投资中心（有限合伙）解除对赌条款。2014年7月11日，鄂州市金沁园投资服务有限公司和何某某等五人，与佛山达晨创银创业投资中心（有限合伙）签订《协议书》，约定相关对赌协议失效。

武汉东湖创新创业投资基金有限公司解除对赌条款。2014年7月11日，鄂州市金沁园投资服务有限责任公司以及何某某等五人与武汉东湖创新创业投资基金有限公司签订《协议书》，约定相关对赌协议失效。

截止本公开转让说明书签署日，公司与公司股东之间的所有对赌条款、协议均已取消，也未重新签订任何其他对赌条款、协议。

5. 案例评析

实践中，一般采取上述解除对赌架构的保守做法，有效避免对赌架构可能导致的股权纠纷。

二、股东资格

(一)审核要点

《指引》中明确表示,股权明晰是指公司的股权结构清晰,权属分明,真实确定,合法合规,股东特别是控股股东、实际控制人及其关联股东或实际支配的股东持有公司的股份不存在权属争议或潜在纠纷。其中指引要求,公司的股东不存在国家法律、法规、规章及规范性文件规定不适宜担任股东的情形,如公务员、职工持股会等。

(二)问题解析

股东资格问题主要集中为股权代持问题。

股权代持又称委托持股、隐名投资,是指实际出资人对外隐瞒其作为出资人的事实,以他人名义代其履行股东权利义务的一种股权或股份处置方式。在此种情况下,实际出资人与名义出资人之间往往通过股权代持协议确定存在代为持有股权或股份的事实。这里的"股权代持协议"就是股东将自己的股份以其他股东名义在工商管理部门登记,同时与名义股东签订协议确认股份的实际持有人为未登记的股东。股权代持形成的原因一般有以下几种:真实的出资人不愿意公开身份;为了规避经营中的关联交易;为了规避国家法律对某些行业持股上限的限制;还可能是有的公司对股东身份有特别的要求,不符合要求的人也想成为股东,私下出资请别人代持股份。

《最高人民法院关于适用〈中华人民共和国公司法〉若干问题的规定(三)》专门就股权代持问题进行了规定,肯定了股权代持的合法性。但是作为公众公司,股权必须明晰。鉴于《业务规则》对股权转让的要求仅为"股票发行和转让行为合法合规",未对其做出细化的规定;因此,可参照《首次公开发行股票并上市管理办法》和《首次公开发行股票并在创业板上市管理办法》的有关规定。证监会对于股权代持的态度十分明确,在《首次公开发行股票并上市管理办法》中要求：发行人的股权清晰，控股股东和受控股股东、实际控制人支配的股东持有的发行人股份不存在重大权属纠纷。这样要求的动机在于股份代持可能导致股权不清、引发股权纠纷及公司的不稳定，进而隐藏违法犯罪的可能性。

虽然《全国中小企业股份转让系统业务规则》并未明确禁止股权代持，但是也要求挂牌公司股权明晰；因此，股权代持情况无论是在企业上市还是新三板挂牌中均需要清理。

（三）解决思路

对股权代持问题的解决思路如下：

首先，主办券商及律师应当核查清楚股份代持原因及形成过程；其次，主办券商及律师辅导企业通过股权转让的方式解除股份代持关系还原真实持股情况；最后，为进一步确保公司股权明晰，涉及股权代持的各方签署《承诺函》，承诺在股权代持关系形成、存续、演变和解除的过程中，各方之间不存在现实或潜在的争议、纠纷及其他隐患等。

公司还应当在公开转让说明书对股权代持情况进行充分披露。

（四）参考案例

案例2-44

中瑞药业（证券代码：430645）

有限公司历史上股份代持情况的说明：

（1）股份代持情形的形成。2003年有限公司成立时，各股东以货币出资170万元，注册资本170万元，肖某某、刘某某及李某某3人受委托代高某某等23人持有有限公司股权。26名股东在出资组建中瑞药业过程中，采取口头方式确认由肖某某、刘某某及李某某三人代其他人向中瑞药业出资，未签署代持协议等相关文件，也未留下出资凭证等相关资料。有限公司2004年8月进行第一次增资，各股东以货币109万元，实物1521万元进行第一次增出资，注册资本由人民币170万元增加至1800万元，由肖某某等6人受委托代王某某等20人持有有限公司的股权。有限公司于2009年12月进行第二次增资，注册资本由人民币1800万元增加至人民币2400万元。此次增资的同时为了理清名义股东与实际出资人之间的关系，防止由于股权不明晰给企业的经营和发展造成影响，经全体股东协商，以股权转让形式将股权代持受托人所持有的股权分别转让给了股权代持委托人，公司的股权结构得到彻底明晰，不存在股权代持的情况。

2. 代持产生的原因。出资人多年合作，相互信任，为便于完成工商登记、简化公司股权结构、减少日常工作手续，26名出资人在出资组建有限公司过程中，仅采取口头方式确认由肖某某、刘某某及李某某等人代其他人向有限公司出资，未签署出资协议等相关文件。

3. 代持人与被代持人解除代持的确认文件。2013年9月24日，公司自然人股东签署股权转让确认函对2009年股权转让事宜进行了确认：本次股权转让事宜已经在工商局办理变更登记，股权转让双方之间不存在关于本次股权转让的任何债权债务，转让人对上述股权转让行为不以任何理由向受让人主张权利、进行任何形式的追索及要求承担任何法律责任；受让人对上述股权转让行为不以任何理由向转让人主张权利、进行任何形式的追索及要求承担任何法律责任；股权转让双方承诺并保证，对上述股权转让行为，转让人、受让人均不以任何理由向公司及整体变更后的股份公司主张权利、进行任何形式的追索及承担任何法律责任；本次股权转让，系转让人与受让人为解除股权代持关系而发生，没有支付对价；若因委托持股行为及其清理行为而发生税务等风险，双方承诺，由受让人承担责任；当时公司其他各股东于股东会决议当天，即2009年12月14日同意放弃了上述股权转让的优先购买权。

2013年12月16日，公司自然人股东签署关于股份代持解除之确认函：各股东均确认，经过2009年12月股权转让完成后，各自的委托持股、受托持股均已经全部解除，未再出现委托持股、受托持股情况，且对委托持股解除后，各自所持有的股权/股份不存在任何纠纷或者权属存在异议的情况；各方股东均确认，不存在关于股权/股份代持的任何纠纷，各方不以任何理由主张权利或向其他方进行任何形式的追索，不追究各方任何责任；各方股东均放弃对股份公司及其他方的权利主张或进行任何形式的追索；各方均承诺，在任何情况下，若因前述委托持股行为及其清理行为而产生任何纠纷，将全部由其共同负责解决，若因此而给股份公司造成损失的，将全部由肖某某等26人共同连带承担责任。

（五）案例评析

基本出资人为便于完成工商登记、简化股权结构等各种各样的原因，委托持股问题是普遍存在。委托持股问题的解决思路基本都是通过股权转让的方式来进行清理。但是，审核员对委托持股的问题仍然重点关注，包括委托持股的形成原因、是否彻底清理了股权代持情形以及清理后是否存在现实或潜在的法律纠纷。

上述案例中，公司在成立及第一次增资时，20多名实际出资人委托他人持股，涉及人员数量较多，容易出现纠纷。公司2009年12月通过股权转让形式将股权代持受托人所持有的股权分别转让给了股权代持委托人，彻底明晰公司的股权结构，清理股权代持的情况。为进一步确保股权明晰，2013年9月24日，公司自然人股东签署股权转让确认函对2009年股权转让事宜进行了确认。2013年12月16日，公司自然人股东签署关于股份代持解除之确认函。

三、实际控制人

（一）审核要点

由于公司控制权往往能够决定和实质影响公司的经营方针、决策和经营管理层的任免，一旦公司控制权发生变化，公司的经营方针和决策、组织机构运作及业务运营等都可能发生重大变化，给发行人的持续发展和持续盈利能力带来重大不确定性。

另外，挂牌条件（三）及（四）中均对公司实际控制的行为做出特别要求。而认定谁为公司的实际控制人则成为关键环节。

《公司法》第二百一十六条规定：控股股东是指其出资额占有限责任公

司资本总额百分之五十以上或者其持有的股份占股份有限公司股本总额百分之五十以上的股东；出资额或者持有股份的比例虽然不足百分之五十，但依其出资额或者持有的股份所享有的表决权足以对股东会、股东大会的决议产生重大影响的股东。实际控制人是指虽不是公司的股东，但通过投资关系、协议或者其他安排，能够实际支配公司行为的人。

根据《企业会计准则第36号——关联方披露》第三条的规定，控制是指有权决定一个企业的财务和经营政策，并能据以从该企业的经营活动中获取利益。

（二）问题解析

关于实际控制人问题可能存在共同控制的情形、无控股股东／实际控制人的情形以及在报告期内，公司实际控制人发生变更的情形。

控制关系的认定应当结合董事会／管理层席位、协议或其他安排等进行实质判断，以确定是否能决定一个企业的财务和经营政策，并能据以从该企业的经营活动中获取利益。

（三）解决思路

（1）对于认定共同控制的思路如下：由于公司股权结构分散，没有任何一名股东占控股地位，但其中两名或多名股东股权合计超过50%，在公司的经营过程中，该两名或多名股东为共同协商决策。在经营过程中各项重大决策上，他们均保持一致意见，形成一致行动的习惯。这种情形，如果无法从股权结构及董事会、管理层席位上认定控制关系，两名或多名股东之间自愿签署一致行动决议，在经营过程中各项重大决策事项保持一致意见的，认定两名或多名股东为共同实际控制人。同时，可以让其他股东承诺不签订一致行动人协议。

（2）对于认定无控股股东／实际控制人的思路如下：由于公司股权结构相对分散，未能有任意一名股东占控股股东地位，且各股东之间也不存在一致行动的事实或达成了一致行动的意愿。针对此种情形，首先，要进行这样几方面的必要说明：结合公司股权结构情况，说明各股东均不能取得对公司的控股权；根据法律法规、公司章程、各股东承诺函，说明单一股东无法控制股东大会；根据董事会构成及其变动、法规、公司章程，说明单一股东无法控制董事会；根据各股东承诺函和实际情况，说明各股东不存在一致行动或代持股权。其次，可采取如下应对措施：股东承诺锁定部分股份；健全内部管理制度以保证公司治理的有效性；健全内部控制制度以防范内部人控制保障股东利益。

（3）对于实际控制人变更的解决思路如下：全国中小企业股份转让系统并未禁止报告期内实际控制人变更，但是报告期内发生实际控制人变更的，应当做出合理的解释说明并予以披露。实际控制人的变更对公司持续经营能力、管理团队稳定性存在影响。因此，应当通过分析实际控制人变更前后公司业务发展方向、客户、收入及利润的变化，做出公司实际经营未受到重大不利影响的结论。

根据项目实际情形，可在公开转让说明书中作出重大事项提示。

（四）参考案例

案例2-45

星奥股份（证券代码：430574）

共同控制关系的认定依据如下：

自报告期初至今，杨某某、李某某、陈某三人直接持有公司股权的比例一直保持在34%、33%、33%，均对公司形成重大影响；但任何一人凭借其股权均无法单独对公司股东大会决议、董事会选举和公司的重大经营决策实施决定性影响；自2007年11月起，杨某某等三人即已形成上述对公司的持股结构，三人一直密切合作，对公司发展战略、重大经营决策、日常经营活动均有相同的意见、共同实施重大影响，在公司历次股东会、股东大会、董事会上均有相同的表决意见。综上所述，三人在股权关系上构成了对公司的共同控制。

自报告期初至今，杨某某等三人一直在公司担任董事、高级管理人员、核心技术人员等重要职务，对公司经营决策具有重大影响。基于共同的利益基础和共同认可的公司发展目标,三人彼此信任,历史上合作关系良好。在公司所有重大决策上均在事前充分沟通的基础上达成了一致意见,对公司经营决策具有重大影响,事实上构成了对公司经营上的共同控制。

报告期内杨某某等三人持有公司股权的比例没有重大变化,股权不存在重大不确定性。2007年11月起,历次股权转让、转增股本、增资扩股等情形没有导致杨某某、李某某、陈某持有公司股权发生变动,杨某某等三人合并持有公司股权的比例一直稳定在100%,且历次股权变化均履行了必要的法律程序,进行了工商变更登记,股权关系清晰、明确,杨某某等三人持有公司的股权合法有效,不存在重大不确定性。

自报告期初至本说明书签署之日,公司治理结构逐步完善。杨某某等三人对公司的共同控制未对公司的规范运作产生不利影响。

为保证公司控制权的持续、稳定,杨某某等三人于2012年12月25日共同签署了《一致行动协议》,主要条款包括:①对三人历史上的一致行动行为进行了确认;②一致行动有效期5年;③本协议一方拟向董事会或股东大会提出应由董事会或股东大会审议的议案时,应当事先就议案内容与另两方进行充分的沟通和交流,如果另一方对议案内容有异议,在不违反规定的前提下三方均应当做出适当让步,对议案内容进行修改,直至三方共同认可议案的内容后,以其中一方的名义或三方的名义向董事会或股东大会提出相关议案,并对议案做出相同的表决意见。④在本协议生效后至公司股票在全国中小企业股份转让系统挂牌之日的期间内以及公司股票在全国中小企业股份转让系统挂牌之日起的60个月内,不转让或委托他人管理其所持有的公司股份,也不由公司回购其所持有的公司股份。在上述期限过后,三方均应严格执行法律法规和监管机构关于转让中小企业股份转让系统挂牌公司股票限制的相关规定。

公司关于控股股东及实际控制人的认定符合相关法律法规的要求,杨某某等三人共同签署的《一致行动协议书》合法有效,三人的权利义务清晰、责任明确,三人为公司的共同控股股东及共同实际控制人,报告期内未发生变化,并且在未来可预期的期限内将继续保持稳定。

案例 2-46

菱博电子（证券代码：430637）

（1）本公司不存在控股股东

公司股权结构分散，前两大股东倬影数码和张某某分别持有公司 32.50% 和 28.27% 的股权，其余自然人股东持股均不超过 7%，公司任一股东所持股份表决权均不足以单方面审议通过或否定股东大会决议。公司第一大股东倬影数码虽然持股超过 30%，但由于前两大股东持股比例相近，公司不存在依其出资额或者持有的股份所享有的表决权已足以对股东会、股东大会的决议产生重大影响的股东。因此，本公司不存在控股股东。2013 年 6 月，为解决公司历史上的委托持股问题，股东朱某某将其为黄某某、齐某某、黄某、赵某四人代持的合计 44% 的公司股权转让上述各方。其中，中国香港籍股东黄某某通过广州市倬影数码科技有限公司（系黄某某个人独资）受让朱某某代其持有的 32.50% 的股权。同时，股东张某某也将其为唐某某等 11 名员工代持的合计 13.73% 的公司股权转让上述各方。（本次股权转让的具体情况详见本节说明书之"五、（二）菱博电子的历次变更"之"7.2013 年 8 月，第二次股权转让"。）

（2）本公司不存在实际控制人

公司不存在任一股东通过投资关系、协议或者其他安排，能够实际支配公司行为的情况。因此，公司不存在实际控制人。

①单一股东无法控制股东大会

根据《公司法》及公司章程的规定，股东大会做出决议，须经出席会议的股东所持表决权过半数通过，特殊事项须经出席会议的股东所持表决权的三分之二以上通过。菱博电子不存在占公司股本总额 50% 以上的股东，公司前两大股东倬影数码和张某某分别持有公司 32.50% 和 28.27% 的股权，其余自然人股东持股均不超过 7%。公司第一大股东倬影数码虽然持股超过 30%，但由于前两大股东持股比例相近，本公司任何单一股东所持有的公司股份均无法控制股东大会或对股东大会决议产生决定性影响。本公司单一股东无法控制董事会根据公司章程的规定，董事会成员和监事会成员的任免由股东大会以普通决议通过。本公司董事均由股东大会选举产生，且各股东均按照各自的表决权参与董事选举的投票表决。由于公司任何单一股东所持有的公司股份均无法控制股东大会或对股东大会决议产生决定性影响，因此本公司任何单一股东均没有能力决定半数以上董事会成员的选任。

②本公司单一股东无法控制董事会

根据公司章程的规定，董事会成员和监事会成员的任免由股东大会以普通决议通过。本公司董事均由股东大会选举产生，且各股东均按照各自的表决权参与董事选举的投票表决。由于公司任何单一股东所持有的公司股份均无法控制股东大会或对股东大会决议产生决定性影响，因此本公司任何单一股东均没有能力决定半数以上董事会成员的选任。根据《公司法》及公司章程的规定：董事会会议应有过半数的董事出席方可举行。董事会作出决议，必须经全体董事的过半数通过。董事会决议的表决实行一人一票。本公司任何担任董事的自然人股东均无法控制董事会或对董事会决议产生决定性影响。本公司全体董事均依据自己的意愿对会议议案进行表决，不存在任何单一股东单独控制董事会的情形。

③本公司的股东间无一致行动

本公司历次股东（大）会中，股东在进行表决前均没有一致行动的协议或意向，亦不存在任何股东的表决权受到其他股东控制或影响的情形。

本公司历次董事会中，董事在进行表决前均没有一致行动的协议或意向，亦不存在任何董事的表决权受到其他方控制或影响的情形。

本公司的全体股东于2013年8月28日出具《声明》：各股东之间未签订任何一致行动协议或实施其他任何可能约束数名股东共同行使股东权利而实际控制本公司的行为。综上所述，本公司不存在控股股东和实际控制人。

案例2-47

盈谷股份（证券代码：830855）

1. 公司控股股东及实际控制人发生变更的风险

2014年3月，公司的控股股东和实际控制人发生变更。出于公司发展战略调整的需要，公司原实际控制人周某某、程某某、周某某解除一致行动协议，并进行了股权转让。本次转让完成后，公司实际控制人和控股股东分别变更为龙曦和北京盈谷信晔投资有限公司，龙曦直接持有公司 1.06% 的股份，北京盈谷信晔投资有限公司直接持有公司 33.88% 的股份，龙曦合计控制公司 34.94% 的股份。

龙曦于 2010 年 10 月通过深圳市裕安信华投资合伙企业（有限合伙）投资本公司，其一直参与公司市场拓展及战略制定等方面的工作，对公司的发展起到了较为重要的作用。报告期内，受行业景气度下滑影响，公司业绩出现一定的波动。2014 年 3 月，公司原实际控制人周某某等三人减持公司股份，龙曦及盈谷信晔增持公司股份后，分别成为公司新的实际控制人及控股股东。本次控股股东及实际控制人变更基于公司业务拓展与战略调整的需要，变更后将进一步提高公司主营业务拓展能力，大力推动其向行业下游延伸，同时增加新业务与利润增长点。但控股股东及实际控制人的变更可能会对公司的生产经营产生一定的影响。

2. 公司控股股东及实际控制人

公司的控股股东为北京盈谷信晔投资有限公司，其直接持有公司 33.88% 的股份，为公司第一大股东。控股股东的基本情况介绍见本节"三、公司股权结构"之"（二）公司前十名股东及持有 5% 以上股份股东的基本情况"。

公司的实际控制人为龙某，直接持有公司 1.06% 的股份，其直接及间接控制的公司股份比例为 34.94%。

报告期内公司的实际控制人发生变更。2014 年 3 月，出于公司经营战略调整的考虑，公司原实际控制人周某某等三人解除一致行动协议，并进行了股权转让。

龙某于 2010 年 10 月通过深圳市裕安信华投资合伙企业（有限合伙）投资本公司，一直参与公司市场拓展及战略制定等方面的工作，对公司的发展起到了较为重要的作用。报告期内，受行业景气度下滑影响，公司业绩出现一定的波动。2014 年 3 月，公司原实际控制人周某某等三人减持公司股份，龙某及盈谷信晔增持公司股份后，分别成为公司新的实际控制人及控股股东。本次实际控制人及控股股东的变更基于公司业务拓展与战略调整的需要，本次变更后将进一步提高公司主营业务拓展能力，大力推动其向行业下游延伸，同时增加新业务与利润增长点。

3. 控股股东、实际控制人发生变更的原因

公司控股股东及实际控制人发生变更的原因如下：一方面，受光伏行业波动影响，报告期内公司业绩出现较大幅度下滑，公司急需引进新的资金和资源支持公司的持续发展；另一方面，龙某及其作为执行事务合伙人盈谷信晔的委托代表进行管理的合伙企业裕安信华自2010年10月投资公司以来，一直参与公司市场拓展及战略制定等方面的工作，对公司的发展起到了较为重要的作用。在参与公司经营管理及协助公司进行资本市场运作的过程中，龙某及盈谷信晔认可公司的财务规范性、法人治理结构、经营管理能力及行业方面的技术水平，且看好光伏行业的未来发展前景。因而，经股东协商一致，公司原实际控制人周某某等三人减持公司股份，龙某及盈谷信晔增持公司股份后，分别成为公司新的实际控制人及控股股东。

本次股权转让由股权转让各方协商一致，签署了相应的股权转让协议并依法办理了工商变更手续，受让股东均合法持有所受让股权。本次股权转让是转让各方真实意思表示，公司股权明晰、不存在潜在的股权纠纷，公司股权不存在委托持股的情形。

4. 实际控制人经营公司的持续性、公司管理团队的稳定性

本次变更之前，公司的董事为周某某等七人，其中王某某等三人为公司独立董事。2014年3月，公司2014年度第四次临时股东大会选举周某某等五人为公司第二届董事会成员。本次变更由于原董事任期届满，且公司出于实际情况考虑，决定调整董事名额，减少部分独立董事。另徐某某因个人原因不再担任公司董事，由盈谷信晔提名李某担任董事。变更前后，周某某一直担任董事长。

本次变更之前，公司的高级管理人员为周某任总经理、徐某某任副总经理兼董事会秘书、王某某任副总经理。2014年3月，公司第二届董事会第一次会议同意聘请何某为总经理，聘任李某为副总经理（分管财务）兼任董事会秘书。本次调整是由于徐某某因个人原因不再担任公司副总经理兼董事会秘书，由董事长及总经理提名李某担任公司副总经理（分管财务）

兼董事会秘书，且公司管理层认为由某某任董事长、何某任总经理的管理结构更为合理；同时王某某调整为中层管理人员继续与公司的上述高级管理人员对公司共同实施管理。

本次变更之前，公司的主要中层管理团队人员为销售部经理程某某、采购部经理周某某；变更后，增加了王某某，公司的中层管理团队基本没有发生变化。

综上所述，公司现任控股股东及实际控制人在本次变更前即通过提名董事等方式参与公司的经营管理，在控股股东及实际控制人变更后，由于任期届满或部分人员个人原因离任等原因，公司的董事、高级管理人员发生部分调整，但不构成管理团队的重大变化。公司现任控股股东及实际控制人承诺，其持有的公司股份将分三批进入全国中小企业股份转让系统，每批解除转让限制的数量均为其挂牌前所持股票的三分之一，解除转让限制的时间分别为挂牌之日、挂牌期满一年和两年。因而，实际控制人对经营公司具有持续性，管理团队具有稳定性。

5. 控股股东、实际控制人变更前后公司业务的发展方向、业务具体内容的变化

2012年度及2013年度公司的主要业务收入来源于单晶硅生长炉、多晶硅铸锭炉等光伏装备的销售。受光伏行业周期波动影响，报告期内公司光伏装备销售收入出现较大幅度下滑，2013年下半年，公司开始向光伏产业链下游延伸，从事光伏电站建设技术服务及物资供应的总包业务。针对公司目前所处行业的发展形势，公司计划一方面加快晶体生长设备技术改造速度和新产品开方机推向市场的拓展力度，并将提速靶材烧结炉等新产品的研发进度，优化产品结构；另一方面继续深入向光伏产业链下游延伸，如硅锭的加工及光伏电站的工程总承包；并计划新设全资子公司从事煤焦油深加工项目。上述业务发展方向及具体业务内容，在控股股东及实际控制人变更前后并未发生变化。

6. 控股股东、实际控制人变更前后客户的变化情况

2012年度及2013年度公司的主要客户为单晶硅硅棒、多晶硅硅锭制造企业。2014年1月的主要客户为光伏电站总包合同项下的对象——北京

福星晓程电子科技股份有限公司的加纳子公司晓程（加纳）电力公司。上述客户在控股股东、实际控制人变更前后并未发生变化，未来公司将结合既定的业务发展方向拓展包括下游硅片制造企业、光伏电站发包人及承包人等客户。

7. 控股股东、实际控制人变更前后公司收入、利润变化情况

公司 2012 年度、2013 年度的主营业务收入来源于单晶硅生长炉、多晶硅铸锭炉等光伏装备的销售。自 2012 年以来，公司业绩随着光伏行业的波动出现较大幅度下滑，公司营业收入自 2012 年的 16762.75 万元下降至 2013 年的 5323.15 万元，下降幅度为 68.24%。由于应收账款的账龄和存货的库龄增长，2013 年计提坏账准备和跌价准备为 1145.79 万元，导致 2013 年净利润为 -865.80 万元，公司净利润 2013 年较 2012 年下降 137.17%。2014 年 1 月，公司的主营业务收入来源于《承建加纳阿克拉 20MW 光伏电站项目合同》项下的物资供应，合同金额总计 17092 万元。2014 年 1 月当期确认的收入为 6911196.62 元。预计前述总包合同于 2014 年底前全部确认收入，可实现的毛利约为 1200 万元。

（五）案例评析

（1）星奥股份的案例为公司股东杨某某等三人持股比例相当，且在董事会、管理层上担任同等重要职务，各人对公司经营决策影响相当。但是，股东三人基于共同的利益基础和共同认可的公司发展目标，在公司过去历次股东（大）会、董事会上均有相同的表决意见，且三人愿意在公司未来经营过程中重大事项决策前达成一致意见。三人通过签订《一致行动人协议》，形成了实际支配公司行为的共同体。

因此，根据《公司法》第二百一十六条规定，杨某某等三人符合实际控制人的要求，被认为公司实际控制人，对公司实现共同控制。

（2）菱博电子的案例为公司股权结构分散，前两大股东倬影数码和张野翎分别持有公司 32.50% 和 28.27% 的股权，其余自然人股东持股均不超过 7%。公司任一股东所持股份表决权均不足以单方面审议通过或否定股东大会决议。公司第一大股东倬影数码虽然持股超过 30%，但由于前两大

股东持股比例相近，公司不存在依其出资额或者持有的股份所享有的表决权已足以对股东会、股东大会的决议产生重大影响的股东。公司出现了单一股东无法控制股东大会、董事会的情形，而股东间也不存在通过投资关系、协议或者其他安排，能够实际支配公司行为的情形。

菱博电子案例中，通过分析公司各股东的持股情况、以及各股东在股东大会及董事会的席位情况，结合公司全体股东出具各股东之间未签订任何一致行动协议或实施其他任何可能约束数名股东共同行使股东权利而实际控制本公司的行为的声明，依据法律法规对控制关系的规定，做出认定公司不存在实际控制人的结论。

由于公司股权分散、无实际控制人的情形可能会造成控制权变更风险，公司在公开转让说明书中并就此做了重大风险提示。

（3）盈谷股份的案例为公司报告期内实际控制人变更。2014年3月，出于公司发展战略调整的需要，公司原实际控制人周某某等三人解除一致行动协议并进行了股权转让，公司实际控制人和控股股东分别变更为龙曦和北京盈谷信晔投资有限公司。公司控股股东和实际控制人变更后，将进一步提高公司主营业务拓展能力，大力推动其向行业下游延伸，同时增加新业务与利润增长点。

公司在公开转让说明书中，如实披露了控股股东和实际控制人变更的原因，并通过分析实际控制人变更前后公司业务发展方向、客户、收入及利润的变化，做出认定公司实际控制人变更对经营持续性、管理团队稳定性不存在不利影响。最后，公司就控股股东及实际人变更可能存在的风险做重大事项提示。

第三章 新三板市场融资

作为多层次资本市场的组成部分,全国股转系统的建立非常重要的作用之一是为挂牌企业提供了相较于现有公开市场门槛更低的直接融资渠道。本章将全面介绍新三板市场的融资概况,并主要介绍三种主要的融资工具:普通股、优先股及债券。

第一节 新三板市场融资概述

一、新三板融资工具简介

目前新三板市场的融资方式分为股权融资和债权融资两种。其中,股权融资方式主要指挂牌企业在全国股转系统发行普通股或优先股,债权融资方式则包括私募债和可转债等。随着越来越多融资工具的出现,企业的融资选择将会逐渐增多,使得挂牌企业可以根据自身特点以及战略布局,选择合适的融资方式。

表 3-1 新三板融资工具

融资类型	融资工具
股权融资	普通股、优先股
债权融资	私募债、可转债、公司债等

二、新三板市场融资优势

1. 独有的"小额、便捷、灵活、多元"融资理念

与主板市场不同的是,新三板市场立足于服务中小企业,秉承"小额、便捷、灵活、多元"的融资理念，使挂牌企业能够根据发展的需要灵活选择融资工具和融资时点，高效便捷地筹集到所需资金。在股权融资方面，新三板融资具有以下优势：

➢ 不设发行时间间隔、不限制募集资金投向、不要求对募投项目做盈利预测。

➢ 挂牌时即可发行股票募集资金。

➢ 挂牌公司及注册在境内的境外上市公司可在新三板发行优先股。

➢ 发行豁免核准制度：公司向特定对象发行股票后股东人数累计不超过 200 人的，豁免向证监会申请核准。

➢ 优先股豁免核准制度：普通股股东人数不超过 200 人的挂牌公司，发行优先股证监会豁免核准；超过 200 人的挂牌公司发行优先股应当经过证监会核准。境内注册的境外上市公司发行优先股应经过中国证监会核准，核准后可以在全国股转系统挂牌。

此外，新三板还为挂牌企业发行中小企业私募债（包括转股条款）及其他债券品种预留了空间。

2. 新三板挂牌效应助力企业获得更多融资渠道

除了市场现有的直接融资工具外，中小企业通过挂牌新三板提高了企业知名度，增厚了企业价值，吸引银行、风险投资、私募基金等各类机构为其提供融资服务，这可以视为新三板为企业带来的延伸服务。

首先，新三板挂牌的信用增进效应促进商业银行为新三板挂牌企业提供债权融资。在传统的银行信贷业务中，中小企业很难获得银行授信的主要原因在于银行与企业间的信息不对称问题，而新三板为广大挂牌企业提供了一个信息披露平台，形成企业挂牌效应，用市场化的手段消除了传统间接融资中的严重信息不对称。企业在新三板申请挂牌的过程中以及挂牌成功后都要接受会计师事务所的审计、主办券商的督导、证监会的监管以及投资者的监督，规范监管的措施使得挂牌企业的透明度和规范度大大提高，吸引了一批商业银行以更低的贷款利率为新三板挂牌企业提供授信。如广发银行计划每年意向性为挂牌公司和拟挂牌公司提供不低于 100 亿元的授信额度，并陆续推出专门服务新三板拟挂牌企业的批量授信方案，旨在全面拼抢高成长性的新三板企业。

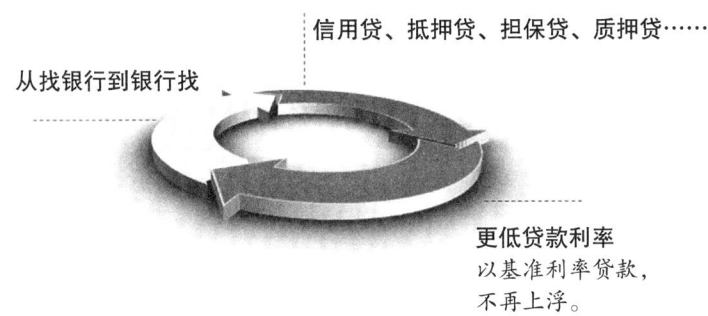

图 3-1　新三板挂牌效应

其次，新三板挂牌企业股权的交易价值使得商业银行为挂牌企业提供股权质押融资成为可能。2014 年 6 月，中国工商银行为新三板挂牌的中小微企业推出了股权质押贷款业务，成为继浦发银行、杭州银行之后推出专门服务于新三板挂牌企业贷款产品的银行。新三板股权质押贷款的创新主要在担保方式上。对于非上市企业来说，银行很难对企业的股权进行估值，而当企业在新三板市场上市后，其股权就具有了交易价值，因此将股权作为担保方式，可以让一些重研发、轻资产的小微企业享受到银行融资服务的便利。在风险控制方面，银行一方面参考新三板上市企业股权的交易价值，另一方面也会综合考察企业的经营情况、现金流以及未来的发展潜力。据统计，截至 2014 年 9 月 5 日，新三板挂牌企业共披露 94 笔股权质押公告，其中 90 笔用于公司融资，用于公司融资的质押总股数为 7.3 亿股，质押总金额为 9.09 亿元，质押率为 67.8%。

据初步统计，截至 2014 年 6 月，现有挂牌公司挂牌以来实现间接融资合计为 67.56 亿元，有 40.50% 的新三板挂牌公司在挂牌后发生过债权融资行为。从债权融资方式看，较为丰富多样，绝大多数通过商业银行完成，银行贷款和票据融资金额合计近 90%；从融资成本看，分别比基准利率上浮 5% 至 15%；从融出方性质看，各类商业银行的融资金额约占 3/4，其中以全国性股份制商业银行提供融资比例最高。

再次，新三板也成为 VC/PE 竞逐高成长性的创新型中小企业的场所，从而为挂牌企业带来了更多的融资选择。新三板聚集了大量创业企业，并且通过挂牌的企业在公司治理、信息披露方面都得到了规范，这将大大方便创投寻找合适的投资对象。而且对于挂牌企业而言，由于获得了流动性溢价，估值水平较挂牌前会有明显提升。截至 2014 年 6 月底，新三板挂牌企业已超过 800 家，其中近 300 家具有创业投资和私募股权投资（VC/PE）背景。

在证券市场即将实施注册制的大背景下，股转系统将继续开展创新探索，进一步落实"支持中小微企业依托全国股份转让系统开展融资"的战略部署，进一步完善股转系统，拓展适应中小企业的融资品种，譬如探索实现并购债、资产证券化、商业保理融资等方式。通过创新各种融资方式完善中小微企业综合金融服务平台，为实体经济提供服务，助力中国经济转型。

第二节　如何发行普通股融资

一、普通股发行的规则体系

普通股发行的规则包括证监会和股转系统两个层面的规则，具体如表 3–2。

表 3–2　普通股发行的规则体系

证监会层面	《非上市公众公司监管管理办法》
	《中国证券监督管理委员会公告〔2013〕49 号》
	《非上市公众公司信息披露内容与格式准则第 3 号——定向发行说明书和发行情况报告书》
	《非上市公众公司信息披露内容与格式准则第 4 号——定向发行申请文件》
股转系统层面	《全国中小企业股份转让系统股票发行业务细则》
	《全国中小企业股份转让系统股票发行业务指引》（第 1–4 号）
	《全国中小企业股份转让系统股票发行业务指南》

（一）证监会层面

中国证券监督管理委员会公告〔2013〕49号中对新三板普通股发行做出如下规定：

1. 核准行为

股份公司向特定对象发行证券导致证券持有人累计超过200人或者股东人数超过200人的非上市公众公司向特定对象发行证券，应当向中国证监会提出行政许可申请，由中国证监会行政许可受理服务中心受理相关申请材料。

2. 豁免核准行为

挂牌公司向特定对象发行证券后证券持有人累计不超过200人的公司，中国证监会豁免核准，由全国中小企业股份转让系统有限责任公司受理相关申请材料并进行审查，证监会不再进行审核，也不出具行政许可文件。公司挂牌后，直接纳入非上市公众公司监管范围。

（二）股转系统层面

根据与中国证监会有关部门之间的分工，为了规范挂牌公司向特定对象发行证券后证券持有人累计不超过200人的情形下挂牌公司、主办券商等相关主体在股票发行中的行为，全国股转系统于2013年4月25日及2013年12月30日先后发布了《全国中小企业股份转让系统股票发行业务细则》、《全国中小企业股份转让系统股票发行业务指引》（第1–4号）以及《全国中小企业股份转让系统股票发行业务指南》，以规范普通股发行。

表3-3 股转系统层面的普通股发行规则概览

文件名称	主要内容	发布日期
全国中小企业股份转让系统股票发行业务细则	发行要求与认购规定、董事会与股东大会决议、发行与备案、信息披露、监管措施和违规处分	2013年12月30日
全国中小企业股份转让系统股票发行业务指引（第1-4号）	备案文件的内容与格式、股票发行方案及发行情况报告书的内容与格式、主办券商关于股票发行合法合规性意见的内容与格式、法律意见书的内容与格式	2013年12月30日

续表

文件名称	主要内容	发布日期
全国中小企业股份转让系统股票发行业务指南	原则性规定（适用范围、现有股东的认定标准、路演与询价、募集资金使用）、业务流程（决议、发行与认购、验资、提交文件、材料审查、出具股份登记函、披露相关公告并办理股份登记、公开转让）、以非现金资产认购股份的特别规定	2013年4月25日（于2013年12月30日修改）

二、普通股发行的制度

1. 发行条件

根据《全国中小企业股份转让系统股票发行业务指南》（以下简称《指南》），挂牌公司向符合规定的投资者发行股票，发行后股东人数累计不超过200人的公司，向全国股份转让系统公司履行事后备案程序，以及按规定股票发行经中国证监会核准的公司[①]，即可申请办理股票挂牌手续。《指南》对挂牌公司的财务指标没有做出要求，因此在全国股转系统挂牌的中小企业都有机会以发行普通股的方式进行融资，这极大地方便了拟融资企业，也是全国股转系统普通股发行的最大制度优势。

2. 发行对象

新三板挂牌企业多为处于初创期或成长期的中小企业，企业规模小，经营风险高，新三板普通股发行实行投资者适当性准入制度，对投资者准入设立了一定的标准，体现了市场的包容能力，并且为市场理念创新、产品创新和制度创新预留了空间。此外，根据《全国中小企业股份转让系统投资者适当性管理细则（试行）》，不符合准入条件的投资者可以通过理财产品进入新三板市场，也为扩大投资者范围创造了基础。

3. 发行方式

新三板普通股发行的发行方式较为灵活，制度中规定了两种情形：第一种是董事会决议确定具体发行对象的，挂牌公司应当按照股票发行方案

---

① 股份公司向特定对象发行证券导致证券持有人累计超过200人或者股东人数超过200人的非上市公众公司向特定对象发行证券，须经中国银监会核准。

和认购合同的约定发行股票；该种方式在董事会前已经完成投资者选择，私募色彩浓重。第二种是董事会决议未确定具体发行对象的，可以通过询价确定发行对象、发行价格和发行股数。该种方式可以称为小公募，即可实现在合格投资者范围内公开发行的目的，为公司金额较大的资金需求提供制度安排。

新三板普通股发行制度中规定了特殊的优先认购安排，对于仅进行现金融资的发行行为，公司应当给老股东提供优先认购安排；同时允许在公司章程约定有例外的，可以排除优先认购安排，充分体现保护投资利益与股东自治之间的权衡。优先认购的安排有两方面考虑，一是防止原有小股东过度被稀释；二是防止定价过低，造成明显利益输送。为确保发行定价合理，及充分保护公司现有股东（特别是中小股东）的合法权益，有必要在定向发行过程中，强化股东自治，完善制衡机制。

对于投资者以现金认购股份的情形，《定向发行细则》第八条规定了现有股东的优先认购权，建立了价格制衡机制。规定董事会决议应当明确现有股东优先认购办法等事项，并规定现有股东可优先认购的股份数量上限为股权登记日其在公司的持股比例与本次发行股份数量上限的乘积。从制度上保证发行价格公平合理，防止利益关系人低价入股而产生的利益输送；对中小股东而言，通过行使优先认购权，可以避免股权在定向发行中被稀释。

4. 发行安排

新三板普通股发行在发行安排上充分尊重挂牌公司的自主意愿，如可选择发行时点、没有发行间隔时间要求、新增股份不强制限售、公司章程自主规定现有股东的优先认购安排等，灵活的发行安排使得挂牌公司可以根据自身情况进行选择，最大限度地优化了挂牌公司的利益。

5. 发行审核

新三板普通股发行实行以备案管理为主的审核程序，挂牌公司需在验资完成后十个转让日内，按照规定向全国股份转让系统公司报送材料，履行备案程序，全国股转系统公司在审查文件后出具《股份登记函》。该审核程序方便简洁，极大提高了挂牌公司普通股发行效率。

6. 信息披露

新三板普通股发行要求挂牌公司分别在董事会和股东大会通过股票发行决议之日起两个转让日内披露董事会、股东大会决议公告，同时披露经董事会批准的股票发行方案。此外，挂牌公司还需在缴款期前披露股票发行认购公告，包括缴款的股权登记日、投资者参与询价、定价情况，股票配售的原则和方式及现有股东优先认购安排（如有），并明确现有股东及新增投资者的缴款安排。但是，新三板不强制挂牌公司披露募投项目的可行性、盈利预测等信息，这极大地保护了挂牌公司的商业秘密，在信息披露成本及效益之间做了一定的平衡。

7. 发行定价

新三板普通股发行实行市场化的定价方式，挂牌公司可以与特定对象协商谈判，也可以进行询价。采用询价发行的，挂牌公司和主办券商可以进行路演，并按照股票发行方案确定的发行对象范围，向符合投资者适当性规定的特定投资者发送认购邀请书。这种市场化的定价方式可以保证市场在资源配置中起到基础性作用，有利于完善市场定价功能，有利于充分体现、挖掘挂牌企业的价值。

三、普通股的发行对象

新三板普通股发行对象，可以由挂牌公司董事会决议确定，也可以由挂牌公司与主办券商通过路演、询价方式最终确定发行对象，两种方式确定的发行对象范围相同。根据《非上市公众公司监督管理办法》第三十六条以及《全国中小企业股份转让系统投资者适当性管理细则（试行）》第六条，新三板普通股发行对象包括公司股东、董事、监事、高级管理人员、核心员工及合格投资者；其中，除公司股东外的发行对象总人数应不超过35人。

1. 公司股东

根据《指南》中对现有股东认定标准的有关规定，新三板普通股发行安排现有股东优先认购，或者股票发行方案的发行对象或发行对象范围包括现有股东的，其现有股东是指股权登记日的在册股东，具体是指公司在股票发行认购公告中确定的股权登记日。

需要注意的是在股票发行细则中提到两处股权登记日，两者作用不一样。一个是为了明确"发行后股东人数累计不超过 200 人"，是指股票发行方案确定或预计的新增股东人数（或新增股东人数上限）与审议本次股票发行的股东大会规定的股权登记日在册股东人数之和不超过 200 人。设定该股权登记日是为了落实中国证券监督管理委员会公告〔2013〕49 号的规定，明确与证监会豁免核准的边界。

另一个股权登记日是指挂牌公司应当在缴款期前披露股票发行认购公告，其中应当披露缴款的股权登记日、投资者参与询价、定价情况，股票配售的原则和方式及现有股东优先认购安排（如有），并明确现有股东及新增投资者的缴款安排。该股权登记日是为了确定现有股东的身份，进而明确后续的优先认购及缴款安排。

挂牌公司普通股发行以现金认购的，公司现有股东在同等条件下对发行的股票有权优先认购。每一股东可优先认购的股份数量上限为股权登记日其在公司的持股比例与本次发行股份数量上限的乘积。

2. 挂牌公司董事、监事、高级管理人员、核心员工

新三板普通股发行以挂牌公司董事、监事、高级管理人员及核心员工为发行对象的，需履行相应的程序。首先，发行对象名单需由董事会提名，之后进行公示并征求意见，公示之后由监事会发表意见，经过股东大会审议批准之后，方可成为挂牌公司普通股发行对象。

3. 合格投资者

根据《全国中小企业股份转让系统投资者适当性管理细则》，投资者参与挂牌公司股票公开转让等相关业务，应当熟悉全国股份转让系统相关规定，了解挂牌公司股票风险特征，结合自身风险偏好确定投资目标，客观评估自身的心理和生理承受能力、风险识别能力及风险控制能力，审慎决定是否参与挂牌公司股票公开转让等业务。

合格投资者包括符合条件的机构投资者、自然人投资者、集合信托计划、证券投资基金、银行理财产品、证券公司资产管理计划以及由金融机构或相关监管部门认可的其他机构管理的金融产品或资产。

机构投资者需符合以下其中一项条件：

①注册资本 500 万元人民币以上的法人机构；

②实缴出资总额 500 万元人民币以上的合伙企业。

自然人投资者需同时满足以下条件：

①投资者本人名下前一交易日日终证券类资产市值 500 万元人民币以上。证券类资产包括客户交易结算资金、股票、基金、债券、券商集合理财产品等，其中信用证券账户资产除外；

②具有 2 年以上证券投资经验，或具有会计、金融、投资、财经等相关专业背景或培训经历。（投资经验的起算时点为投资者本人名下账户在全国股份转让系统、上海证券交易所或深圳证券交易所发生首笔股票交易之日。）（见图 3-2）

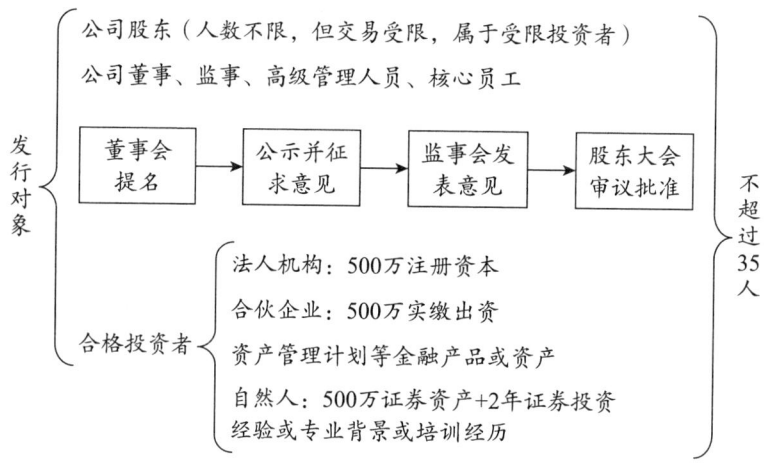

图 3-2　普通股发行对象

四、普通股的发行方式

新三板挂牌公司董事会决议确定具体发行对象的，应当依据股票认购合同的约定发行股票；有优先认购安排的，应当办理现有股东优先认购手续；董事会决议未确定具体发行对象的，挂牌公司及主办券商可以向包括挂牌公司股东、主办券商经纪业务客户、机构投资者、集合信托计划、证券投资基金、证券公司资产管理计划以及其他个人投资者在内的询价对象进行询价，询价对象应当符合投资者适当性的规定。

根据股票发行后挂牌公司股东人数是否超过 200 人，新三板股票发行分为证监会核准与豁免核准两种方式。新三板挂牌公司向特定对象发行股票导致股东累计超过 200 人，以及股东人数超过 200 人的公众公司向特定对象发行股票的，应当按照中国证监会有关规定制作定向发行的申请文件，向中国证监会申请核准。公司申请定向发行股票，可申请一次核准，分期发行。自中国证监会予以核准之日起，公司应当在 3 个月内首期发行，剩余数量应当在 12 个月内发行完毕。超过核准文件限定的有效期未发行的，须重新经中国证监会核准后方可发行。首期发行数量应当不少于总发行数量的 50%，剩余各期发行的数量由公司自行确定，每期发行后 5 个工作日内将发行情况报中国证监会备案。在全国中小企业股份转让系统挂牌公开转让股票的公众公司向特定对象发行股票后股东累计不超过 200 人的，中国证监会豁免核准，由全国中小企业股份转让系统自律管理（见图 3-3）。

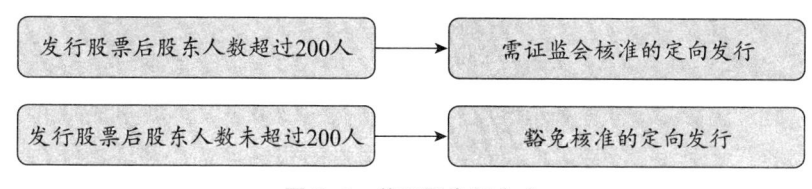

图 3-3　普通股发行方式

五、普通股的发行流程

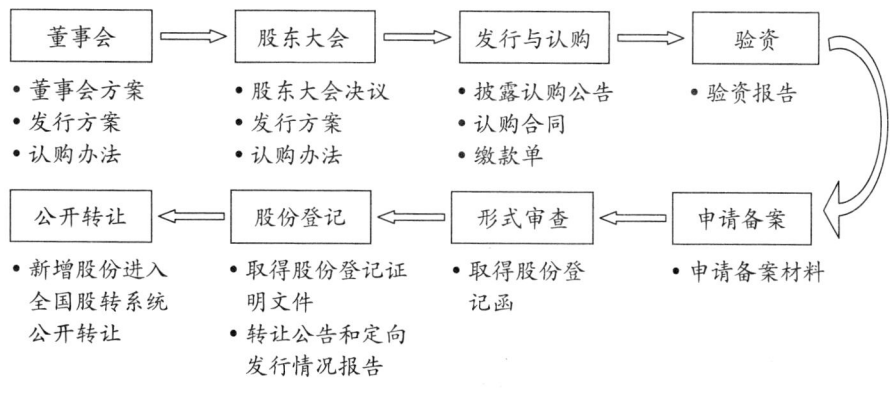

图 3-4　普通股发行流程

（一）豁免核准的发行流程

在全国中小企业股份转让系统挂牌公开转让股票的公众公司向特定对象发行股票后股东累计不超过200人的，中国证监会豁免核准，由全国中小企业股份转让系统自律管理。企业在新三板发行普通股大致需遵循以下步骤：发行公司董事会决议、股东大会决议、认购、缴款、验资、申请备案、取得股份登记函、披露相关公告并办理股份登记以及公开转让。

1. 决议

挂牌公司董事会、股东大会应当对股票发行等事项作出决议。董事会、股东大会表决应当执行公司章程规定的表决权回避制度。

（1）董事会决议

挂牌公司董事会应当就股票发行有关事项做出决议，股票发行决议应当符合下列规定：

①董事会决议确定具体发行对象的，董事会决议应当明确具体发行对象（是否为关联方）及其认购价格、认购数量或数量上限、现有股东优先认购办法等事项。认购办法中应当明确现有股东放弃优先认购股票份额的认购安排。已确定的发行对象（现有股东除外）与公司签署的附生效条件的股票认购合同应当经董事会批准。

②董事会决议未确定具体发行对象的，董事会决议应当明确发行对象的范围、发行价格区间、发行价格确定办法、发行数量上限、现有股东优先认购办法等事项。

③发行对象用非现金资产认购发行股票的，董事会决议应当明确交易对手（应当说明是否为关联方）、标的资产、作价原则及审计、评估等事项。

④董事会应当说明本次发行募集资金的用途。

（2）股东大会决议

挂牌公司董事会做出决议之后，股东大会应当就股票发行等事项做出决议。股东大会审议通过股票发行方案后，董事会决议做出重大调整的，公司应当重新召开股东大会进行审议。

《业务细则》规定的对股票发行方案做出重大调整，是指以下两种情形：

①发行对象名称（现有股东除外）、认购价格、认购数量或数量上限、现有股东优先认购办法的调整；

②发行对象范围、发行价格区间、发行价格确定办法、发行数量或数量上限的调整。

2. 发行与认购

（1）发行方式

董事会决议确定具体发行对象的，挂牌公司应当按照股票发行方案和认购合同的约定发行股票，有优先认购安排的，应当办理现有股东优先认购手续。

董事会决议未确定具体发行对象的，挂牌公司及主办券商可以向包括挂牌公司股东、主办券商经纪业务客户、机构投资者、集合信托计划、证券投资基金、证券公司资产管理计划以及其他个人投资者在内的询价对象进行询价，询价对象应当符合投资者适当性的规定。挂牌公司及主办券商应当在确定的询价对象范围内接收询价对象的申购报价；主办券商应根据询价对象的申购报价情况，按照价格优先的原则，并考虑认购数量或其他因素，与挂牌公司协商确定发行对象、发行价格和发行股数。

（2）披露认购公告

挂牌公司最迟应当在缴款起始日前的两个转让日披露股票发行认购公告。本次股票发行如有优先认购安排的，认购公告中还应披露现有股东的优先认购安排。公司章程已约定不安排优先认购或全体现有股东在发行前放弃优先认购的，也应予以专门说明。

优先认购安排包括但不限于以下内容：

①现有股东在本次发行前放弃优先认购的情况（如有）；

②现有股东优先认购的缴款期限和缴款方式；

③现有股东放弃优先认购股份的处理方式。

（3）认购与缴款

确定发行价格后，挂牌公司应当与发行对象签订正式认购合同，发行对象应当按照合同约定缴款。发行对象可用现金、非现金资产，以及同时以非现金资产和现金认购发行股票。参与认购的投资者和现有股东应按照认购公告和认购合同的约定，在缴款期内进行缴款认购。

3. 验资

挂牌公司应当在股票发行认购结束后按照相关规定及时办理验资手续，验资报告应当由具有证券、期货相关业务资格的会计师事务所出具。主办券商和律师事务所应当在尽职调查基础上，分别对本次股票发行出具书面意见。

4. 申请备案

挂牌公司应当在股票发行验资完成后的 10 个转让日内，向全国股份转让系统公司接收申请材料的服务窗口报送相关文件。经接收服务窗口人员核对，确认提交的文件齐备后，向公司出具《材料接收确认单》。文件一经接收，未经全国股份转让系统公司同意，不得变更或撤回。

办理豁免申请核准的股票发行备案，挂牌公司应当按照《挂牌公司股票发行备案登记表（豁免申请核准的股票发行适用）》的有关要求提交文件。

5. 材料审查

全国股份转让系统公司对提交的文件进行审查。如发现问题将通过电子邮件形式向主办券商发送问题清单。主办券商应协助公司落实问题清单中的问题，并在收到问题清单后的 10 个转让日内进行回复。

全国股份转让系统公司在备案审查过程中，发现公司、主办券商、律师事务所及其他证券服务机构有需要补充披露或说明的情形，可以要求其提供补充材料或进行补充披露。

6. 出具股份登记函

股票发行后股东人数未超过 200 人的挂牌公司，全国股转系统公司对文件审查后出具股份登记函，送达公司并送交中国证券登记结算有限责任公司和主办券商。以非现金资产认购股票的情形，尚未完成相关资产权属过户或相关资产存在重大法律瑕疵的，全国股转系统公司不予出具股份登记函。需要提醒注意的是，为防止审查出现重大问题可能面临撤销发行的情形，股转系统指南中规定挂牌公司在取得股份登记函之前，不得使用本次股票发行募集的资金。

7. 披露相关公告并办理股份登记

挂牌公司需按照中国结算发布的《全国中小企业股份转让系统股份登

记结算业务指南》的要求向中国结算申请办理股份登记。主办券商应当协助挂牌公司持股份登记函向中国结算办理股份登记手续。

公司办理股份登记前，应与中国结算协商确定股票发行情况报告书和本次登记股份的挂牌转让公告的披露日；豁免申请核准的挂牌公司还应当同时披露股票发行法律意见书和主办券商关于股票发行合法合规性意见。挂牌转让公告应当明确本次登记股份的转让日，并符合中国结算的有关规定。挂牌转让公告披露后，中国结算进行股份登记并出具股份登记证明文件。

8. 公开转让

完成股份登记后，股票发行中无限售条件和无锁定承诺的股份按照挂牌转让公告中安排的时间在全国股份转让系统公开挂牌转让。

（二）证监会核准的发行流程

需要证监会核准的定向发行包括向特定对象发行股票导致股东累计超过200人，以及股东人数超过200人的公众公司向特定对象发行股票两种情形。

需证监会核准情形下的定向发行流程与豁免核准情形下的发行流程相比，增加了向中国证监会申请核准的环节，公司应当按照中国证监会有关规定制作定向发行的申请文件，申请文件应当包括但不限于：定向发行说明书、律师事务所出具的法律意见书、具有证券期货相关业务资格的会计师事务所出具的审计报告、证券公司出具的推荐文件。公司持申请文件向中国证监会申请核准。中国证监会受理申请文件后，依法对公司治理和信息披露以及发行对象情况进行审核，在20个工作日内做出核准、中止审核、终止审核、不予核准的决定。公司获得证监会核准文后全国股转系统公司向其出具股份登记函。

公司申请定向发行股票，可申请一次核准，分期发行。自中国证监会予以核准之日起，公司应当在3个月内首期发行，剩余数量应当在12个月内发行完毕。超过核准文件限定的有效期未发行的，须重新经中国证监会核准后方可发行。首期发行数量应当不少于总发行数量的50%，剩余各期发行的数量由公司自行确定，每期发行后5个工作日内将发行情况报中国证监会备案（见图3-5）。

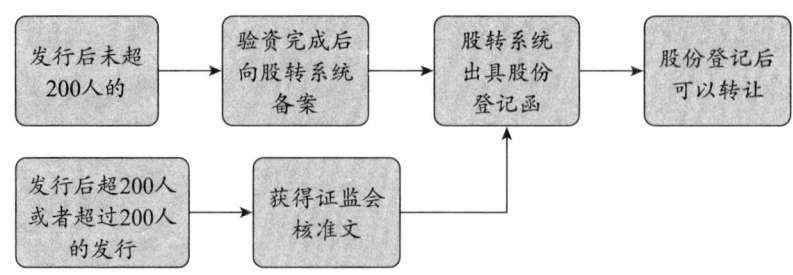

图 3-5　两种核准情形下发行流程差异

此外，申请向特定对象发行股票导致股东累计超过 200 人的股份有限公司，董事会和股东大会决议中还应当包括以下内容：

（1）按照中国证监会的相关规定修改公司章程；

（2）按照法律、行政法规和公司章程的规定建立健全公司治理机制；

（3）履行信息披露义务，按照相关规定披露定向发行说明书、发行情况报告书、年度报告、半年度报告及其他信息披露内容。

六、普通股发行融资概况

自 2013 年全国股份转让系统《定向发行备案业务指南》正式颁布实施以来，截至 2014 年 9 月 5 日，按照《非公办法》和《业务指南》：全国股份转让系统共完成定向发行备案 261 次，发行股票约 21.21 亿股，平均每次 812.48 万股，募集资金 120.30 亿元，平均每次 4609.23 万元，平均市盈率为 26.25 倍。

表 3-4　"新三板"挂牌公司历年定向增资次数和总额

年　度	2006	2007	2008	2009	2010	2011	2012	2013	2014
融资家次	0	3	4	1	5	11	24	56	327
融资金额（万元）	0	11875	17902	2454	20153	70818	85458	95482	1299877
融资股数（万股）	0	4542	4370	2606	4017	9007	19234	36334	264298
平均市盈率	0	21.34	20.77	11.13	22.52	20.23	21.22	28.76	—

注：表中 2014 年数据截至 2014 年 12 月 30 日。

2006年至2011年，新三板市场定向增发的数量和规模缓慢增长，2011年全年仅有11家公司进行定向增发，融资金额为70818万元，融资股数为9007万股；2012年至2013年，新三板增资家次分别为24家和56家，融资金额分别为85458万元和95482万元，融资股数分别为19234万股和36334万股，增资家次和融资股数明显增加，但融资金额增长缓慢；2014年以来，新三板定向增发的数量和规模均飞速增长，截至2014年12月30日，共有327家挂牌公司通过定向增发进行融资，比2013年增长484%，融资总额达120.44亿元，比2013年增长119.97亿元（见图3-6）。

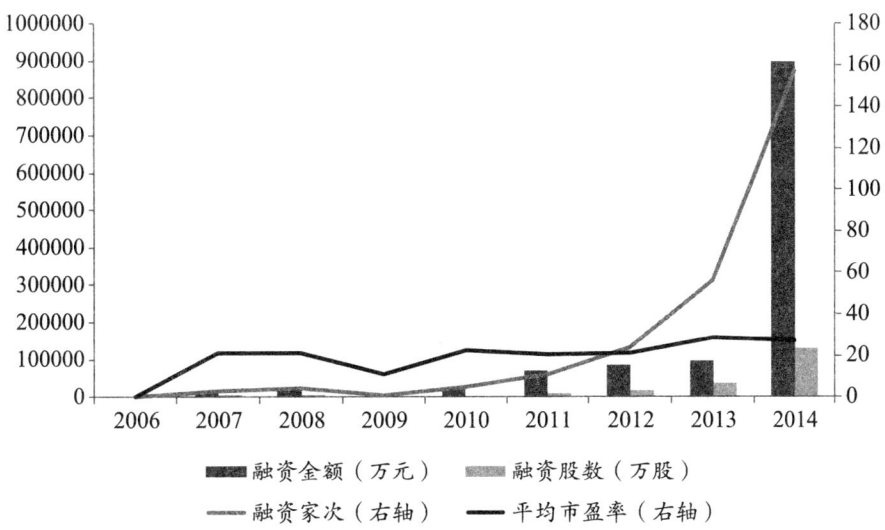

图3-6　新三板历年定向增发情况（2006年–2014年9月5日）

七、普通股发行的案例

新三板挂牌公司利用全国股转系统普通股发行的融资平台不仅可以扩大资金来源渠道，而且还可以通过发行股票引进产业投资者和财务投资者，实现对高管及员工的股权激励，进行重大资产重组等资本运营活动。以下介绍四个具有代表性的普通股发行案例。

（一）引入产业投资者的发行案例

武汉华安科技股份有限公司（证券简称：华安股份，证券代码：

430279）于 2013 年 8 月 5 日由广发证券推荐在全国股份转让系统挂牌。主营业务是无线移动音视频监控产品及公共安全和应急指挥系统产品研发、生产和销售。公司注册资本 1389 万元，现有股东 9 人，其中机构投资者 2 名。

华安股份 2011 年度营业收入为 1622.06 万元，归属于挂牌公司股东净利润 245.52 万元，经营活动产生的现金流量净额为 –1057.21 万元；2012 年度营业收入为 2837.40 万元，归属于挂牌公司股东净利润为 265.53 万元，经营活动产生的现金流量净额为 –882.10 万元。

由于华安股份处于安防行业，客户多为军事、政府单位及大型国有企业，这些客户采购量大，往往要求先发货再付款，而付款也要受到财政支付的影响，所以公司存货量大，应收账款金额高，经营性现金流量状况较差，连续两年为负值，存在流动资金不足的风险。

2013 年 8 月 14 日，华安股份公布了对外投资和定向发行方案公告。对外投资公告显示为充分利用公司在无线移动音视频技术领域的优势，改善产品结构，拓展新行业领域，华安股份拟与湖北楚天传媒网络科技有限责任公司和武汉驿通智慧交通系统有限公司共同出资成立湖北光谷天下传媒股份有限公司（以下简称"光谷天下"）。其中，华安股份出资 470 万元，占注册资本的 47%，是光谷天下的第二大股东。此次投资光谷天下，华安股份意在实现在湖北传媒市场的通信技术整合和行业技术支持，并为开拓全国市场打下基础。

定向发行方案显示，华安股份拟以每股 5.4 元的价格（发行静态市盈率为 28.42 倍）向上海屹和投资管理合伙企业（有限合伙）发行不超过 925,926 股的无限售条件流通股，募集资金 500 万元，用于补充流动资金。

可以肯定的是，完成定向发行将会及时补充公司的现金流，为投资过后公司紧张的现金流"雪中送炭"，保障公司后续正常的生产经营活动。华安股份在全国股转系统挂牌短短 9 天之后，即启动定向发行，说明定向发行制度在便捷服务中小企业、完善场外市场融资功能、促进挂牌公司创新与发展方面起到了积极的作用。

华安股份同时推进对外投资和定向发行是一个很好的模式，对外投资和定向发行会相互影响、相互促进，投资的合作伙伴会放心公司的现金流状况，定向发行的投资者也会进一步肯定公司的发展，认可公司的价值。这种"投资和发行"并举的模式，值得在挂牌公司中推广。

目前，只要挂牌公司按照全国股份转让系统相关规则进行积极准备，就可以在较短的时间内获得股份登记服务，完成定向发行。全国股份转让系统致力于完善场外市场的融资功能，致力于打造成为灵活、便捷、高效的融资平台，为挂牌公司提供全方位的融资服务，为挂牌公司后续发展提供动力，为我国经济的转型发展保驾护航。

（二）引入财务投资者的发行案例

产业投资者通过介入企业的生产经营和管理，从企业的长远发展中获利，投资期限一般比较长。而财务投资者则以短期套利为目的，通过投资行为取得经济上的回报，对企业的长期发展则关心不足。

对于中小企业来说，引入财务投资者有利于企业自身的价值发现。财务投资者更注重直接的、短期的利益。参与认购的财务投资者通过深入的公司调研和专业的数据分析，对公司治理、发展战略做出评估，挖掘中小企业的价值，再通过市场化的认购程序和规则，把价值反映到发行价格中。财务投资由于涉及更多的机构投资对象，发行价格更市场化，操作的空间也更大。

新三板市场在帮助中小企业引入财务投资者方面具有独特的优势。主要体现在三个方面：融资门槛低，融资效率高，融资选择面广且市盈率相对较高。

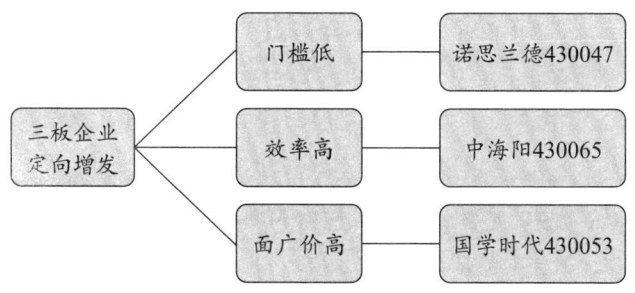

图 3-7 新三板市场定向增发的三个特点

1. 融资门槛低："三少公司"也能募股融资

北京诺思兰德生物技术股份有限公司（证券简称：诺思兰德，证券代码：430047）于 2009 年 2 月 18 日由齐鲁证券推荐在全国股份转让系统挂牌。该公司主要从事生物新药研发、技术转让及技术服务。公司 2008 年度、2009 年度营业收入分别为 220 万元、223 万元，净利润分别为 16.39 万元、10.60 万元。2009 年度仅有员工 18 名。因为公司注册资金少，人员少，收入少，被称为"三少公司"。

在进入三板市场之前，齐鲁证券对诺思兰德的经营状况出具推荐报告，认为该公司研发水平虽然在国内外处于领先地位，但公司处于生物工程新药的研发阶段，主营业务收入几乎全部是技术转让和专利实施许可收入，没有持续稳定的现金流。新药研发是一项投资大、周期长、风险高的系统工程，任何环节出现过错或失误，都会对公司的发展和未来盈利能力产生负面影响。

2010 年 12 月，公司发布定向增资股份认购办法，参考公司开发新药的收益前景、同类新药技术转让价格以及国内外相似公司市值等因素，公司自己评估的公司整体价值为 3 亿元左右，而公司股票的二级市场交易价格为每股 30 元。在与投资者协商后，按二级市场成交价格的 70%，即每股 21 元确定为本次定向增资价格。2011 年 2 月 21 日，诺思兰德完成定向增资，公司以非公开定向增资的方式成功增资 189.20 万股有限售条件的人民币普通股，募集资金 3973.20 万元。

新三板扩容，为众多小、微企业提供了融资的平台，为它们带来财务投资者。创业期的小、微企业最怕资金链断裂，以生物公司为例，初期研发需要大量的资金，而从研发到产业化又有很长的周期。通过新三板，投资人能够对诺思兰德有清晰的了解，而这也正是新三板作为公开私募市场的意义所在。正如诺思兰德董事长许松山曾经的感慨："如果不是新三板，肯定还要我们自己去找投资人，现在投资人主动关注我们。"

2. 融资效率高：中海阳连续增发实现快速成长

中海阳能源集团股份有限公司（证券简称：中海阳，证券代码：430065）于 2010 年 3 月 19 日由申银万国证券推荐在全国股份转让系统挂牌。主营业务为生产和销售太阳能电池板和 LED 光源。

中海阳 2009 年总营业收入为 8482.38 万元，净利润为 1758.08 万元，仅仅是一家中等规模的公司。挂牌增资发行后，2010 年实现净利润 5500 万元，同比大增 212%，这和公司利用新三板市场实现连续股权融资不无关系。

2010 年 4 月 14 日，挂牌一个月后，中海阳发起第一轮定向增发。中海阳以每股 9 元向上海昌瑞投资、成都恒利捷物资、江苏长风信达创投等 6 位机构投资者和 3 名公司管理人员及部分员工定增 1250 万股，募集资金 11250 万元，于 7 月 22 日募资到位。募集资金用于加大对太阳能电站核心技术的研发力量，并继续扩大对太阳能光伏产品及 LED 绿色照明产品的投资力度。

同年 11 月，公司马不停蹄地发布了第二份定增方案。此次单价大幅提升至每股 21.2 元，公司发行 1000 万股限售股以募资 21200 万元，用于在成都的"太阳能聚光热发电反射镜生产线项目"的一期投资（共三期）。机构投资者增加了上海嘉程信息科技、辽宁中鼎企业发展顾问等 7 家，认购依旧踊跃。

2013 年 8 月，中海阳再次发布定增方案，向自然人投资者和机构投资者发行 1200 万股，价格为每股 5.30 元，募资额为 6360 万元。此次募资全部补充流动资金。

在新三板挂牌的四年间，中海阳实现了资产规模 17 倍的快速增长。公司借助财务投资者的资金，迅速扩张生产规模，增强高新技术的研发力度。

3. 融资选择面广且市盈率相对较高：国学时代募资受追捧

北京国学时代文化传播股份有限公司（证券简称：国学时代，证券代码：430053）于 2009 年 3 月 31 日由西部证券推荐在全国股份转让系统挂牌。主要从事古籍数字化研究、网络文献检索开发和网站建设，是中国最大的专业古籍电子文献数据公司之一。

国学时代 2008 年主营业务收入为 403.98 万元，净利润为 49.42 万元，2009 年挂牌上市，主营业务收入为 581.73 万元，净利润为 98.78 万元。

2011年定向增发前，实现净利润74.6万元。2012年定向增发后，实现净利润88.83万元。

2012年9月13日，国学时代以非公开定向增资的方式增资102.35万股有限售条件的人民币普通股，增资价格为每股10元，募集资金1023.5万元。根据公司2011年度经审计的归属于母公司净利润元计算，摊薄静态市盈率约为83倍，刷新新三板定增最高市盈率纪录。公司1名原股东认购3万股，8名员工认购8.35万股，3家机构投资者广州金蟾软件研发中心有限公司、北京康为恒信科技有限公司、北京圣隆园林工程有限责任公司认购91万股。募集的资金将全部用于"文渊阁四库全书标点整理工程"的子项目"文渊阁四库全书版二十四史"的整理出版项目。

新三板上市使国学时代拥有了更广阔的融资空间。83倍的市盈率，代表着市场对价格的认可。新三板为公司提供了展示的空间，使得公司背后潜在的无形资产价值得以充分体现。

（三）解决员工或高管激励的发行案例

对于处于高速成长阶段的中小企业，尤其是高科技企业而言，如何吸引并留住关键人才和核心团队成员是发展中至关重要的问题，而股权激励则是一种行之有效的方法。新三板市场宽松的普通股发行环境使得挂牌企业能够实施灵活、多样化的股权激励方案。

北京首都在线科技股份有限公司（证券简称：首都在线，证券代码：430071）经主办券商中信证券推荐于2010年8月2日在全国股份转让系统挂牌。公司所属行业为信息传输、软件和信息技术服务业，主营业务为通过互联网数据中心为客户提供机架和带宽的出租等互联网基础平台服务以及各种增值服务。

2011年9月，公司以每股11元的价格（静态市盈率11.6倍）定向发行90万股，募集资金990万元。2012年11月，公司以每股6元的价格（静态市盈率10倍）定向发行80.68万股，募集资金484.08万元。

2013年5月15日，首都在线公布了2013年定向增资方案，计划以每股1.2元的价格定向发行不超过49.44万股，预计筹集资金59.328万元。

本次定向发行的对象为梅州云拓投资管理合伙企业（以下简称"梅州云拓"）；募集资金用途为补充流动资金。

在本次定向发行方案的设计上，公司放弃了以前定向发行所采用的由核心员工直接持股的方式；根据公司的员工持股计划，公司引入"员工持股平台"梅州云拓作为股份认购人参与本次定向发行，从而实现员工的间接持股。为实现员工股权激励的目的，本次定向发行定价较低，其依据为2012年度分红送股调整后的每股净资产价值。首都在线希望通过本次定向发行"促进公司建立、健全激励约束机制，充分调动公司高层管理人员及员工的积极性"。

首都在线本次定向发行为实现股权激励，在员工持股计划中安排了股份代持。目前，新三板市场业务规则允许挂牌公司实施股权激励，实践中，挂牌公司实施员工股权激励的形式多种多样。在挂牌公司的日常监管中，股转公司并不排斥以股份代持的形式实施股权激励，关键是要求挂牌公司进行充分的信息披露，尤其是披露股权激励计划中的股份代持以及老股东优先认购安排。

（四）实现重大重组的发行案例

2014年4月，上海市北高新股份有限公司（证券简称：市北高新，证券代码：600604）以自有资金投资北京维珍创意科技股份有限公司（证券简称：维珍创意，证券代码：430305），投资金额4408.6万元，认购此次股票发行全部670万股，交易完成后，市北高新成了维珍创意第二大股东。

维珍创意成立于2012年4月19日，并于2013年8月16日在全国股转系统挂牌，公司属于专用设备制造业，主营ATM形象创新及安全防护产品的工业设计、IT软硬件研发、市场开拓、系统安装及售后服务。2013年，维珍创意实现营业收入为4059.05万元（不含税），比去年同期增长99.14%；利润总额和净利润分别为1522.82万元、1333.70万元，比去年同期增长150.42%、119.32%。2013年末，公司总资产为4170.83万元，净资产约为3548.46万元。2014年1月至6月，维珍创意实际完成营业收入为2237.90万元，较去年同期实现了77.66%的增长，实现净利润713.38万元，较去年同期实现了 109.63% 的增长。2014 年 6 月底，维珍创意总资产为 9586.15 万元，净资产为 8670.44 万元，分别较 2013 年末实现了 129.84%、144.34% 的增长。

1. 本次股票发行基本情况

维珍创意以定向发行的方式发行 670 万股人民币普通股，募集资金 4408.60 万元。股票发行价格为每股人民币 6.58 元。根据公司 2013 年度经审计的净利润 13337020.22 元计算，本次股票发行后，摊薄的每股收益为 0.36 元，摊薄的静态市盈率约为 18.28 倍。本次股票发行价格综合考虑了宏观经济环境、公司所处行业、公司成长性、每股净资产等多种因素，并与投资者沟通后最终确定。

在本次发行中，在册股东（除上海市北高新股份有限公司外）均自愿放弃股份优先配售权，并出具相应承诺书。

此外，公司董事、监事和高级管理人员均未参与认购，因此本次定向发行的股份均为无限售条件的股份。本次股票发行经全国中小企业股份转让系统备案审查通过后，新增股票可一次性进入全国中小企业股份转让系统挂牌公开转让。

2. 本次股票发行前后相关情况对比

表 3-5　维珍创意 2012—2013 主要会计数据和财务指标

资产负债表项目			
项　目	2013 年 12 月 31 日	2012 年 12 月 31 日	变动比例
总资产	41708287.09	28087435.97	48.49%
股本	15228400.00	15228400.00	0.00%
归属于挂牌公司股东的净资产	35484579.60	22147559.38	60.22%
归属于挂牌公司股东的每股净资产	2.33	1.45	60.69%
损益表项目			
项　目	2013 年度	2012 年度	变动比例
营业收入	40590518.13	20383300.62	99.14%
利润总额	15228194.98	6081011.15	150.42%

续表

归属于挂牌公司股东净利润	13337020.22	6081011.15	119.32%
归属于挂牌公司股东的扣除非经常损益后的净利润	12836987.82	5588152.29	129.72%
基本每股收益	0.88	0.43	104.65%
稀释每股收益	0.88	0.43	104.65%
扣除非经常性损益后的基本每股收益	0.84	0.4	110.00%
加权平均净资产收益率	46.28%	37.82%	22.37%
扣除非经常性损益后的加权平均净资产收益率	44.55%	34.75%	28.20%
经营活动产生的现金流量净额	10965293.93	5272484.96	107.97%
每股经营活动产生的现金流量净额	0.72	0.38	89.47%

本次定向发行完成后，以2013年经审计的财务数据为基础按发行后总股本计算的相关财务指标如下：

表3-6 每股收益及总股本变化情况

项 目	发行后	2013年（末）
全面摊薄的每股收益	0.36	0.88
总股本（股）	37156800	15228400

3．对双方的影响

维珍创意主营业务突出，盈利能力持续稳定，产品和服务具有较强的市场竞争力。公司法人治理结构完善，建立并完善了股东大会、董事会、监事会等公司治理机构，并制定了相应的议事规则，公司自整体变更以来，能够按照《公司章程》及相关议事规则的规定进行经营决策，运作较为规范。通过本次股票发行，公司将进一步完善公司法人治理结构，公司的总资产及净资产规模均有较大幅度的提升，公司资产负债率将明显下降，公司整体财务状况将得到进一步改善，本次募集所得资金将有利于公司更好地满足客户需求，提高公司产品的市场占有率，有利于公司持续稳定的发展。

对于市北高新而言，本次投资是公司在业务转型和产业投资领域的积极拓展，是实现公司战略转型的需要，有利于拓宽公司的发展空间。维珍创意近年来业绩持续高速成长，通过此次投资可分享其发展成果，最终实现股东利益最大化。事实上，随着维珍创意股价的上涨，市北高新的股票价格也一路走高。2014年8月26日，新三板做市转让启动首日，维珍创意股价涨幅达47%，收盘价为每股14.7元，以此测算，市北高新所持股权浮盈逾5700万元，约达到2014年一季度净利润的30倍。这一消息也带动市北高新股价在随后两天连续大涨。

第三节　如何发行优先股融资

一、优先股的基本内涵

1. 优先股的权利体系

一般来说，优先股的优先权有以下四点：

（1）在分配公司利润时可先于普通股且按照约定的股息率进行分配。

（2）当股份有限公司因解散、破产等原因进行清算时，优先股股东可先于普通股股东分取公司的剩余资产。

（3）优先股股东一般不享有公司经营参与权，但在涉及优先股股票所保障的股东权益时（修改公司章程中与优先股相关的内容、一次或累计减少公司注册资本超过10%、公司合并、分立、解散或变更公司形式、发行优先股、公司章程规定的其他情形等），优先股股东可发表意见并享有相应的表决权。

（4）优先股股票可由公司赎回。由于股份有限公司需向优先股股东支付固定的股息，这一点类似于债券，但优先股股票又不同于公司债券和银行贷款，这是因为优先股股东分取收益和公司资产的权利只能在公司满足了债权人的要求之后才能行使。优先股股东不能要求退股，却可以依照优先股股票上所附的赎回条款，由股份有限公司予以赎回。大多数优先股股票都附有赎回条款。

2. 优先股与其他证券的比较

首先，优先股通常被认为是"介于股、债之间的产品"，其属性属于股权融资，但其实质上又兼具股、债双重属性。从清偿顺序上看，优先股的清偿是在普通股票之前，在全部债券之后。因此优先股的股息至少应该高于次级债收益率，但应低于股票收益率。

其次，除个别情况外，优先股股东通常不具有表决权，即无权参与发行公司的经营活动，而普通股股东享有公司法规定的所有股东权利，债券持有者享有债券募集说明书中约定的所有权利。

再次，就融资期限而言，优先股既可以与普通股相同，不规定期限，也可以规定一定期限（通常较长），与长期债券类似。

最后，优先股虽然类似债券采用定期支付固定股息，然而该利息收入却不予税前抵扣，即不具有债券的税收优势。

表 3-7 优先股与普通股、债券的比较

	债　券	优先股	普通股
产品属性	债务融资	权益\债务融资	权益融资
分配顺序	先于优先股和普通股	先于普通股，次于债券	次于债券和普通股
投资者权利	募集说明书约定的权利	正常情况下无表决权	公司法规定的股东权利
融资期限	约定期限	无期限或期限较长	一般无期限
收益支付	定期还本付息	定期分配股息	股息不固定，不还本
收益来源	扣税前利润	扣税后利润	扣税后利润

3. 优先股的优缺点

（1）从发行人角度

优先股通常不具有表决权，因此发行优先股的企业不用担心因此而削弱企业经营控制权,而且持有不参加分配优先股股票的股东无权参与发行公司的利润分配,因此公司红利稀释较少。此外,由于优先股的股债双重属性,赋予了发行人根据具体情况设计条款的权利,因此会计处理更加灵活。

然而,优先股虽然类似债券采用定期支付固定股息,该利息收入却不予税前抵扣,即不具有债券的税收优势。

(2)从投资者角度

由于优先股期限通常为无限期或期限较长,因此可以满足投资者长期投资需求,且优先股具有收益固定、先派息、先清偿的特点,对投资者而言持有优先股的收益较有保障,也方便投资者进行组合投资。

另一方面,优先股的收益低于普通股,且具有一定的违约风险,投资者仍然要谨慎选择,最大化自己收益的同时降低面临的风险。

表 3-8 优先股的优缺点

	发行人	投资者
优点	不分散控制权	满足长期投资需求
	红利稀释较少	收益较有保障
	会计处理灵活	进行组合投资
缺点	增加财务负担	收益较低
	股息不能税前扣除	有一定的违约风险

二、优先股发行的规则体系

为丰富全国中小企业股份转让系统的证券品种,完善市场融资功能,拓宽投融资渠道,根据《国务院关于开展优先股试点的指导意见》、《优先股试点管理办法》、《非上市公众公司监督管理办法》和《非上市公众公司监管指引第 5 号》等有关规定,《全国中小企业股份转让系统业务规则(试行)》等业务规则,全国中小企业股份转让系统有限责任公司将要制定配套的业务规则。

优先股股票发行的规则体系主要包括法源、基础及主体三个部分，具体见表 3-9。

表 3-9 优先股发行的规则体系

法源	法律	《公司法》	国务院可以对公司发行本法规定以外的其他种类的股份，另行做出规定
	法规性文件	《国务院关于开展优先股试点的指导意见》	优先股股东的权利与义务、优先股发行与交易、组织管理和配套政策
基础	部门规章及规范性文件	《优先股试点办法》、《非上市公众公司监管指引第 5 号》以及信息披露内容与格式准则	非上市公众公司发行优先股的具体监管规定、定向发行优先股说明书和发行情况报告书、定向发行优先股申请文件的内容与格式
主体	全国股转系统业务规则	业务指引及指南	—

与新三板市场普通股发行规则相比，优先股发行在规则位阶、规则内容和规则衔接方面存在一定差异。

表 3-10 优先股与普通股规则体系差异

	优先股规则	普通股规则
规则位阶	指引 + 指南	细则 + 指引 + 指南
规则内容	包括优先股转让	不包括普通股转让
规则衔接	发行说明书和情况报告书统一适用证监会的内容与格式准则	股东人数不超过 200 人的，所有信息披露文件均适用新三板业务规则

三、优先股发行的具体制度框架

1. 发行主体、发行方式与转让场所

在沪深证券交易所公开或非公开发行优先股，其发行主体需为上市公司，而在新三板非公开发行优先股股票，其发行主体包括在全国股转系统挂牌的公众公司及注册在境内的境外上市公司（见图 3-8）。

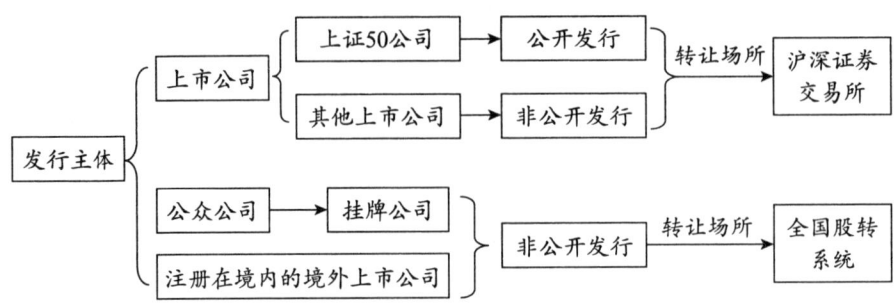

图 3-8 优先股发行主题、发行方式与转让场所

2. 发行条件

根据《优先股试点管理办法》，非上市公众公司非公开发行优先股进行负面清单管理：

（1）负面清单

存在下列情形之一的，不得发行优先股：

①本次发行申请文件有虚假记载、误导性陈述或重大遗漏；

②最近十二个月内受到过中国证监会的行政处罚；

③因涉嫌犯罪正被司法机关立案侦查或涉嫌违法违规正被中国证监会立案调查；

④上市公司的权益被控股股东或实际控制人严重损害且尚未消除；

⑤上市公司及其附属公司违规对外提供担保且尚未解除；

⑥存在可能严重影响公司持续经营的担保、诉讼、仲裁、市场重大质疑或其他重大事项；

⑦其董事和高级管理人员不符合法律、行政法规和规章规定的任职资格；

⑧严重损害投资者合法权益和社会公共利益的其他情形。

（2）优先股每股票面金额为一百元。优先股发行价格和票面股息率应当公允、合理，不得损害股东或其他利益相关方的合法利益，发行价格不得低于优先股票面金额。

（3）公开发行优先股的价格或票面股息率以市场询价或证监会认可的其他公开方式确定。非公开发行优先股的票面股息率不得高于最近两个会计年度的年均加权平均净资产收益率。

（4）挂牌公司不得发行可转换为普通股的优先股。但商业银行可根据商业银行资本监管规定，非公开发行触发事件发生时强制转换为普通股的优先股，并遵守有关规定[①]。

3. 发行程序

依据国发 49 号文的规定，简化优先股发行行政许可，普通股股东人数不超过二百人的公司，其优先股的发行、备案等程序参照《股票发行细则》等业务规则的相关规定办理。发行人应当在全部募集资金到位的验资完成后向全国股份转让系统进行备案；普通股股东人数不超过二百人的公司，其优先股的发行由证监会进行行政核准。

4. 发行对象与合格投资者范围

优先股股票发行人应当向符合《优先股试点管理办法》第六十五条规定的合格投资者发行优先股。每次发行对象累计不得超过二百人，且持有相同条款优先股的发行对象累计不得超过二百人。

《优先股试点管理办法》规定的合格投资者包括：

（1）经有关金融监管部门批准设立的金融机构，包括商业银行、证券公司、基金管理公司、信托公司和保险公司等；

（2）上述金融机构面向投资者发行的理财产品，包括但不限于银行理财产品、信托产品、投连险产品、基金产品、证券公司资产管理产品等；

（3）实收资本或实收股本总额不低于人民币五百万元的企业法人；

（4）实缴出资总额不低于人民币五百万元的合伙企业；

（5）合格境外机构投资者（QFII）、人民币合格境外机构投资者（RQFII）、符合国务院相关部门规定的境外战略投资者；

（6）除发行人董事、高级管理人员及其配偶以外的，名下各类证券账户、资金账户、资产管理账户的资产总额不低于人民币五百万元的个人投

[①] 与一般公司不同，商业银行发行优先股的目的在于补充一级资本，其条款必须符合《资本办法》有关其他一级资本工具的合格标准，根据《关于商业银行发行优先股补充一级资本的指导意见》和《优先股试点管理办法》等规定，商业银行发行优先股必须含有转股条款，从而使得当触发事件发生时，能立即转为普通股。

资者；

（7）经中国证监会认可的其他合格投资者。

四、优先股的信息披露

1. 发行披露

①董事会与股东大会决议

发行人应当分别在董事会和股东大会通过优先股发行决议之日起两个转让日内披露董事会、股东大会决议公告。

②发行说明书

发行人应当在披露董事会决议的同时，披露定向发行优先股说明书。

③公司章程的修改公告

股东大会审议修改公司章程中与优先股的相关内容，应当在召开股东大会的通知中列明公司章程的具体修改方案。

④发行结果公告

发行人办理股份登记前，应当与中国结算协商确定优先股转让公告的披露日。发行人在披露优先股转让公告的同时，应当披露优先股发行情况报告书，主办券商推荐工作报告和法律意见书。

⑤编制要求

发行人应当按照中国证监会《非上市公众公司信息披露内容与格式准则第5号》的规定：编制定向发行优先股说明书和发行情况报告书。

2. 持续信息披露

①定期报告

发行人披露定期报告时，应当按照《试点办法》等规定，披露优先股的有关情况。相关业务规则另行制定。

②临时公告

发行人应当参照挂牌公司信息披露的相关业务规则，及时披露对优先股转让价格产生较大影响的信息。

挂牌公司按照全国股份转让系统信息披露的相关业务规则，对重大事件发布临时公告时，如该重大事件对优先股价格或优先股股东权益可能产生较大影响的，应当在临时公告中予以专门说明。

③付息公告

优先股付息日前的两个转让日内，发行人应当披露优先股付息公告。完成股息支付后的两个转让日内，发行人应当披露优先股股东的利润分配情况。

④赎回/回购公告

发行人应当在满足优先股赎回条件或回购条件的两个转让日内，披露赎回或回购的提示性公告。赎回提示性公告中应当明确披露是否行使赎回权。发行人还应当在赎回期或回购期结束前至少发布三次赎回提示性公告（如决定行使赎回权）或回购提示性公告。公告中应当载明赎回或回购的程序、价格、付款方法、付款时间等。

优先股赎回或回购实施完成后，发行人应当披露优先股赎回或回购结果公告。

⑤特定事项表决权的通知

优先股股东按照法律法规和公司章程的规定，对股东大会审议的特定事项享有表决权的，发行人应当在召开股东大会的通知中予以提示。

⑥表决权恢复/终止公告

发行人累计三个会计年度或连续两个会计年度未按约定支付优先股股息的，应当在披露批准当年利润分配方案的股东大会决议的同时，披露优先股表决权恢复的提示性公告。公告应当载明优先股表决权恢复的起始期限、每股优先股享有的表决权比例等内容。

对于股息可累积到下一会计年度的优先股，发行人应当在其全额支付所欠股息后的两个转让日内，披露表决权恢复终止的提示性公告。对于股息不可累积的优先股，发行人应当在其全额支付当年股息后的两个转让日内，披露表决权恢复终止的提示性公告。

发行人出现公司章程规定的其他优先股表决权恢复情形的，应当参照相关规定发布提示公告。

⑦商业银行优先股转换公告

商业银行发行触发条件发生时强制可转换为普通股的优先股，应当在触发条件发生后的两个转让日内,披露优先股转换为普通股的提示性公告。转换完成后,应当披露股权结构的变动情况。

⑧可转换优先股的权益披露

投资者通过转让或其他方式取得可转换优先股达到该优先股发行总量的 20% 后,应在该事实发生之日起两个转让日内予以公告,同时报告全国股份转让系统并通知发行人;在上述期限内,不得再行买卖该发行人的优先股和普通股。

投资者持有的可转换优先股达到该优先股发行总量的 20% 后,其持有的优先股占该优先股发行总量的比例每增加或减少 10%,应当依照前述规定进行报告和公告;在披露公告后两个转让日内,不得再行买卖该发行人的优先股和普通股。

关于优先股的转让,《管理办法》规定:挂牌公司、注册在境内的境外上市公司依法在境内非公开发行的优先股,可以申请在全国股份转让系统转让。优先股的转让类似于债券的转让特点,以机构投资者持有到期为主,交易不是很活跃,以低频交易为主。

第四节　如何发行中小企业私募债券融资

一、中小企业私募债券的概念与特点

中小企业私募债券是指中小微型企业在中国境内以非公开方式发行和转让,约定在一定期限还本付息的公司债券。

早在 2011 年 10 月,证监会发布 29 号公告,宣布创业板上市公司可申请非公开发行公司债券,标志着中小企业私募债正式发端。然而,创业板企业并非真正意义上的"中小微企业",彼时监管部门和交易所也并未针对中小企业非公开发行债券做出制度性安排。2012 年 5 月,上海证券交易所发布了《上海证券交易所中小企业私募债券业务试点办法》,深圳证券交易所也在同月发布了《深交所中小企业私募债券业务试点办法》,

相关细则和指引也随后陆续发布。至此，符合《关于印发中小企业划型标准规定的通知》（工信部联企业〔2011〕300号）标准且未在证券交易所上市的中小企业才拥有了非公开发行债券的渠道。截至2012年12月31日，共有101只中小企业私募债起息发行（50只上交所中小企业私募债、45只深交所中小企业私募债以及6只深交所创业板私募债），共筹集资金118.56亿元。

2013年，中小企业私募债进入第二个年头，虽然历史不长，但发展规模却维持了较高的增速。当年共有208只中小企业私募债起息发行（101只上交所中小企业私募债、102只深交所中小企业私募债以及5只深交所创业板私募债），共筹集资金259.65亿元。

截至2014年7月底，中小企业私募债试点地域范围已经从最初的6个试点地区拓展到全国29个省（自治区、直辖市），上海、深圳证券交易所共接受683家企业备案申请，拟发行金额1251亿元，实际发行金额680亿元。

表3-11 中小企业私募债发行情况（2012~2013年）

私募债类型	2012年		2013年	
	发行只数	发行规模（亿）	发行只数	发行规模（亿）
上交所私募债	50	51.08	101	142.04
深交所私募债	45	51.98	102	109.41
创业板私募债	6	15.5	5	8.2
合　计	101	118.56	208	259.65

资料来源：万得资讯（WIND）。

与公开发行的企业债/公司债相比，中小企业私募债具有如下特点：

1. 发行主体门槛更低

中小企业私募债的监管机构为交易所，审核方式是较为宽松的备案制。发行主体定位为在境内注册未上市的符合工信部相关规定的非房地产、非金融类中小微企业。对发行人的净资产和盈利不作强制性要求；而企业债、公司债的发行主体多为上市公司、国有企业或者行业龙头企业，对其净资产和盈利状况有一定的要求。除此之外，中小企业私募债也不受发债规模不超过企业净资产40%的约束，对筹集资金用途也未做限制，发行条款及资金使用更为灵活。

2. 对投资者限制较少

投资人符合交易所规定的私募债权合格投资者资格后即可参与私募债的投资，包括：

（1）符合条件的机构投资者（商业银行、证券公司、基金管理公司、信托公司和保险公司等及其发行的理财产品等，注册资本不低于人民币1000万元的企业法人，合伙人认缴出资总额不低于人民币5000万元、实缴出资总额不低于人民币1000万元的合伙企业，经沪深交易所认可的其他合格投资者）；

（2）发行人的董事、监事、高级管理人员及持股比例超过5%的股东；

（3）承销商可参与其承销私募债券的发行认购与转让；

（4）自然人投资者（金融资产总计不低于人民币500万元，具有最近2年以上的证券交易成交记录，理解并接受私募债券风险并通过私募债券投资基础知识测试）。

3. 对评级和审计的规定较为宽松

公司债、企业债、中票短融等都有强制评级的要求，而中小企业私募债试点办法仅鼓励企业采取如担保、商业保险等增信措施，没有强制要求评级，备案时需提供经审计的最近两个完整会计年度的财务报告。

作为中小企业融资的一个渠道，部分新三板公司也通过发行中小企业私募债券获得融资。自2012年下半年起，多家新三板公司就相继披露过中小企业私募债融资方案，并付诸实施[①]。

允许新三板企业发行中小企业私募债，对挂牌企业而言，拓展了一个新的融资渠道，即除了股权融资的渠道外，挂牌企业还可以通过中小企业私募债的方式进行募集资金，募集资金渠道的拓宽是挂牌企业最大的利好；

---

① 已经发行私募债的新三板公司包括九恒星、鸿仪四方、中航新材、中海阳、联飞翔、华索科技和金硕信息等，但上述公司融资金额相差较大，多则上亿，少的仅有1000万。

同时，对于投资者而言，也提供了一个新的投资工具，丰富了投资品种。但是要在新三板市场推出中小企业私募债券，提高中小企业私募债的发行影响力及降低私募债的融资成本，必须结合新三板市场以及挂牌企业的特点制定相应的制度规则。

二、新三板中小企业私募债券发行的具体制度

（一）证监会层面《公司债券发行与交易管理办法》新规即将出台

2012年12月7日，中国证监会就《公司债券发行与交易管理办法》征求意见。

2007年8月，中国证监会发布《公司债券发行试点办法》（以下简称《试点办法》），启动公司债券发行试点，确立了公司债券发行监管的基本制度，服务实体经济的功能初步发挥。试点至今，《试点办法》部分规定已经不能满足实体经济需求和市场发展需要，亟须修订。

本次修订的指导思想是：按照党的十八届三中全会决定和国务院《关于进一步促进资本市场健康发展的若干意见》（国发〔2014〕17号）关于规范发展债券市场的总体目标，体现新一届政府简政放权、宽进严管的政府职能转变要求，适应债券市场改革发展的新形势，推动债券市场监管转型，提升债券市场服务实体经济的能力，同时加强市场监管，强化投资者保护。

修订后的《试点办法》更名为《公司债券发行与交易管理办法》（以下简称《管理办法》），主要修订内容包括：一是扩大发行主体范围。《管理办法》将原来限于境内证券交易所上市公司、发行境外上市外资股的境内股份有限公司、证券公司的发行范围扩大至所有公司制法人。二是丰富债券发行方式。《管理办法》在总结中小企业私募债试点经验的基础上，对非公开发行以专门章节作出规定，全面建立非公开发行制度。三是增加债券交易场所。《管理办法》将公开发行公司债券的交易场所由上海、深圳证券交易所拓展至全国中小企业股份转让系统；非公开发行公司债券的交易场所由上海、深圳证券交易所拓展至全国中小企业股份

转让系统、机构间私募产品报价与服务系统和证券公司柜台。四是简化发行审核流程。《管理办法》取消公司债券公开发行的保荐制和发审委制度，以简化审核流程。五是实施分类管理。《管理办法》将公司债券公开发行区分为面向公众投资者的公开发行和面向合格投资者的公开发行两类，并完善相关投资者适当性管理安排。六是加强债券市场监管。《管理办法》强化了信息披露、承销、评级、募集资金使用等重点环节监管要求，并对私募债的行政监管做出安排。七是强化持有人权益保护。《管理办法》完善了债券受托管理人和债券持有人会议制度，并对契约条款、增信措施做出引导性规定。

（二）证券业协会及股转系统规则层面

股转系统的私募债规则将以《管理办法》为上位依据，鉴于股转系统公司整体体量偏小，公开发行受制于净资产较小的限制对于挂牌公司而言实际意义不大。预计将首先推出私募发行制度，具体条款比较灵活，可附有转股、赎回及回购条款，更符合小企业融资特点。向符合《管理办法》规定的合格投资者进行发行，发行及交易环节投资者均不能超过200人。发行程序上由公司选择好交易场所后，向交易所预先进行交易申请，取得同意后进行发行后，发行完毕后向证券业协会进行事后发行数据备案即可。

在股转系统相关规则出台之前，有发债需求的公司可以先依据沪深交易所的中小企业私募债规则进行发行并在沪深交易所进行交易。目前，股转系统公司已发行或者拟发行中小企业私募债的公司如表3-12。

表3-12 股转系统公司已发行或者拟发行中小企业私募债的公司

编号	证券代码	公司简称	发行总额（万元）	债券承销券商	转让场所	票面利率
1	430056	中航新材	2000	中信建投	上交所	8.5%
2	430051	九恒星	1000	中信建投	深交所	8.5%
3	430119	鸿仪四方	2000	中信建投	深交所	8.0%

续表

编号	证券代码	公司简称	发行总额（万元）	债券承销券商	转让场所	票面利率
4	430074	德鑫物联	2500	申银万国	上交所	8.2%
5	430037	联飞翔	2000	中信建投	深交所	8.0%
6	430065	中海阳	10000	申银万国	上交所	8.5%
7	430263	蓝天环保	2000	宏源证券	上交所	8.5%
8	430032	凯英信业	1500	东海证券	深交所	8.0%
9	430289	华索科技	1000	东海证券	深交所	8.3%
10	430297	金硕信息	1000	华创证券	深交所	9.5%
11	430297	金硕信息	1000	华创证券	深交所	9.5%
12	430225	伊禾农品	20000	申银万国	深交所	
13	430738	白兔湖	7500	太平洋证券		
14	430119	鸿仪四方	3500	中信建投	深交所	
15	430707	欧神诺	8000	国金证券	上交所	
16	430065	中海阳	17000	申银万国	上交所	
17	831262	广建装设	3000	安信证券	深交所	11.0%
18	430274	重钢机械	3500	渤海证券	上交所	8.5%
19	830798	中外名人	12000	大通证券	深交所	
20	830916	公准股份	40000		深交所	
合计			140500.00			

（三）中小企业私募债券的转让和交易

在全国股份转让系统公司备案发行的私募债券，可以申请在全国股份转让系统进行转让。私募债券在全国股份转让系统进行转让的，发行人应当在其债券挂牌前，与全国股份转让系统公司签署债券转让服务协议，明确双方的权利、义务和有关事项。根据投资者持有特点，股转系统私募债交易以满足低频交易为目的，初期以协议转让为主要形式。

附件：广证恒生股权质押专题研究——股权质押为挂牌公司开辟融资新渠道[①]

随着新三板大扩容和多项重磅制度的颁布实行，新三板市场流动性大幅提升，新三板挂牌公司股权朝着市场化的定价演进。2014年股权质押热度陡升，为挂牌公司开辟新的融资渠道。

1. 新三板迎来大发展，股权质押热潮涌动

目前新三板挂牌公司可选的融资方式主要有股权融资和债务融资两类。股权融资主要是通过定向增发向特定对象筹集股权资金；而债务融资则是发行中小企业债或向银行贷款。债务融资的过程中通常涉及财产担保，而挂牌新三板赋予了股权更高的流动性和更市场化的估值，对利用股权作为质押标的提供了便利。

1.1 股权质押融资额大幅提升

2007年至2012年的6年时间里，新三板公司股权质押融资共44笔，2013年发生37笔，而2014年截至12月19日已有134笔，已远超以前年度总和。2014年5月是一个分水岭。1—4月每月质押笔数不超过10笔；5月是年内高峰，一共发生了22笔；5月后每个月发生股权质押稳定在12至15笔。由此可见，随着挂牌公司的数量增加和股权流动性的预期提升，股权质押的认可度得到极大的提升（见图1、图2）。

平均而言，股权质押融资发生在公司挂牌后的334天。其中的135笔股权融资发生在挂牌后一年内，占总股权融资案例笔数的62.79%。对这135笔股权融资的进一步细分，其中34笔在挂牌后100天内发生，发生在挂牌后的100天至200天之间有58笔。

2014年质押时间差更短。2014年12月19日前134笔股权质押中，77%的股权质押案例发生在挂牌后一年内，其中19%在100天内，37%在

[①] 广证恒生证券研究报告，袁季（首席策略分析师）、徐舜（高级分析师）、邱翼（研究员），数据支持：黄承琰、黄秀容，2014年12月23日。

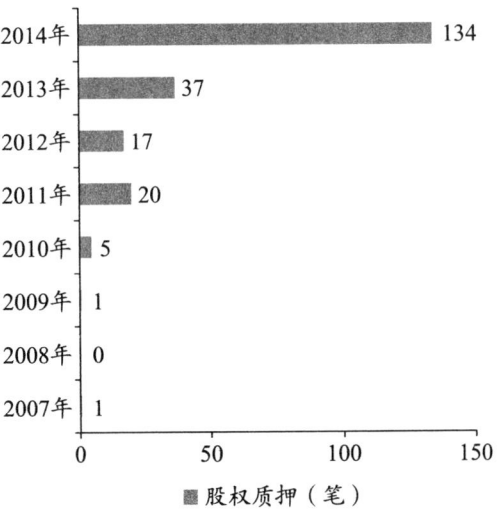

图1　各年股权质押笔数

资料来源：万得资讯（Wind）、股转系统、广证恒生。

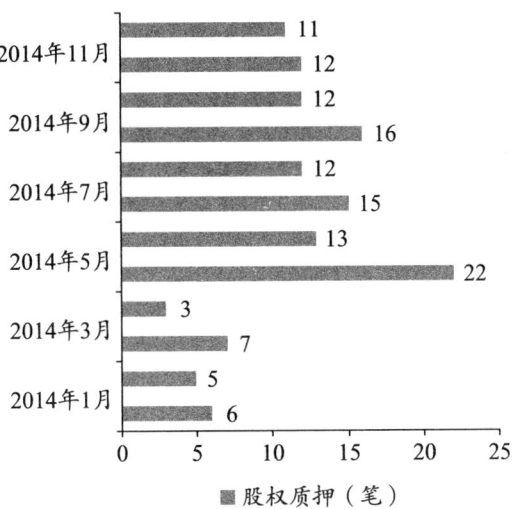

图2　2014年挂牌公司每月股权质押笔数

资料来源：万得资讯（Wind）、股转系统、广证恒生。

100天至200天内。质押日与挂牌日时间差渐小，说明挂牌后公司的股权价值能在短期内得到质权人认可，能较及时解决公司资金短缺和融资困难的问题。

与股权质押笔数增长相伴随的是股权质押股数也呈高速攀升趋势。2013年全年共质押31768万股，平均每笔质押859万股；而2014年（12月19日以前）已经质押了172540万股，平均每笔质押1195万股，除去12月由于九鼎投资单笔质押的70000万股导致当月平均质押股数高达7254万股，其余各月情况均衡且与2013年接近。

股权质押总融资额也有明显的提升。从2013年1月至2014年12月19日发生的全部171笔股权质押中，共有94笔披露了相应的融资额（或最高信用额度）。2014年77笔股权质押总融资额达到173819万元，平均每笔股权质押的融资额1849万元，与2013年每笔融资1931万元相近（见图3、图4）。

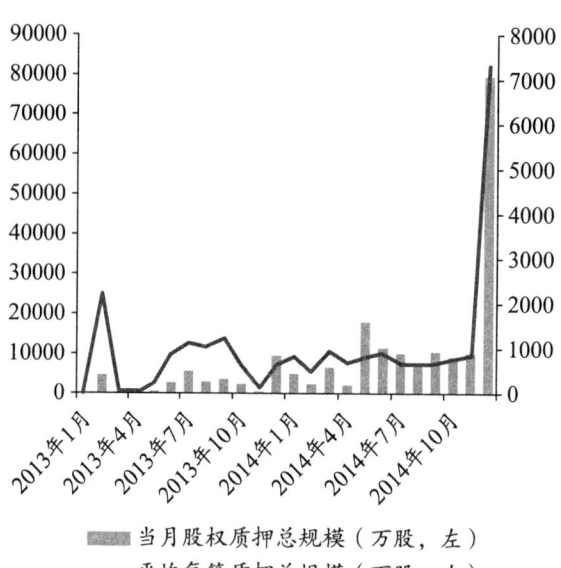

图3 质押规模

资料来源：万得资讯（Wind）、股转系统、广证恒生。

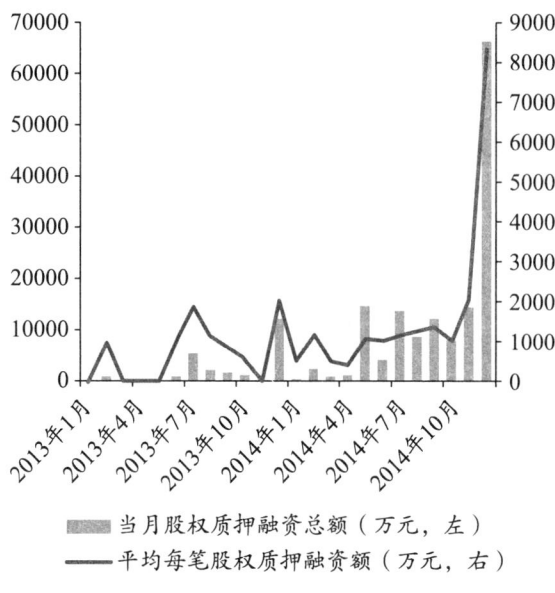

图 4　质押融资额

资料来源：万得资讯（Wind）、股转系统、广证恒生。

1.2　信息技术行业、轻资产公司受质权人青睐，财务指标影响度低

在 2013 年 1 月至 2014 年 12 月 19 日期间发生的 171 笔股权质押融资中，发生在信息技术、工业、材料三个一级行业的分别有 64 笔、46 笔和 18 笔，合共占总股权质押融资案例的 74.85%，所涉及的股权规模占总体 49.63%。以信息技术和工业、材料为主业的公司，目前备受股权质押市场的青睐，他们的偿债能力和股权变现能力备受看好（见图 5、图 6）。

新三板中各行业参与股权质押融资的热度不同，相应地各行业所获得的资金和股权质押率也有明显差异。根据公开的 87 笔融资额数据统计，虽然信息技术、工业、材料三大行业位列质押笔数前三，占据了过半数股权质押的融资额，但金融（细分后二级行业为多元金融）平均每笔融资额为 19900 万元，比排名第二的材料行业（2100 万元）高出 10 倍；医疗保健设备与服务以 297% 的股权质押率遥遥领先，紧跟其后的材料行业也只有 195%。

根据股权质押的相关统计数据，轻资产公司参与融资占据相当大比例。

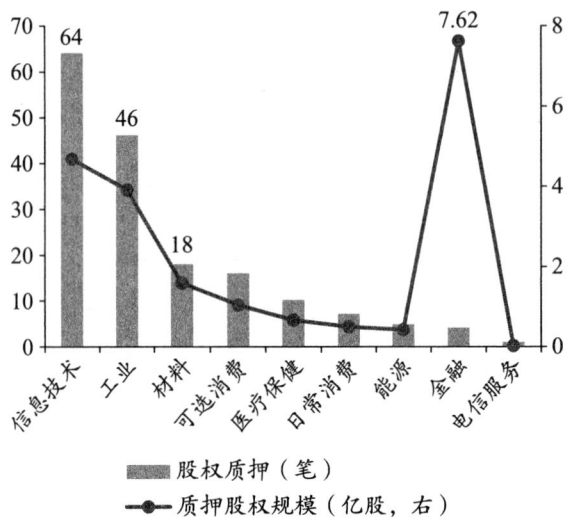

图 5　股权质押以信息技术公司居多

资料来源：万得资讯（Wind）、股转系统、广证恒生。

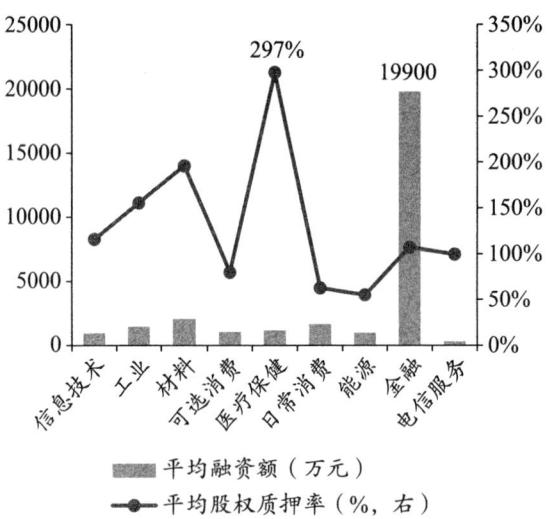

图 6　金融业获巨额投资，医疗保健质押率突出

资料来源：万得资讯（Wind）、股转系统、广证恒生。

以（固定资产＋在建工程）/总资产的衡量公司的重资产比例，在171笔股权质押中，重资产比例大于50%的仅有来自6家公司的12笔，仅占全部融资案例的7.01%。而重资产比例在10%以下的股权质押达到102笔，占全部融资案例的59.65%。

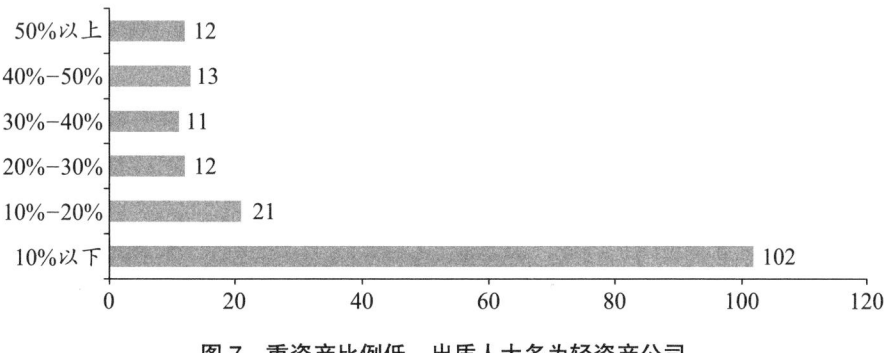

图7　重资产比例低，出质人大多为轻资产公司

资料来源：万得资讯（Wind）、广证恒生。

以上数据证明轻资产公司已逐渐被质权人和债权人认可。此类轻资产公司大多属于信息技术、可选消费等高科技或高附加值行业，公司资产的核心在于无形资产，人力资源也被视为重要的资产而非成本。而这类公司往往缺少一贯被作为抵押标的的固定资产，难以支撑其进行普通的抵押贷款。在新三板挂牌后，公司股权流动性增强，信息披露更充分，为股权的估值定价提供更全面的参考，也为未来的股权变现增加保障，股权质押成为这类公司融资谋求发展的新渠道。

对比分析进行股权质押融资的公司与新三板整体、未进行股权质押融资的公司的财务状况。数据显示，2014年间利用股权质押进行融资的公司的总资产、营业收入、净资产收益率（以下简称"ROE"）都低于整体水平和未质押的公司，净利润仅略高于另外两类样本。财务指标的高低表明，现阶段股权质押融资概念正逐步被市场接受，新三板挂牌公司的股权价值得到承认，不需要巨额的现期收入和雄厚资产作信誉背书。质权人对股权价值的认可，对处在成长期的新三板企业而言无疑是巨大的利好（见图8）。

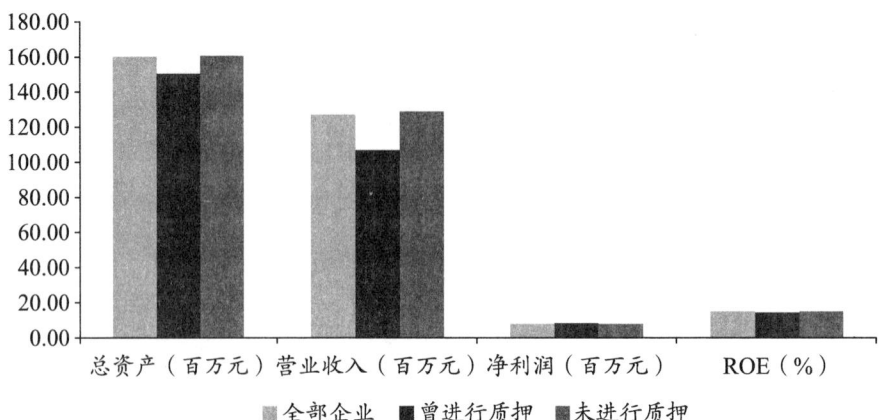

图 8　股权质押公司的总资产、营业收入和 ROE 较整体及未进行质押公司的低

资料来源：万得资讯（Wind）、广证恒生。

参考公司股权质押前最近一期年报或半年报[①]，2014 年年初以来，各质押股权的公司所实现的营业收入、净利润都在较小的范围内波动，并轻微下降；ROE 则表现较为明显的下降趋势。这表明新三板挂牌企业进行股权融资的收入门槛正逐步下降，将有利于更多的企业通过股权质押方式融资（见图 9）。

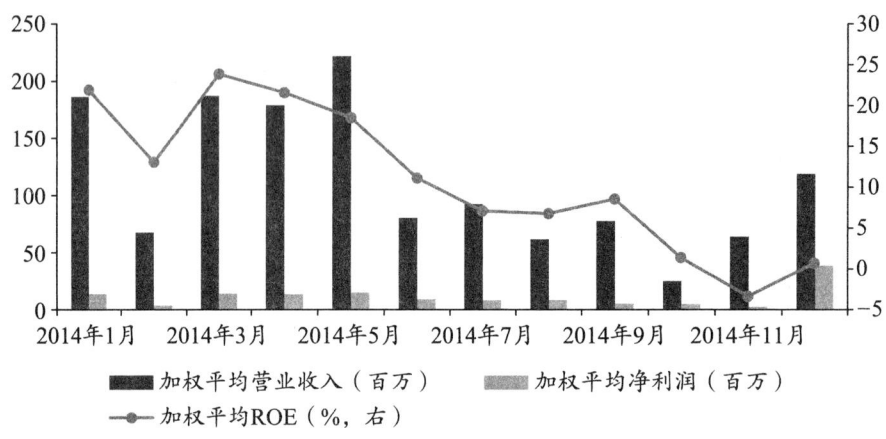

图 9　2014 年股权质押企业收入、净利润、ROE 整体下降

资料来源：万得资讯（Wind）、广证恒生。

---

① 2014 年 1 至 6 月的股权质押参考 2013 年 7 至 12 月财务状况，2014 年 7 至 12 月股权质押则参考 2014 年 1 至 6 月财务状况。

1.3 股权质押以直接方式为主，银行是主要玩家

在股权质押融资中，主要存在两种模式：其一是直接的质押融资，债权人受质出质人提供的股权，成为质权人，则整个融资交易中只涉及两方关系；其二是涉及反担保的质押融资，先是由担保公司等为债务人提供担保向债权人借款，然后债务人质押股权给担保公司提供反担保，整个融资交易涉及三方关系（见图10、图11）。

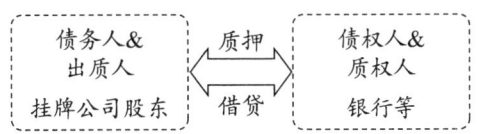

图 10　普通股权质押模式

资料来源：万得资讯（Wind）、股转系统、广证恒生。

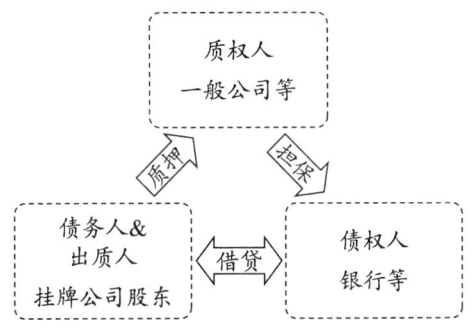

图 11　涉及反担保的股权质押模式

资料来源：万得资讯（Wind）、股转系统、广证恒生。

在171笔股权质押融资中，共有47笔属于反担保形式。融资担保公司为挂牌公司提供担保，向银行贷款；而挂牌公司股东则把股权质押给融资担保公司提供反担保。在新三板挂牌增加了公司股权的流动性，相应地也提高了融资担保公司承接挂牌公司股权质押融资业务的可能性。

统计数据显示，近两年的股权质押中，涉及反担保合同的越来越多，反担保方式借用融资担保公司的信用，帮助挂牌公司获得银行更高额贷款（见图12、图13）。

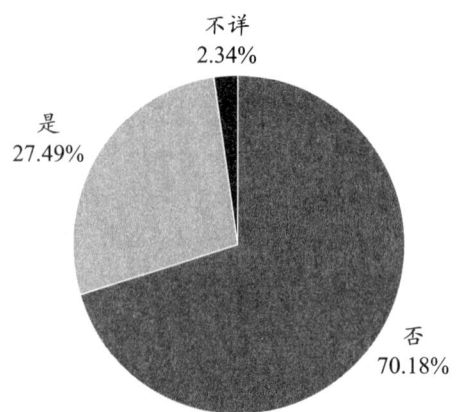

图 12　股权质押中反担保占 29.01%

资料来源：万得资讯（Wind）、广证恒生。

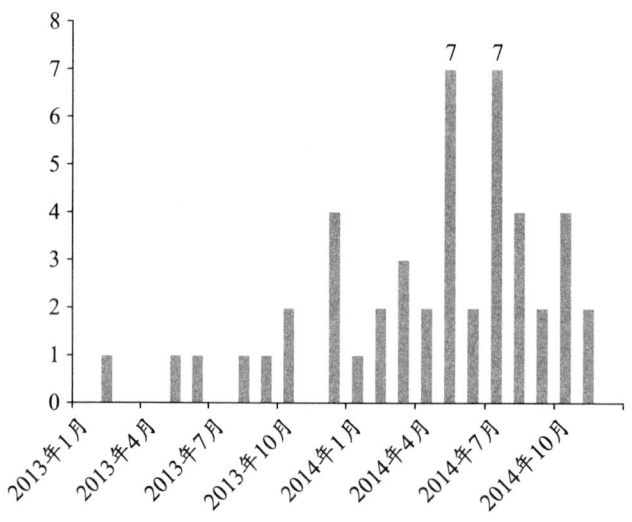

■ 涉及反担保的股权质押（笔）

图 13　反担保笔数逐步提升

资料来源：万得资讯（Wind）、广证恒生。

在债权人方面，受质新三板公司股权的过半数为银行，此外也有担保公司和小额贷款公司（下称"一般公司"）。根据挂牌公司进行股权质押时的交易方式对所有 171 笔股权质押的质权人统计后发现，仅有 3 笔股权质押融资发生在做市转让阶段，其中 2 笔质押给一般公司，1 笔质押给银行。协议转让标的股权的质权人以银行为主，共 87 笔占比 51.79%；其次为一般公司，共 65 笔占 38.69%；再次是个人，共 13 笔占 7.74%（见图 14）。

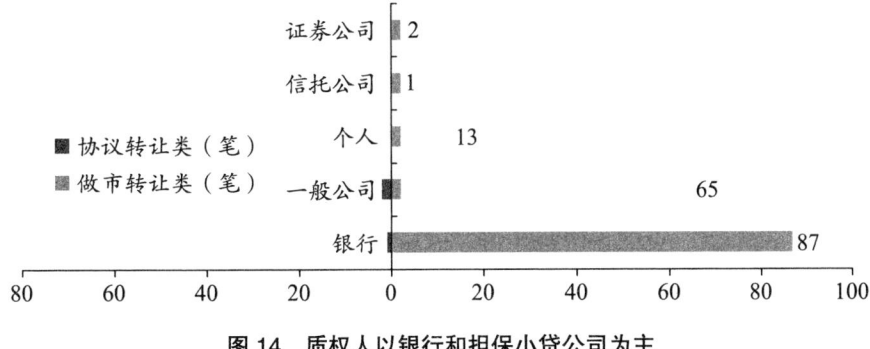

图 14　质权人以银行和担保小贷公司为主

资料来源：万得资讯（Wind）、股转系统、广证恒生。

根据公开的 87 笔融资额数据统计，银行作为质权人接受质押后，给予标的贷款金额平均为 2369 万元，大于一般公司提供的 1867 万元和个人提供的 972 万元。作为传统的贷款渠道，银行给予股权质押的单笔贷款额度仍较高。目前包括四大行在内的十几家银行已与股转系统签订协议，愿意为挂牌公司提供股权质押贷款服务，相信银行的优势仍将保持。

此外，三类质权人的股权质押率也有明显的差别。统计数据显示，银行认可的平均股权质押率为 104.40%，低于一般公司和个人认可的股权质押率；银行的股权质押率在 8.22% 到 440.00% 的范围内波动，相比另外两类质权人股权质押率最高最低间相差超过 100 倍不同，银行所认可的股权质押率只在较小范围内波动，且偏度很小。股权质押率是公司融资额与所质押股权的市值的比例。股权质押率的波动范围和偏度说明，银行在评估股权质押价值时相对稳定，质押股东可提前预测融资额度，以便确定合适的股权质押份额，有利于缩短整个谈判程序用时，及时融资以解其燃眉之急（见图 15）。

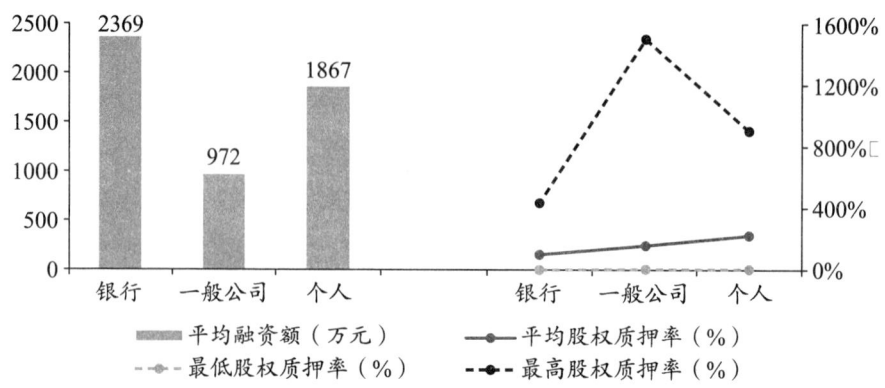

图 15　银行给予协议转让标的贷款额更高

资料来源：万得资讯（Wind）、股转系统、广证恒生。

数据还显示，无论股权质押是否属于反担保，银行都是最主要的债权人，其参与股权质押的笔数遥遥领先于其他类型的债权人。现阶段，银行提供的债务融资依然是中小企业发展不可或缺的资金来源。挂牌新三板赋予中小企业股权流动性和经营透明度，相信对提高银行贷款热情起到不小作用（见图表16）。

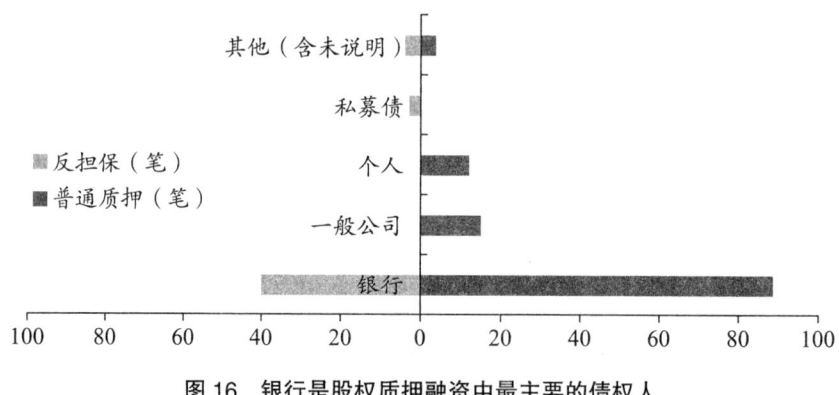

图 16　银行是股权质押融资中最主要的债权人

资料来源：万得资讯（Wind）、广证恒生。

2. 定价可参考相对价值法，重点考虑行业特征

2.1　股权质押估值常用的三种方法

股权质押融资的核心是对股权标的进行估值。通用的股权估值

方法包括三种：资产基础法、相对价值法、收益折现法，具体对比见表1。

表1 资产基础、相对价值和收益折现是主板常用估值方法

类型	主要参考项目	估值过程	适用对象
资产基础法	资产负债表的资产项目	直接计算公司资产的重置成本或清算价值	资产体量大、公允价值可得且相对稳定
相对价值法	资产负债表的资产、利润表的销售额、净利润等项目	先计算同行业相近规模公司的估值与参考项目的比值，再以比值乘标的公司具体项目价值	同行业能找到合适配对公司，要求规模和业务结构相似，所处发展阶段相近
收益折现法	利润表的净利润、可分配利润、各项费用、现金流量表的经营活动现金流量等项目	先预测未来几年的收益和现金流，再选取合适的折现率，计算收益现值	经营较稳定，收益现金流可估；投资和融资可预期，异动不大

资料来源：互联网、广证恒生。

2.2 相对法是更适合新三板公司质押股权的估值方法

一方面，新三板公司体量小、资产轻，大多尚处于成长初期，经营波动性较大；另一方面，新三板公司挂牌后股权有了一定的流动性。所以相对估值法较为适宜。以下根据公开融资额的87笔股权质押融资数据，分析新三板公司股权质押的定价规律。需要注意的是，87笔股权质押的挂牌公司均以协议转让方式进行交易。

在这87笔交易中，股权质押率均值为136.70%，分布于8.22%至1500%之间。其中55笔（占63.22%）的融资额与所质押股权市值的比值在0至100%之间，即质押市值100万的股权，能获得最高100万元的贷款额度。另外分别有20笔的股权质押率在100%-200%之间。

分行业看，医疗保健行业的平均融资额/营业收入最高，达到258.93%。该行业共有7笔股权融资质押，其中高于整体均值的是先大药业（430730.OC），其今年两笔融资股权质押率分别是250%和1333.33%（见图表17）。

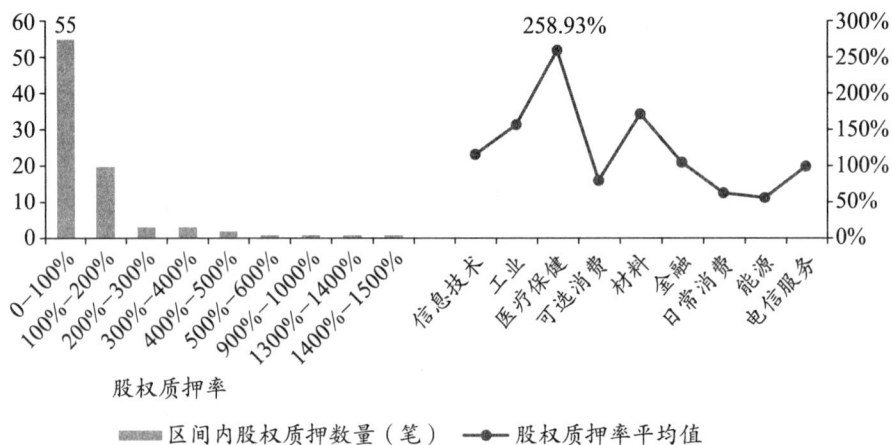

图17 超八成质押的股权质押率小于200%，医疗保健最高

资料来源：万得资讯（Wind）、股转系统、广证恒生。

87笔交易中，融资额/总资产均值是0.70，分布于0.07至7.20之间。其中53笔（占60.92%）的融资额/总资产比值在0至0.5之间，即质押股权对应公司100万资产，贷款额度在50万以内。另外分别有18笔和10笔的融资额/总资产在0.5–1和1–1.5之间。

医疗保健行业的平均融资额/总资产最高，达到1.44。该行业共有7笔股权融资质押，其中高于总体平均值的有3笔，分别是先大药业（430730.OC）的融资额/总资产比值7.20和1.35，和新眼光（430140.OC）的融资额/总资产比值0.78（见图18）。

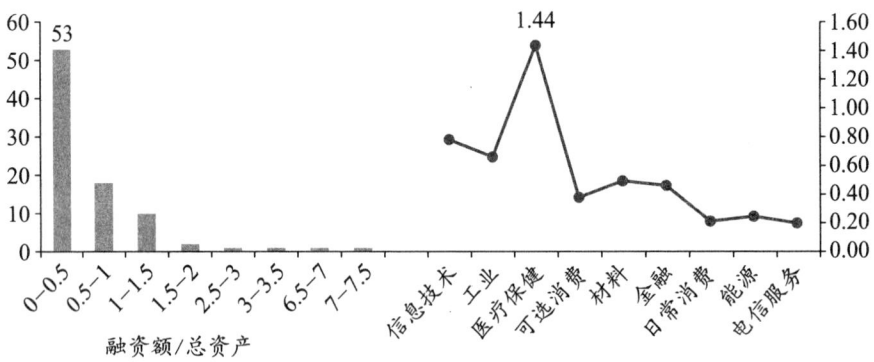

图18 过半数质押的融资额/总资产分布于0–0.5，医疗保健最高

资料来源：万得资讯（Wind）、广证恒生。

87 笔交易中，融资额/营业收入均值是 3.52，分布于 0.25 至 45.49 之间。其中 65 笔（占 75.41%）的融资额与融资前半年营业收入的比值在 0 至 3 之间，即质押股权对应公司最近半年的 100 万营业收入，所能获得最高贷款额度为 300 万。另外分别有 11 笔和 3 笔的融资额/营业收入在 3 至 6 和 6 至 9 之间。

金融行业的平均融资额/营业收入最高，达到 14.77。该行业共有 3 笔股权融资质押，其中鑫庄农贷（830958.OC）今年 10 月 30 日以 6.50% 股权对应前半年 194 万收入，得到 4000 万贷款额度，融资额/营业收入比值为 20.58；最近一笔始于 2014 年 12 月 4 日的质押，融资额/营业收入比值为 3.57，接近平均值。九鼎投资（430719.OC）则以 0.23 亿收入获得 5.32 亿贷款，融资额/营业收入高达 23.60（见图 19）。

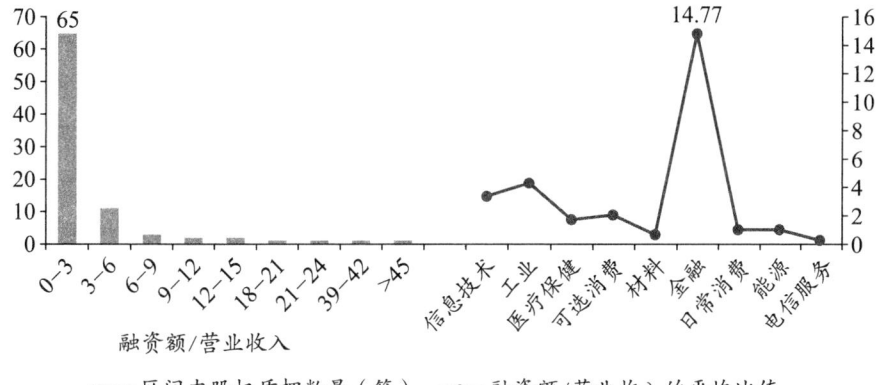

图 19　大部分质押的融资额/营业收入分布于 0–3，金融业最高

资料来源：万得资讯（Wind）、广证恒生。

87 笔交易中，融资额/净利润均值是 56.44，分布于 –472.71 至 4365.79 之间。其中 64 笔（占 73.56%）的融资额与融资前半年净利润的比值在 0 至 50 之间，即质押股权对应公司最近半年的 100 万营业收入，所能获得最高贷款额度为 5000 万。另外分别有 10 笔和 4 笔的融资额/净利润在 –50 至 0 和 50 至 100 之间。

工业的平均融资额/净利润最高，达到 140.82。该行业共有 27 笔股权融资质押，其中博朗环境（430050.OC）今年2月26日以8.74%股权对应前半年0.44万元净利润，得到1900万贷款额度，融资额/净利润比值高达4365.79。其余融资额/净利润高于40的分别是49.32、46.04和42.03，来自平原非标（830849.OC）、诺文科技（430745.OC）和差旅天下（430578.OC）（见图20）。

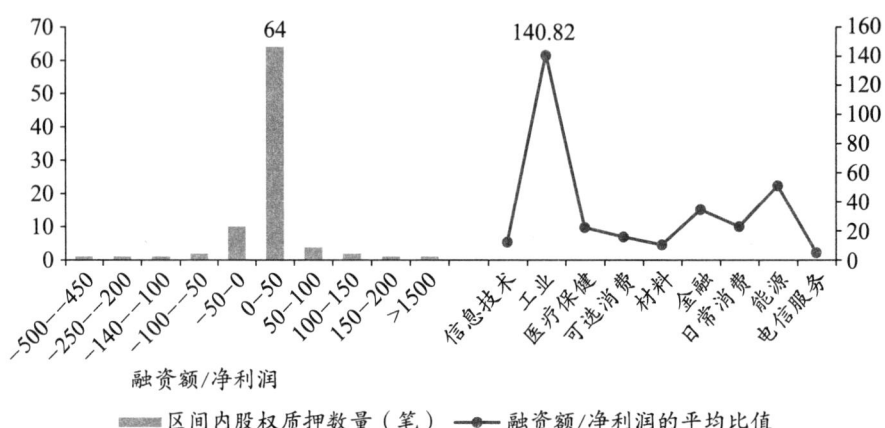

图20 过半数质押的融资额/净利润分布于0-50，工业最高

资料来源：万得资讯（Wind）、广证恒生。

从分行业的数据来看，各行业的相对指标均在一定范围内集中分布，体现出一定的行业特征，说明估值时可参考协议转让标的所在行业的平均水平，继而确定该笔质押的贷款额度。

2.3 新眼光股权质押定价模型：Pn=c*P

据上海大学悉尼工商学院和上海杨浦区金融服务办公室合作的《"新三板"企业股权质押的定价和应用》一文，我们整理了新眼光（430140.OC）在今年年初质押贷款案例的定价过程。2014年1月20日，新眼光发布公告称，公司的控股股东汤德林质押160万股非限售流通股，占公司总股本12.55%。质押股份用于银行贷款，补充公司流动资金。质押权人为上海浦东发展银行股份有限公司杨浦分行（见图21）。

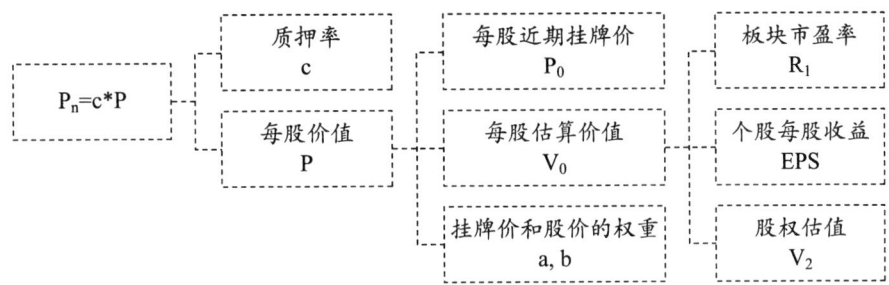

图表 21　新眼光估值模型：Pn=c*P

资料来源：《"新三板"企业股权质押的定价和应用》、《价格理论与实践》、广证恒生。

➢ 质押率 c

质押率以资本市场流动性为依据，常规用法沪深 300 指数成分股不超过 50%，非沪深 300 指数成分股不超过 40%，创业板不超过 30%；因此设定新三板股权质押率在 25% 以下。新眼光估值使用的是 25%。

➢ 每股近期挂牌价 P_0

选取新眼光 2013 年 12 月底收盘价，P_0 为 13 元。

➢ 每股估算价值 V_0

V_0 是两种估值结果的平均数。第一种估值参考板块平均市盈率和个股每股收益，参考 2013 年新三板总体平均市盈率，R_1 取值 20 倍；参考 2013 年半年报及年报，EPS 取值 1.32 元，故 V_1 是 26.40 元。第二种估值参考定向增发价格，取公开报告价格 6.89 元为 V_2。综上求得 V_0 结果为 16.65。

➢ 挂牌价和股价的权重 a，b

为兼顾市场认可价格和企业内在价值，在 a+b=1 的条件下，权重 a 和 b 均取 0.5。

➢ 每股质押价格 P_n

综上求得 P=14.83，得到 P_n 取值 3.71，完成每股价值评估。新眼光控股股东质押的 160 万股，对应的定价总额为 593.6 万元。

3.约定回购与附加担保是可行的风控方式

3.1　股价下跌和流动性低是主要风险点

股价下跌是质权人面临的首要风险。

股价下跌一方面来自于挂牌公司本身。新三板公司大多处于成长阶段，收入规模小且不稳定；且多涉及高科技研发，研发项目投资收益较难准确控制。公司经营缺乏成熟的商业模式和稳健的持续增长作为支撑，抗经营风险、财务风险的能力相对较弱。一旦公司遭遇经营危机，所质押的股权很可能出现大幅下跌，在不增加质押股份的情况下，质权人的利益立即受到损害。

股价下跌另一方面可能来自于市场整体的风险。目前国内股票市场走势良好，但依然要注意提防市场整体下跌的系统风险；且新三板扩容至今只有一年时间，制度建设尚在逐步完善，新三板整体成熟度有待提升，股价易受外界环境变化影响。

高流动性是股权价值的重要背书。目前新三板公司股权的流动性相对于上市公司依然有较大的差距。从2014年1月1日至12月19日，新三板挂牌公司平均换手率只有5.39%，近半年逐渐呈现稳定上升趋势。但高流动性只属于少数几家公司，如多次蝉联成交榜首位的九鼎投资。截至12月19日，超过85.71%的公司股权年内累计换手率不足10%；只有44只股票年内累计换手率在50%以上，仅占全部挂牌公司的2.90%（见图22）。

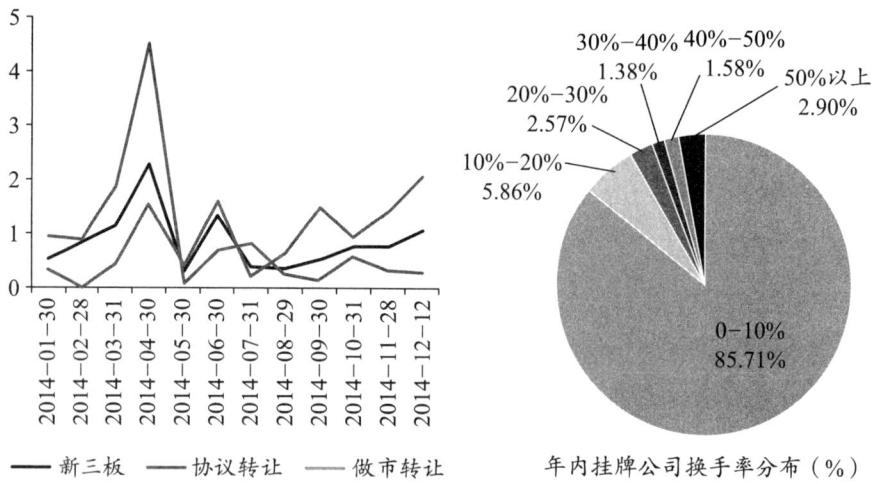

图22 新三板月均换手率缓慢上升，高流动性标的仍罕见

资料来源：万得资讯（Wind）、广证恒生。

3.2 约定回购和附加担保是新三板现有的风控方法

新三板公司较少公告风险控制条款。近两年共发生的171笔股权质押融资中，只有7笔公告了所采用的风险控制手段和具体条款。其中6笔为附加其他形式的担保，包括连带保证和财产抵押；1笔提及质押期间收益分配和约定回购条款。

3.2.1 约定回购期限

春秋鸿转让51.81%股份收益权，向恒泰证券融资1000万元，期间支付管理费和股份收益权溢价款，双方约定最迟18个月后需全部回购，并质押相应股权做担保。

春秋鸿（831051.OC）主要业务包括广告、电视剧、电影和明星经纪，其中广告又细分为传统广告、娱乐行销、体育行销三大板块。娃哈哈、蒙牛、《长江7号》、《赤壁》、中超联赛等都是公司广告业务的客户，公司多次被评为中央电视台十佳广告代理商。公司投资（或参与投资）的《天下无贼》、《战雷》等电视剧、《长江7号》、《赤壁》等电影，以及代理发行的电影《暮光之城4》都取得了优异的成绩。2014年8月21日春秋鸿在新三板挂牌，协议转让方式交易，挂牌至今未有成交。

2014年11月24日，公司发布公告称控股股东、公司董事长刘岩向恒泰证券转让其持有的860万限售股（占公司总股本51.81%）的收益权，融资1000万元全部用于电视剧《特殊的较量》的拍摄制作。恒泰证券拟设立春秋鸿股份收益权定向资产管理计划，存续时间以18个月为限。作为担保，春秋鸿把收益权对应的860万限售股质押给恒泰证券。本次融资方案的股权质押率为116.28%，稍低于新三板平均水平（见图23）。

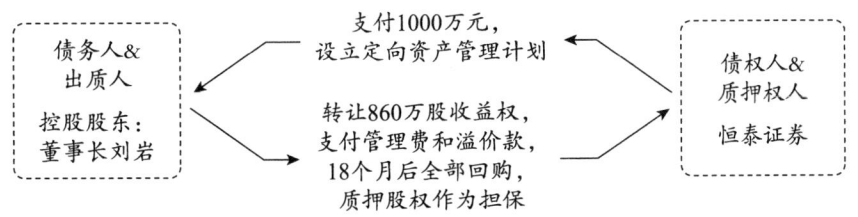

图23 春秋鸿转让51.81%股份收益权，约定18个月回购

资料来源：万得资讯（Wind）、春秋鸿、广证恒生。

关于存续期间的费用,春秋鸿应:(1)于定向计划成立后,一次性支付18个月的管理费和托管费;(2)于定向计划存续期间,每3个月支付一次股权溢价款。双方还订立了股份收益权的回购条款:(1)于定向计划期满18个月后,春秋鸿需回购所转让全部的股份收益权;(2)于定向计划成立满6个月后,经双方协商一致,可申请提前回购剩余的股份收益权。

3.2.2 连带保证和财产抵押

表22 含附加担保的8笔股权质押融资

证券代码	证券简称	所属行业	涉及反担保	质权人类型	债权人类型	融资额(万元)	附加担保
430147.OC	中矿龙科	信息技术	否	银行	银行	800	股东个人连带保证
430209.OC	康孚科技	工业	否	银行	银行	1800	股东个人连带保证
430279.OC	华安股份	信息技术	否	银行	银行	400	实际控制人的房产
430279.OC	华安股份	信息技术	否	银行	银行	600	实际控制人的房产
430730.OC	先大药业	医疗保健	是	一般公司	银行	1000	其他公司的房产及原材料
830795.OC	骏汇股份	可选消费	否	银行	银行	500	子公司的机械设备
830867.OC	全华光电	信息技术	否	银行	银行	300	董事个人的房产
830910.OC	安证通	信息技术	否	一般公司	一般公司	/	软件著作权两项

资料来源:万得资讯(Wind)、股转系统、广证恒生。

到期不偿还贷款时先执行质押股权,再行使保证权或抵押权。股东个人提供的连带保证,在债务到期时先执行其所质押的公司股权,当股权变现价值不足清偿时由股东继续承担补充清偿责任。当质押股权的新三板公司不履行到期债务,债权银行应先处分所质押的股权,不足清偿时有权就附加抵押的房产、设备或原材料优先受偿。

3.2.3 其他可行的方式

➢ 签订补充质押条款

为控制股价下滑给质权人造成损失的规模,目前在接受主板公司股权质押时,质权人一般会要求签订补充质押条款。条款将规定,当股价下跌到特定范围时,股东必须增加质押股权份额,以维持质押标的总价值;或直接清偿该笔贷款,提前解除借贷合同。

➢ 提高股权流动性

新政策新渠道促进新三板股权流通。做市交易制度一定程度上活跃了市场,预期2015年推出的竞价交易将要求挂牌公司股权充分分散,有望更进一步提升市场交易热情。此外,转板和并购重组也可被长线投资者视为另一类的流动性体现,也为股权质押后的变现提供了更多可能。

第四章 新三板市场交易

自2013年12月新三板扩容以来，每月新增的挂牌企业数量都保持在两位数以上的增长。同时，伴随着新三板交易机制的丰富，其流动性也较以往有了很大提升。从流通情况来看，截至2014年12月30日，新三板总股本为658.35亿股，比2013年底增长577.52%；流通股本为236.88亿股，比2013年底增长508.16%。从成交情况来看，2014年，新三板市场的成交额达130.39亿元，比2013年全年增长1501.53%，换手率由2013年的4.47%增长至19.47%。新三板的流动性已经逐步显现。

2014年以来，《全国中小企业股份转让系统做市商做市业务管理规定（试行）》、《全国中小企业股份转让系统股票转让方式确定及变更指引（试行）》等政策相继发布，意味着新三板的挂牌企业可以改变以往的交易方式，自主选择采取协议转让、做市转让或者竞价转让的方式。随着做市商制度以及竞价制度的出台，不断丰富的交易制度将大大提升新三板的市场流动性与估值水平。本章将对新三板交易制度的现状进行介绍，并进一步详细分析新三板涉及的三种股票转让方式。

第一节 新三板交易方式简介

新三板交易制度指的是在全国中小企业股份转让系统中对转让方式、登记、结算等一系列制度的要求。相比于"代办股份转让系统"时代的交易制度而言，新三板的交易制度有了大幅优化，而且目前还在逐步实施与完善之中。

一、全国股转系统三种转让方式介绍

为完善市场定价功能，改善市场流动性，新的交易制度并行实施做市、协议和竞价三种转让方式，挂牌公司只要符合相应条件，就可以在三种转让方式中任选其一作为其股票的转让方式。

（一）协议转让方式

全国股份转让系统协议转让方式在原中关村试点期间的协议转让方式基础上形成的，有单向报价点击成交和互报成交两种协议转让方式，并做了如下调整：一是单笔报价委托股数最低数量从 30000 股调整为 1000 股；二是增加收盘前未成交定价申报自动匹配功能，对于价格相同、方向相反的投资者定价委托，如果投资者未在规定时间内完成人工点击成交确认，系统将在收盘时进行自动匹配成交；三是结算模式调整为多边净额担保交收，即由中国登记结算公司为挂牌公司股票转让提供净额担保交收服务，当日收盘后进行清算并办理股票过户和资金簿记处理，次日完成资金交收。

（二）竞价转让方式

股票竞价转让采用集合竞价和连续竞价两种方式。集合竞价是指对一段时间内接受的买卖申报一次性集中撮合的竞价方式。连续竞价是指对买卖申报逐笔连续撮合的竞价方式。全国股份转让系统竞价转让方式基本沿用沪深交易所、特别是深交所的竞价交易制度。主要有如下特点：

第一，投资者可以采用限价委托方式委托主办券商买卖股票，暂不允许市价委托。

第二，对股票转让不设涨跌幅限制，但对申报设置有 20% 的有效价格区间，即开盘集合竞价的申报有效价格区间为前收盘价的 20% 以内浮动。连续竞价、收盘集合竞价的申报有效价格区间为最近成交价的 20% 以内浮动；当日无成交的，申报有效价格区间为前收盘价的 20% 以内浮动。挂牌后无成交的股票，对申报不设置有效价格区间。

第三，将深交所 3 分钟的收盘集合竞价时间延长为 5 分钟。

（三）做市转让方式

当前，全国股份转让系统价格发现、投融资、转板机制等功能未能有效发挥，一个重要原因在于市场定价功能以及信息引导功能的缺失，最为根本的是交易不活跃对于市场功能的限制。对比美国全美证券交易商自动报价系统（NASDAQ）、美国场外柜台交易系统（OTCBB）以及台湾兴柜市场的成功经验，做市商交易制度在激活市场流动性上起到了立竿见影的效果。

做市商制度作为全国股份转让系统的核心制度，流动性、价格发现和市场稳定是其存在的基本价值：一是改善股票流动性，提高交易活跃度。做市商通过履行双边报价义务，不断向投资者提供股票买卖价格、接受投资者的买卖要求，充当流动性提供者，这大幅缩短了交易者等待交易的时间成本，更能避免因为买卖双方供需不平衡而导致交易中断，能够增强市场流动性、保证市场成交活跃；二是完善全国股份转让系统价格发现功能。多个做市商对同一只股票的竞争性报价，将促使做市商不断提高自身研究能力和缩小报价价差，有利于形成连续价格曲线，发掘企业内在价值。

以做市商制度为核心的场外市场交易制度演进过程如图 4-1 所示：

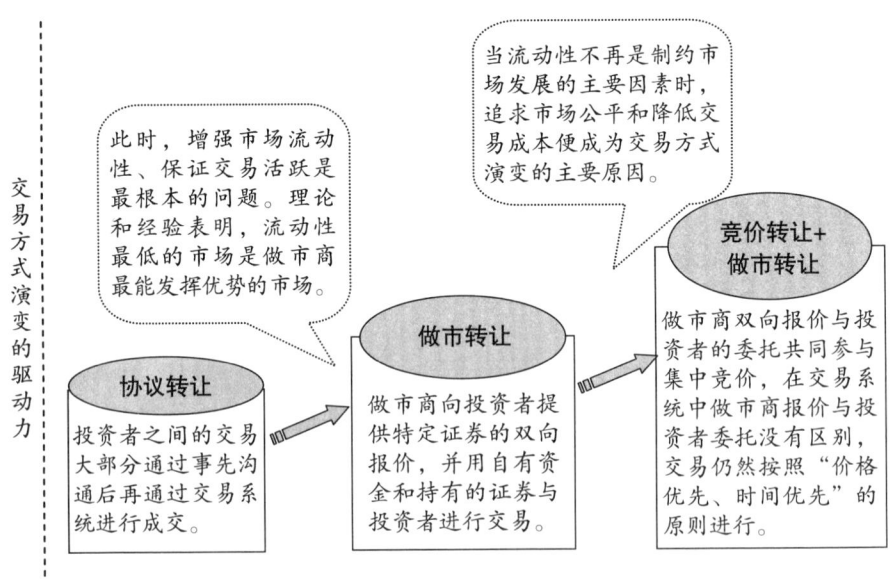

图 4-1　场外市场交易制度演进过程及一般规律

例 子	老三板	台湾兴柜市场	全美证券全自动报价系统（NASDAQ）等
适用情况	市场建设初期	流动性较差的市场	适用范围更广
价格形成机制	买卖双方自主协商确定价格并报券商成交确认	做市商提供买卖双边报价	所有投资者买卖指令集中到交易所，交易所系统按照时间优先、价格优先原则进行撮合成交
优势	交易保密性高	促进证券估值 提高市场流动性 稳定市场 实现公司分化	市场透明度高 市场相对公平 交易成本低
劣势	交易成本高 不能形成连续价格曲线 透明度低	市场透明度低 交易成本高 市场公平性低	对市场流动性要求高 做市商积极性低
券商盈利方式	经纪商获得佣金	双向报价价差	1. 经纪商获得佣金；2. 自营商获得买卖差价；3. 做市商获得价差收入
监管	监管难度小	监管难度大	监管难度低

图4-1（续） 场外市场交易制度演进过程及一般规律

全国股份转让系统实行混合竞争型交易模式[①]，股票转让可以通过协议方式、做市方式和竞价方式。其中做市转让方式采取竞争性传统做市商制度，指由具备一定资金实力和市场信誉的机构，向投资者提供特定证券的双向报价，并用自有资金和持有的证券与投资者进行交易，投资者无论买入还是卖出股票，都只能与做市商成交，投资者买卖双方不能直接交易。而履行与投资者成交义务的证券公司或其他机构就是做市商。

二、证券代码、证券简称编制

全国股份转让系统证券代码采用六位数的数字型编制方法。证券代码

---

① 混合型的交易模式是指交易所对一部分股票采用传统做市商制度；而对另外一部分流动性较好的股票采用竞价交易制度，两种模式互不干涉。如伦敦证券交易所就是采用了这种平行混合的交易方式。

的编制原则上应当在所属证券品种区间内，不得与全国股份转让系统已挂牌证券代码、境内交易所上市证券代码重复。

证券简称应参考发行人名称、所属证券品种编制，不得超过八个字符（单字节字符），且应尽量避免重复。

表 4-1 全国股份转让系统证券代码、证券简称编制方法

	证券代码首 x 位 （6 位数字）	证券简称（不超 8 个字符）
挂牌公司普通股	83、87、88	原则从公司名称选取
挂牌公司优先股	82	
两网及退市 A 股	400	末位字符：每周转让天数的数字
退市公司 B 股	420	后 2 字符为：B+ 每周转让天数的数字
退市公司既有 A 股又有 B 股	后三位相同	
退市公司纯 B 股公司内资股	400，后三位与该公司 B 股代码同	前 6 字符取自 B 股股票简称，后 2 字符为"内"
股权激励期权	850	首四个字符从证券简称中选取，后四位按期数依次为 JLC1、JLC2……
要约收购	840	首四位从简称中，后四位为"收购"

例如：退市公司上海水仙电器，既有 A 股又有 B 股，A 股代码为 400008，B 股代码为 420008，即其后三位数字相同，都为 008。证券简称分别为水仙 A3、水仙 B3，A、B 表示其为 A 股或 B 股，数字 3 表示该股票每周转让天数为 3 天。

三、结算安排

新三板的结算方式采用的是多边净额担保交收模式。即由登记结算公司为挂牌公司的股票转让提供净额担保交收服务，当日收盘后进行清算并办理股份过户和资金簿记处理，次日完成资金交收。

表 4-2　新三板交易规则比较

		新三板	创业板	中小板
交易	转让方式	协议转让，竞价转让，做市转让	集合竞价+连续竞价	集合竞价+连续竞价
	最小申报单位	1000股	手（100股）	手（100股）
	涨跌幅	不设涨跌幅	10%	10%
	单笔申报最大数量	100万股	100万股	100万股
	委托方式	主办券商代为办理	通过券商，自助委托	通过券商，自助委托
结算	结算方式	多边净额担保交收模式或其他清算交收服务	T+1交收，净额结算，货银对付，结算参与人担保交收	T+1交收，净额结算，货银对付，结算参与人担保交收
	股份账户	深交所证券账户	深交所证券账户	深交所证券账户
	资金账户	银行资金账户	银行资金账户	银行资金账户

注：在中国证券登记结算公司为新三板单独设立证券账户之前，目前投资者暂时还是要用深圳证券账户作为新三板的股份账户，只需开通新三板交易权限即可。

四、转让方式的确定与变更

为明确全国中小企业股份转让系统股票转让方式的确定、变更以及做市商加入退出等相关事宜，全国股转系统公司于2014年7月3日发布实施《全国中小企业股份转让系统股票转让方式确定及变更指引（试行）》(以下简称《指引》)，《指引》对新三板三种转让方式有不同的要求，在新三板挂牌的公司可以根据自身条件自主选择其中一种转让方式。股票在全国股转系统挂牌前，申请挂牌公司应当确定股票转让方式。

表 4-3　不同转让方式的要求

转让方式	要　求
协议转让	没有过多要求，只需提交全国股份转让系统公司要求提交的材料。

续表

转让方式	要　求
做市转让	1. 应当有 2 家以上做市商同意为申请挂牌公司股票提供做市报价服务，且其中一家做市商为推荐该股票挂牌的主办券商或该主办券商的母（子）公司； 2. 做市商合计取得不低于申请挂牌公司总股本 5% 或 100 万股（以孰低为准），且每家做市商不低于 10 万股的做市库存股票； 3. 全国股份转让系统公司规定的其他条件。
竞价转让	应当符合全国股份转让系统公司规定的条件，具体条件由全国股份转让系统公司另行制定。

注：现阶段，由于竞价转让方式的相关条件尚未明确，挂牌公司股票实际上可以选择的只有协议转让方式和做市转让方式。考虑到竞价转让方式的实施需要一定的市场积累和技术准备，竞价转让的实施条件、竞价转让方式的确定及有关变更要求，将由全国股份转让系统公司另行制定。按照现有规定，挂牌公司提出申请并经全国股份转让系统公司同意，可以变更股票转让方式。

表 4-4　变更转让方式的有关规定

协议转让方式变更为做市转让	1. 有 2 家以上做市商同意为该股票提供做市报价服务，并且每家做市商已取得不低于 10 万股的做市库存股票； 2. 全国股份转让系统公司规定的其他条件。
做市转让方式变更为协议转让	1. 挂牌公司应事前征得该股票所有做市商认可并经本公司同意。 2. 全国股份转让系统公司规定的其他条件。
做市转让强制变更为协议转让	做市商不足 2 家，且未在 30 个转让日内恢复为 2 家以上做市商的，如挂牌公司未提出变更申请，其转让方式将强制变更为协议转让方式。

五、股票转让方式一般规定

（一）转让时间

挂牌公司股票转让时间 9：16-11：30、13：00-15：00。转让时间内因故停市，转让时间不作顺延。

（二）申报价格最小变动单位

股票转让的计价单位为"每股价格"。股票转让的申报价格最小变动单位为 0.01 元人民币。按成交原则达成的价格不在最小价格变动单位范围内的，按照四舍五入原则取至相应的最小价格变动单位。

（三）申报单位

买卖挂牌公司股票的申报数量应当为 1000 股或其整数倍。卖出股票时，余额不足 1000 股部分，应当一次性申报卖出。

（四）单笔申报数量上限

股票转让单笔申报最大数量不得超过 100 万股。

（五）涨跌幅限制

全国股份转让系统对挂牌公司股票转让不设涨跌幅限制。

（六）回转交易

投资者买入的挂牌公司股票，买入当日不得卖出；做市商做市买入的挂牌公司股票，买入当日可以卖出；做市商间买入的挂牌公司股票，买入当日不得卖出。

（七）申报效力

申报当日有效。

第二节　协议转让

一、协议转让概述

协议转让是指产权交易双方在交易中心主持下通过洽谈、协商以协议成交的交易方式。协议转让的交易机制设计原则基本沿袭原中关村试点期间协议转让方式，在此基础上增加收盘前未成交定价申报自动匹配功能。协议转让的时间轴如图 4-2 所示。

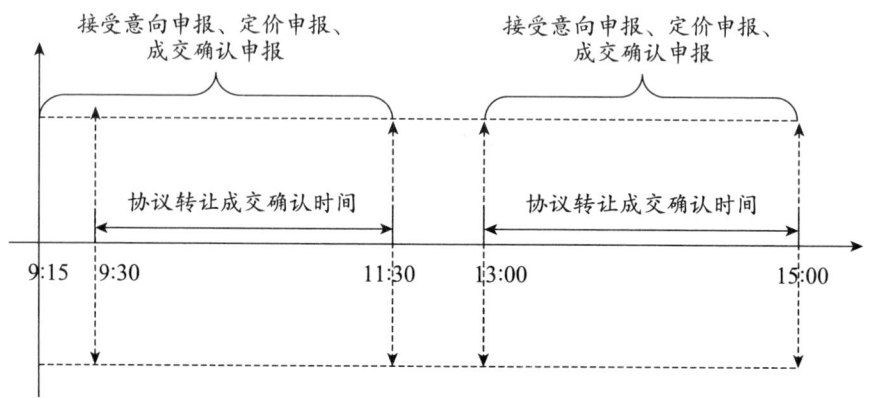

图 4-2　协议转让申报和成交确认时间

资料来源：《全国中小企业股份转让系统股票转让细则（试行）》。

二、协议转让——委托

投资者委托分为意向委托、定价委托和成交确认委托。

意向委托是指投资者委托主办券商按其确定价格和数量买卖股票的意向指令，意向委托不具有成交功能。意向委托应包括证券账户号码、证券代码、买卖方向、委托数量、委托价格、联系人、联系方式等内容。

定价委托是指投资者委托主办券商按其指定的价格买卖不超过其指定数量股票的指令。定价委托应包括证券账户号码、证券代码、买卖方向、委托数量、委托价格等内容。

成交确认委托是指投资者买卖双方达成成交协议，或投资者拟与定价委托成交，委托主办券商以指定价格和数量与指定对手方确认成交的指令。成交确认委托应包括：证券账户号码、证券代码、买卖方向、委托数量、委托价格、成交约定号等内容；拟与对手方通过互报成交确认委托方式成交的，还应注明对手方交易单元代码和对手方证券账户号码。

三、协议转让——申报

（一）申报时间

交易主机接受申报的时间为每个转让日的 9:15—11:30、13:00—15:00。

（二）申报类型

全国股份转让系统接受主办券商的意向申报、定价申报和成交确认申报。

意向申报不具备成交功能，只向市场发布，不参与撮合。定价申报报送时，无须填写约定号[①]，主机系统接受后自动分配约定号。成交确认申报报送时，必须填写约定号。

需要注意的是，在报送定价申报和成交确认申报时，报价系统会冻结相应数量的股份，因此，投资者达成转让协议后，需先行撤销原定价申报，再报送成交确认申报。

（三）成交确认申报的验证

全国股份转让系统收到拟与定价申报成交的成交确认申报后，如系统中无对应的定价申报，该成交确认申报以撤单处理。

四、协议转让——成交

（一）协议转让成交确认时间

每个转让日的 9:30—11:30、13:00—15:00 为协议转让的成交确认时间。9:15—9:30，全国股份转让系统仅接受申报，但不对申报进行匹配成交。每个转让日 15:00，全国股份转让系统按照时间优先原则，将证

[①] 成交约定号是买卖双方达成转让协议时，由双方自行约定的不超过 6 位数的数字，用于成交确认委托的配对。

券代码和申报价格相同、买卖方向相反的未成交定价申报进行匹配成交。其中，意向申报不具有成交功能。

（二）成交模式

1. 点击成交

点击成交是指成交确认申报与指定定价申报成交。投资者拟与定价申报成交的，可委托主办券商进行成交确认申报。全国股份转让系统按照时间优先原则，将成交确认申报和与该成交确认申报证券代码、申报价格相同，买卖方向相反及成交约定号一致的定价申报进行确认成交。定价申报之间在协议转让方式内不能成交。

成交确认申报与定价申报也可以部分成交。其中成交确认申报股票数量小于定价申报的，以成交确认申报的股票数量为成交股票数量；成交确认申报股票数量大于定价申报的，以定价申报的股票数量为成交股票数量。定价申报未成交部分继续有效。成交确认申报未成交部分以撤单处理。

2. 互报成交

互报成交是指成交确认申报之间的成交。买卖双方达成转让协议后，各自委托主办券商进行成交确认申报，通过全国股份转让确认成交。全国股份转让系统对证券代码、申报价格和申报数量相同，买卖方向相反，指定对手方交易单元、证券账户号码相符及成交约定号一致的成交确认申报进行确认成交。

3. 定价申报收盘自动匹配

定价申报收盘自动匹配是指收盘前系统对未成交定价申报的自动匹配成交。增加收盘自动匹配功能，解决申报价格相同、买卖方向相反的定价申报之间因为没有人工点击确认而无法成交的问题，以便利投资者交易，提高市场效率。每个转让日 15：00，全国股份转让系统按照时间优先原则，将证券代码、申报价格相同，买卖方向相反且尚未成交的定价申报进行匹配成交。

表 4-5 协议转让成交模式示例

例 4-1：协议转让收盘自动匹配

假设现在分别存在 4 个收盘前未成交的定价申报买入订单和 4 个收盘前未成交的定价申报卖出订单，他们的申报价格及数量如下面两个表所示。

表 4-5a 定价申报订单

约定号	B/S	价格	数量	时间
99999999	B	17	1000	9:35:30
99999997	B	18	5000	9:45:10
99999991	B	19	2000	14:18:20
99999990	B	20	3000	14:20:50

表 4-5b 定价申报订单

订单号	B/S	价格	数量	时间
99999996	S	17	2000	9:45:30
99999993	S	18	3000	9:50:10
99999992	S	18	2000	13:18:20
99999998	S	20	3000	14:20:55

根据协议转让收盘自动匹配原则，我们按照时间顺序将上述订单排序，将证券代码、申报价格相同，买卖方向相反且尚未成交的定价申报进行匹配成交，成交结果见下表。

表 4-5c 定价申报订单

约定号	B/S	价格	数量	时间
99999999	B	17	1000	9:35:30
99999997	B	18	5000	9:45:10
99999991	B	19	2000	14:18:20
99999990	B	20	3000	14:20:50

表 4-5d 定价申报订单

订单号	B/S	价格	数量	时间
99999996	S	17	2000	9:45:30
99999993	S	18	3000	9:50:10
99999992	S	18	2000	13:18:20
99999998	S	20	3000	14:20:55

因此成交结果为：

①定价申报99999999与99999996成交1000股，成交价17元。成交后，卖方订单剩余1000股，尽管价格最优，但不再参与成交。

②定价申报99999997与99999993成交3000股，成交价18元。（时间优先）

③定价申报99999997与99999992成交2000股，成交价18元。

- 按照时间优先原则逐一匹配成交。
- 仅对价格相同的订单进行匹配交易。
- 不同订单的匹配可能产生不同价格。

（三）即时行情

每个转让日的即时行情内容主要包括前收盘价、最近成交价、当日最高成交价、当日最低成交价、当日累计成交数量以及意向申报和定价申报的价格、数量、成交约定号等。

全国股份转让系统公司公布当日每笔成交信息，内容包括证券代码、证券简称、成交价格、成交数量、买卖双方主办券商证券营业部或交易单元的名称等。股票转让公开信息涉及机构专用交易单元的，公布名称为"机构专用"。

第三节　做市转让

一、做市转让概述

做市商制度按照是否具备竞争性的特点分为两种类型：垄断型的做市商制度和竞争型的做市商制度。垄断型的做市商制度[①]指的是，每只证券有且仅有一个做市商，这种制度的典型代表是纽约证券交易所。垄断的做市商是每只证券唯一提供双边报价并享受相应权利的交易商，必须具备很强的信息综合能力，能对市场走向做出准确的判断，因其垄断性通常可以获得高额利润。这种类型的优点在于责任明确，便于交易所的监督考核，缺点是价格的竞争性较差。竞争型的做市商制度，又叫多元的做市商制度，即每只证券有多个做市商，且在一定程度上允许做市商自由进入或退出，这种制度的典型代表是美国的"全美证券协会自动报价系统"（NASDAQ系统）。竞争型的做市商制度的优点是通过做市商之间的竞争，减少买卖价差，降低交易成本，也会使价格定位更准确。

新三板的做市转让方式采用的是传统竞争性做市商制度，其竞争性

---

① 也译为专家经纪人制度，实质是一种混合交易制度。

要求由两家以上的做市商为一家挂牌公司做市；其传统性指做市转让撮合时间内，投资者之间、做市商之间不能成交。但允许做市商间盘后通过互报成交确认方式调节做市库存股票。做市商以自有资金为基础，不断向公众投资者连续发布某个证券的买入价和卖出价，并以该价格与公众投资者成交。做市转让与协议转让的主要区别就在于做市转让中投资者需要通过做市商交易，而协议转让则是投资者和投资者直接交易，如图4-3所示。

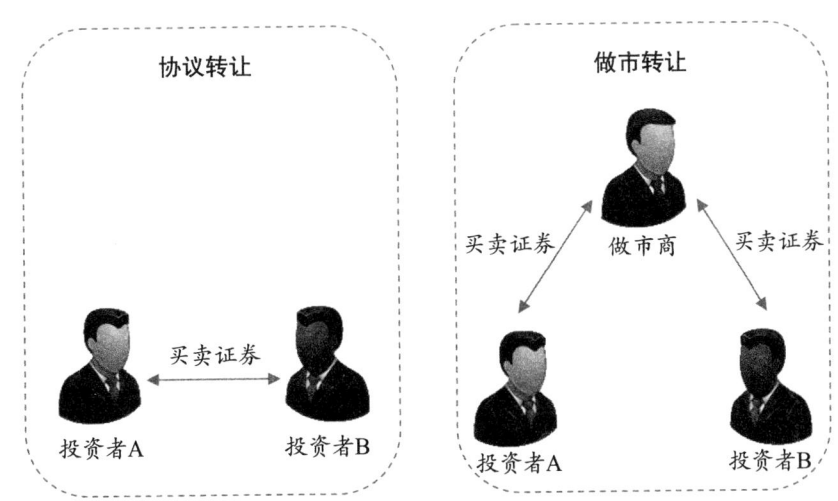

图4-3 协议转让和做市转让的区别

做市商的引入将对新三板市场生态的良性发展产生深刻影响。从资本市场体系的角度出发，做市商制度的确立将改变目前以协议转让为主要渠道的股权转让方式，解决目前新三板市场存在的价格不连续、流动性低等问题，提高新三板交易市场的活跃程度以进一步发挥新三板的市场功能，更好地为实体经济服务。具体表现在：

第一，做市商的双向报价、特别是多个做市商的竞争性报价，使报价尽可能接近真实价格，使交易价格具有公信力，充分发挥资本市场价格发现功能，为市场的交易活动打下稳定的基础。在多家做市商都在报价的情况下，如果做市商估值不客观，不仅难赢得投资者，也会遭遇挂牌企业的不满，进而丧失做市商业务，甚至引发自营亏损。

第二，改善资本市场的流动性，增加市场活跃度。做市商通过履行双边报价义务，不断向投资者提供股票买卖价格、接受投资者的买卖要求，充当流动性提供者，保证市场交易连续进行，从而提高市场的流动性。同时，多个做市商提供的竞争性报价及股票推介活动，能够激发普通投资者的投资兴趣，吸引更多投资者进入市场交易，增强市场的流动性。

第三，做市商制度将间接鼓励更多的中小微企业加入新三板市场的行列，通过新三板融资，获取资金来源，对其稳健成长意义重大。

新三板做市转让的成交原则引入了撮合机制，即投资者和做市商间按价格优先、时间优先原则自动撮合成交。成交价均以做市申报价格为准。做市转让方式的时间轴如图4-4。

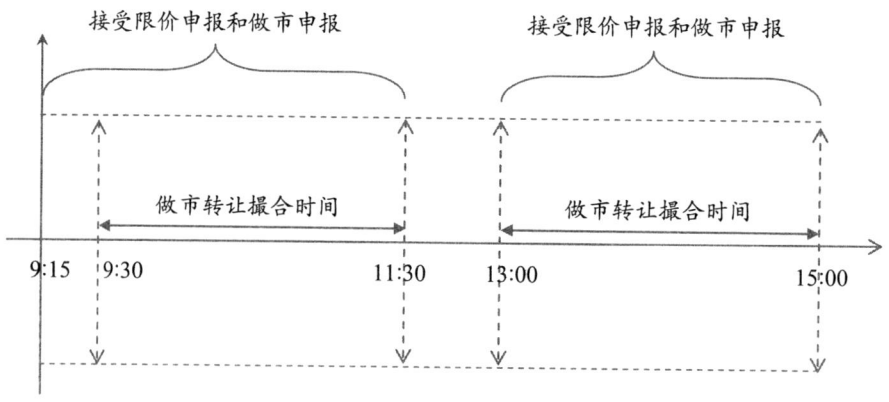

图4-4 做市转让申报和成交确认时间

资料来源：《全国中小企业股份转让系统股票转让细则（试行）》。

二、做市转让——委托

在做市转让方式下，投资者之间不能成交，但是投资者可以采用限价委托方式委托主办券商买卖股票。做市商应在全国股份转让系统持续发布买卖双向报价，并在其报价数量范围内按其报价履行与投资者的成交义务。

限价委托是指投资者委托主办券商按其限定的价格买卖股票的指令，主办券商必须按限定的价格或低于限定的价格申报买入股票，按限定的价格或高于限定的价格申报卖出股票。限价委托应包括证券账户号码、证券代码、买卖方向、委托数量、委托价格等内容。

三、做市转让——申报

（一）申报时间

全国股份转让系统于每个转让日的 9：15—11：30、13：00—15：00 接受主办券商的限价申报和做市商的做市申报。全国股份转让系统公司可以调整接受申报的时间。

（二）申报类型

全国股份转让系统接受主办券商的限价申报、做市商的做市申报。

限价申报应包括证券账户号码、证券代码、交易单元代码、证券营业部识别码、买卖方向、申报数量、申报价格等内容。

做市申报是指做市商为履行做市义务，向全国股份转让系统发送的，按其指定价格买卖不超过其指定数量股票的指令。做市申报应包括证券账户号码、证券代码、交易单元代码、买卖申报数量和价格等内容。

（三）双向报价时间

做市商应最迟于每个转让日的 9：30 开始发布买卖双向报价，履行做市报价义务。

（四）买卖价差

做市商每次提交做市申报应当同时包含买入价格与卖出价格，且相对买卖价差不得超过 5%。相对买卖价差计算公式为：

相对买卖价差 =（卖出价格 – 买入价格）/ 卖出价格 × 100%

卖出价格与买入价格之差等于最小价格变动单位的，不受该买卖价差规定的限制。

（五）自动撤销未成交部分

做市商提交新的做市申报后，前次做市申报的未成交部分自动撤销。

四、做市转让——成交

（一）做市转让撮合时间

每个转让日的 9：30—11：30、13：00—15：00 为做市转让撮合时间。9：15—11：30 期间，全国股份转让系统接受限价申报、做市申报，但不对申报进行撮合成交。

做市商每个转让日提供双向报价的时间应不少于做市转让撮合时间的 75%。

（二）做市转让成交原则

按照"价格优先、时间优先"原则，将投资者与做市商订单进行连续自动撮合，成交价均以做市申报价格为准。限价申报之间、做市申报之间不能成交。

（三）到价限价申报成交原则

做市商对于自己做市股票所为之报价，在限价申报到价时有应买应卖的义务。由全国股份转让系统自动撮合成交。到价是指限价申报买入价格等于或高于做市申报卖出价格，或限价申报卖出价格等于或低于做市申报买入价格。

全国股份转让系统对到价的限价申报即时与做市申报进行成交，如有两笔以上做市申报到价的，按照价格优先、时间优先原则成交。成交价以做市申报价格为准。

表 4-6 做市转让成交模式示例一

例 4-2：限价申报到价即成交

假设现在存在 4 个做市商以及 5 个投资者，他们的申报价格及数量如下面两个表所示。

表 4-6a 做市商卖出报价

做市商	B/S	价格	数量	时间
003	S	17	1000	10:25:30
001	S	18	2000	10:16:10
002	S	18	2000	10:18:20
004	S	19	3000	10:27:50

表 4-6b 投资者买入订单

到价	订单号	B/S	价格	数量	时间
×	003	B	15	2000	10:16:20
×	001	B	16	5000	10:18:30
×	002	B	16.2	3000	10:20:40
×	004	B	16.8	3000	10:25:10
√	005	B	18	5000	10:28:50

我们按照价格优先、时间优先的顺序对做市商的卖出报价进行排序，可以看出，做市商卖出价格最低为 17，投资者买入报价至少须高于 17 才有可能成交，因此 5 个投资者中，只有编号为 005 的投资者限价申报到价，成交结果见下表。

表 4-6c 做市商卖出报价

做市商	B/S	价格	数量	时间
003	S	17	1000	10:25:30
001	S	18	2000	10:16:10
002	S	18	2000	10:18:20
004	S	19	3000	10:27:50

表 4-6d 投资者买入订单

到价	订单号	B/S	价格	数量	时间
×	003	B	15	2000	10:16:20
×	001	B	16	5000	10:18:30
×	002	B	16.2	3000	10:20:40
×	004	B	16.8	3000	10:25:10
√	005	B	18	5000	10:28:50

因此成交结果为：

① 做市商 003：成交 1000 股，成交价 17 元（价格优先）

② 做市商 001：成交 2000 股，成交价 18 元（同一价格、时间优先）

③ 做市商 002：成交 2000 股，成交价 18 元

有 2 笔以上做市申报到价的，按照价格优先、时间优先原则成交，成交价以做市申报价格为准。

（四）做市商更改报价使限价申报到价

限价申报未到价时，做市商不负有成交义务。因做市商更改报价使限价申报到价的，全国股份转让系统按照价格优先、时间优先原则将到价限价申报依次与该做市申报进行成交。成交价格以做市申报价格为准。

表 4-7　做市转让成交模式示例二

例 4-3：做市商更改报价使限价申报到价

仍然假设存在 4 个做市商以及 5 个投资者，他们的申报价格及数量如下面两个表所示。

表 4-7a　做市商卖出报价

做市商	B/S	价格	数量	时间
003	S	17	1000	10:40:30
001	S	18	2000	10:35:10
002	S	18	2000	10:36:20
004	S	19	5000	10:41:50

表 4-7b　投资者买入订单

订单号	B/S	价格	数量	时间
005	B	15	2000	10:41:20
002	B	15.6	2000	10:36:30
003	B	15.6	1000	10:37:40
004	B	15.1	3000	10:38:10
001	B	14	4000	10:35:50

由表 4-7a 和 4-7b 可以看出，做市商卖出报价的最低价格 17 大于投资者买入订单的最高报价 15.6，因此限价申报未到价（如下表所示），根据规定，做市商不负有成交义务。

表 4-7c　做市商卖出报价

做市商	B/S	价格	数量	时间
003	S	17	1000	10:40:30
001	S	18	2000	10:35:10
002	S	18	2000	10:36:20
004	S	19	3000	10:41:50

表 4-7d　投资者买入订单

到价	订单号	B/S	价格	数量	时间
×	005	B	15	2000	10:41:20
×	002	B	15.6	2000	10:36:30
×	003	B	15.6	1000	10:37:40
×	004	B	15.1	3000	10:38:10
×	001	B	14	4000	10:35:50

此时做市商若有意愿与投资者订单成交，则可以更改报价，使限价申报到价。例如做市商 004 此时将卖出报价由 19 更改为 15.5，则投资者 002、003、005 的限价申报到价，如下表所示。

表 4-7e 做市商卖出报价

做市商	B/S	价格	数量	时间
003	S	17	1000	10:40:30
001	S	18	2000	10:35:10
002	S	18	2000	10:36:20
004	S	19	3000	10:41:50

更改报价

做市商	B/S	价格	数量	时间
004	S	15.5	5000	10:42:50

表 4-7f 投资者买入订单

到价	订单号	B/S	价格	数量	时间
√	005	B	15	2000	10:41:20
√	002	B	15.6	2000	10:36:30
√	003	B	15.6	1000	10:37:40
×	004	B	15.1	3000	10:38:10
×	001	B	14	4000	10:35:50

因此成交结果为：

① 投资者005：成交2000股，成交价15.5元（价格优先）

② 投资者002：成交2000股，成交价15.5元（同一价格、时间优先）

③ 投资者003：成交1000股，成交价15.5元

做市商更改报价使投资者订单进入成交范围的，到价投资者订单按照"价格优先、时间优先"原则与其成交，成交价以做市商报价为准。

（五）转让日 9:30 时累积订单的处理

9:30 累积的做市申报和限价申报的订单，按照订单申报的时间顺序，逐笔处理做市申报和限价申报。

表 4-8 做市转让成交模式示例三

例 4-4：9:30 时累积订单的处理

假设某个转让日 9:30 时累积有 3 个做市申报和 3 个限价申报订单，它们的申报价格及数量如下面两个表所示。

表 4-8a 做市商卖出报价

做市商	B/S	价格	数量	时间
003	S	17	1000	9:15:30
001	S	18	2000	9:16:10
002	S	16	3000	9:25:20

表 4-8b 投资者买入订单

订单号	B/S	价格	数量	时间
A	B	18	2000	9:17:20
B	B	18	2000	9:19:30
C	B	19	1000	9:22:40

续表

按照规定，以上订单应该依据时间顺序逐笔处理。

第一步，A号限价订单到价，首先与003号做市申报成交，成交数量1000股，成交价格17元，然后与001号做市申报成交，成交数量1000股，成交价格18元。成交后的订单簿如下表所示。

表 4-8c 做市商卖出报价

做市商	B/S	价格	数量	时间
001	S	18	1000	9:16:10
002	S	16	3000	9:25:20

表 4-8d 投资者买入订单

订单号	B/S	价格	数量	时间
B	B	18	2000	9:19:30
C	B	19	1000	9:22:40

第二步，B号限价订单到价，与001号做市申报成交，成交数量1000股，成交价格18元。成交后的订单簿如下表所示。

表 4-8e 做市商卖出报价

做市商	B/S	价格	数量	时间
002	S	16	3000	9:25:20

表 4-8f 投资者买入订单

订单号	B/S	价格	数量	时间
B	B	18	1000	9:19:30
C	B	19	1000	9:22:40

第三步，做市商002提交报价，与B号限价申报成交，成交数量1000股，成交价格16元。成交后的订单簿如下表所示。

表 4-8g 做市商卖出报价

做市商	B/S	价格	数量	时间
002	S	16	2000	9:25:20

表 4-8h 投资者买入订单

订单号	B/S	价格	数量	时间
C	B	19	1000	9:22:40

第四步，C号限价申报到价，与002号做市申报成交，成交数量为1000股，成交价16元。

所有订单的成交情况如下表所示。

做市商	B/S	价格	数量	时间	成交数量	成交均价
003	S	17	1000	9:15:30	1000	17
001	S	18	2000	9:16:10	2000	18
002	S	16	3000	9:25:20	2000	16

订单号	B/S	价格	数量	时间	成交数量	成交均价
A	B	18	2000	9:17:20	2000	17.5
B	B	18	2000	9:19:30	2000	17
C	B	19	1000	9:22:40	1000	16

（六）即时行情

即时行情是指向全市场提供的行情。每个转让日 9：30 开始发布即时行情，其内容主要包括证券代码、证券简称、前收盘价、最近成交价、当日最高价、当日最低价、当日累计成交数量、当日累计成交金额、做市商实时最高 3 个价位买入申报价格和数量、做市商实时最低 3 个价位卖出申报价格和数量等。

五、做市商管理

在做市商管理方面适度从紧，对做市商初始库存股来源、初始数量、做市期限、持续报价时间、买卖价差等均做了量化规定，明确做市商重点监控内容。根据《全国中小企业股份转让系统做市商做市业务管理规定（试行）》，做市商可以通过四种方式获得公司股票：挂牌公司定向增发、挂牌公司股份在全国股转系统转让、股份在挂牌前转让，以及其他合法方式。一般而言，券商倾向于在挂牌前转让。原因在于，挂牌前转让可以不披露交易价格，而股票定增发行必须公开披露价格。

（一）加入与退出

1. 做市商加入

初始挂牌时选择做市转让方式的股票，后续加入的做市商在该股票挂牌满 3 个月后方能为其提供做市报价服务，后续加入的做市商应当向全国股份转让系统公司提出申请。

做市商推出做市的，应当事前提出申请并经全国股份转让系统公司同意。做市商退出做市后，1 个月内不得再次为该股票做市。

2. 做市商主动退出

挂牌时采取做市转让方式的股票和由其他转让方式变更为做市转让方式的股票，其初始做市商为股票做市不满 6 个月的，不得退出为该股票做市。后续加入的做市商为股票做市不满 3 个月的，不得退出为该股票做市。

3. 做市商自动退出

出现下列情况时，做市商自动终止为挂牌股票做市：

（1）该股票摘牌；

（2）该股票因其他做市商退出导致做市商不足2家而转为协议方式；

（3）做市商被暂停、终止从事做市业务或被禁止为该股票做市；

（4）本公司认定的其他情形。

（二）做市商权利

1. 做市商可以优先获取相关做市信息

做市商可优先获取的信息包括：

（1）其做市股票实时最优10个档位限价申报价格和数量等信息；

（2）该股票其他做市商的实时最优10笔买入和卖出做市申报价格和数量等信息。

每个转让日9：15开始向做市商发送上述信息。

2. 做市商实行T+0交易

做市商做市买入的股票，买入当日可以卖出。

（三）做市商义务

1. 每个转让日内，做市商应持续发布双向报价，在报价价位和数量范围内履行做市成交义务。最迟应于上午9：30发布双向报价，双向报价时间应不少于每个转让日做市转让撮合时间的75%。

2. 做市报价价差区间为［0，5］，即同次报价的卖出与买入价格之差应大于零且不超过卖出价格的5%。

3. 做市商前次做市申报撤销，或其申报数量经成交后不足1000股的，做市商应于5分钟内重新报价。

（四）做市商管理要求

1. 做市商证券账户及交易单元管理

做市商开展做市业务，应通过专用证券账户进行。做市专用证券账户应向中国结算和全国股份转让系统公司报备。

做市商不再为挂牌公司股票提供做市报价服务的，应将库存股票转出做市专用证券账户。做市商证券自营账户不得持有其做市股票或参与做市股票的买卖。做市商开展做市业务应使用专用交易单元。

2. 做市商库存股票管理

挂牌时即选择做市转让方式的股票，初始做市商合计应取得不低于总股本 5% 或 100 万股（以孰低为准），每家不低于 10 万股的做市库存股票。除前述情形外，做市商在做市前应当取得不低于 10 万股的做市库存股票。

3. 做市商豁免情况

（1）限售股豁免

股票挂牌前 12 个月内，做市商受让的控股股东和实际控制人直接或间接持有的股票，用于做市业务目的的，豁免限售要求。

（2）做市卖出豁免

做市商持有库存股票不足 1000 股时，豁免其卖出报价义务，同时应及时向全国股份转让系统公司报告并调节库存股票数量，最迟于该情形发生后第 3 个转让日恢复正常双向报价。

（3）做市买入豁免

单个做市商持有库存股票达到挂牌公司总股本 20% 时，可以免于履行买入报价义务。出现该情形时，做市商应及时向全国股份转让系统公司报告，并最迟于该情形发生后第 3 个转让日恢复正常双向报价。

（五）做市商间转让

做市商间转让的规定如下：

1. 接受申报和成交确认时间：15：00—15：30。

2. 接受申报类型：成交确认申报。做市商的成交确认申报是指做市商之间按指定价格和数量与指定对手方确认成交的指令。

3. 成交价格限制：成交价格应在该股票当日最高、最低成交价之间；当日无成交的，其成交价格不得高于前收盘价的 110% 且不低于前收盘价的 90%。

4. 回转交易限制：做市商当日从其他做市商处买入的股票，买入当日不得卖出。

5. 行情信息处理：做市商间转让不纳入即时行情和指数的计算，成交量在每个转让日做市商间转让结束后计入该股票成交总量。

6. 转让公开信息：每个转让日做市商间转让结束后，全国股份转让系统公司逐笔公布做市商间转让信息，包括证券名称、成交量、成交价以及买卖双方做市商名称等。

六、挂牌公司如何实施做市转让

（一）基本流程

挂牌公司实施做市转让的基本流程如图 4-5 所示。

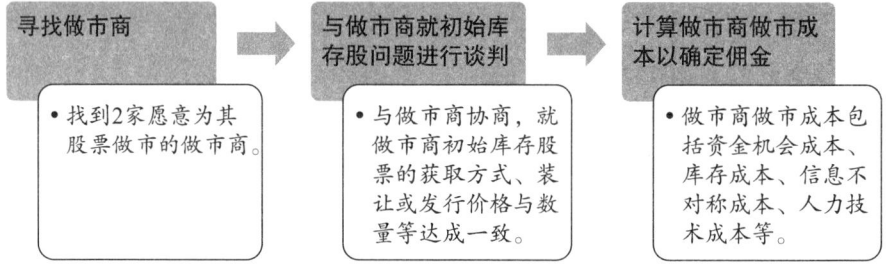

图 4-5　挂牌公司实施做市转让的基本流程

企业在选择做市商时应该注意三个方面：一是券商的估值能力，因为不同券商对公司价值的认知能力是有差异的；二是公司的资金实力，按券商 1:1 的持仓量配置交易资金，做的数量越多，对资金要求也越高；三是券商的人才储备与服务水平。

（二）挂牌时股票转让方式的办理程序

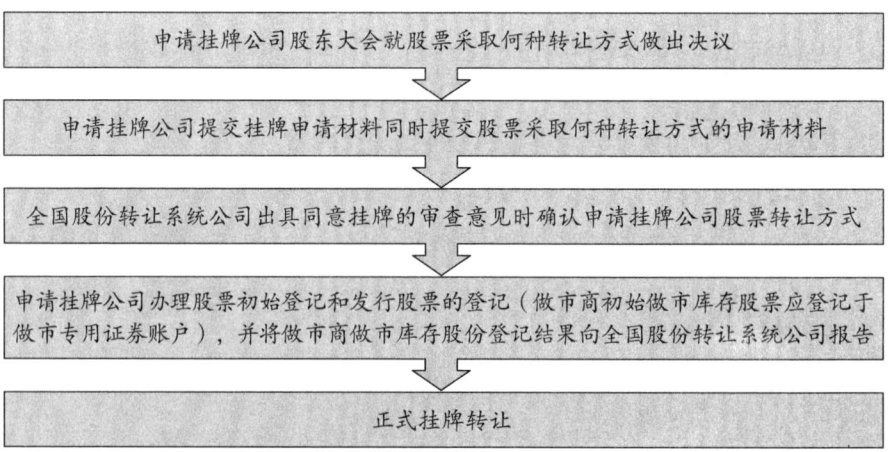

图 4-6　挂牌时股票转让方式的办理程序

（三）挂牌后由协议变更为做市转让方式的办理程序

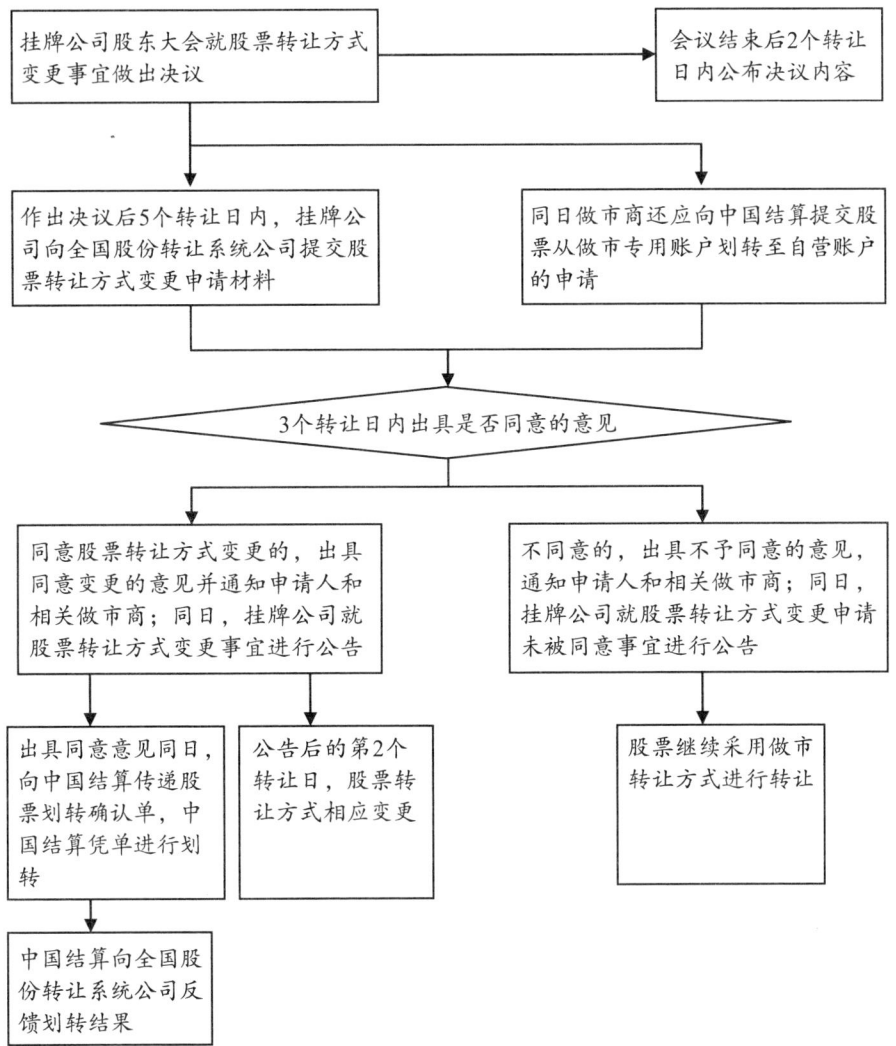

图 4-7 挂牌后由协议变更为做市转让方式的办理程序

截至 2014 年 7 月 3 日，挂牌申请材料已经接收但全国股份转让系统公司尚未出具审查意见的申请挂牌公司，其股票拟采取做市转让方式的，须按照《指引》规定履行股东大会决策程序、提交股票转让方式申请；未在全国股份转让系统公司出具审查意见前提交做市转让方式申请的，其股票挂牌时采取协议转让方式,申请挂牌公司无须履行股东大会决策程序,也无须提交股票转让方式申请。已取得全国股份转让系统公司同意挂牌函但尚未挂牌的申请挂牌公司,其股票挂牌时采取协议转让方式。上述公司可在股票挂牌后按照《指引》规定,申请将股票转让方式变更为做市转让方式。

七、做市转让方式对各利益主体的影响

(一)新三板做市商制度对于挂牌企业的意义

1. 改善股票流动性

做市商通过履行双边报价义务,充当流动性提供者,保证市场交易连续进行。多个做市商提供的竞争性报价及股票推介活动,能够吸引更多投资者进入市场交易,从而大大改善了股票的流动性。

2. 解决挂牌公司股票定价难问题

融资是企业挂牌的目的之一,而融资的关键是定价。做市商为提高做市收益,增强投资者对做市股票的兴趣,普遍有很强的动机通过对挂牌公司的深入调查,利用其专业知识对股票进行准确的估值。而且,做市商的双边报价、特别是多个做市商的竞争性报价,将促使做市商不断提高自身研究能力和缩小报价价差,使报价尽可能接近真实价格。不可忽略的是,当挂牌公司需要从银行获得银行贷款,或进行股权质押时,市场交易价格将成为重要的参考因素。

3. 增强股价稳定性

做市商制度下,做市商报价有连续性,价差幅度也有限制,做市商出于自身利益考虑,会有维护市场稳定的强烈动机。

(二)新三板做市商制度对于券商的意义

新三板做市商制度实施之后,证券公司新三板业务收入将改变之前主要依赖"一锤子买卖"的推荐挂牌费用的模式。新三板业务对证券公司的收入贡献结构中,在做市商制度推出之前,推荐公司到股转系统挂牌带来

的投行收入是主要的部分；实施做市商制度之后，做市业务将为券商带来持续性的经营收入。引入做市商制度后，通过不断报出买卖方的价格信息，引入竞价制度，券商不但可以获得交易佣金，还可以获得买卖价差。此外，直投等业务也会为券商带来收入，如券商以自有资金获取买入卖出的价差收入。

不过，最终收入多寡还受制于交易量大小，这就需要各做市商不断提高自身研究能力和业务能力，提高获利水平。参考国际做市商业务发展，包括做市商业务收入在内，预计在成熟阶段，新三板业务对证券行业的收入贡献比将达到6%-10%。

（三）新三板做市商制度对于投资者的意义

首先，做市商制度实施后，增加了投资者的交易对象，普通投资者的投资渠道将增加。其次，做市商将利用专业知识对股票进行准确的估值，使股票价格更接近于真实价格，从而提升投资活动的安全性，保护投资者利益。最后，为吸引更多的投资者，做市商之间缩小报价价差等竞争策略对投资者而言是一个利好。

第四节　竞价转让

一、竞价转让概述

股票竞价转让包括集合竞价和连续竞价两种方式。集合竞价，是指对一段时间内接受的买卖申报一次性集中撮合的竞价方式。连续竞价，是指对买卖申报逐笔连续撮合的竞价方式。

竞价转让的交易机制设计原则基本沿用沪深交易所、特别是深交所的竞价交易制度。投资者可以限价委托，暂不允许市价委托。对股票转让不设涨跌幅限制，但设定有20%的有效报价范围。将深交所3分钟的收盘集合竞价时间延长为5分钟。股票竞价转让采用价格优先、时间优先的原则撮合成交。竞价转让的时间轴可以用图 4-8 来表示。

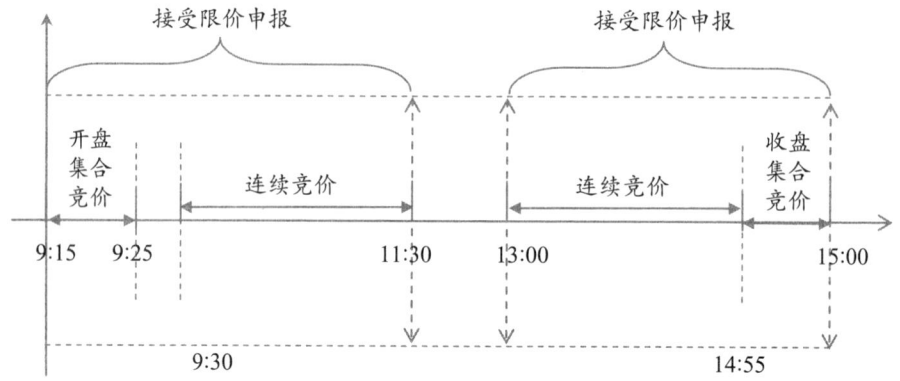

图 4-8　竞价转让申报和成交确认时间

资料来源：《全国中小企业股份转让系统股票转让细则（试行）》。

投资者可以采用限价委托方式委托主办券商买卖股票。

二、竞价转让——申报

（一）申报时间

全国股份转让系统接受主办券商限价申报的时间为每个转让日 9：15—11：30、13：00—15：00。每个转让日 9：20—9：25、14：55—15：00，交易主机不接受撤销申报；在其他接受申报的时间内，未成交申报可以撤销。每个转让日 9：25—9：30，交易主机只接受申报，但不对买卖申报或撤销申报作处理。全国股份转让系统公司可以调整接受申报的时间。

（二）申报类型

全国股份转让系统接受主办券商的限价申报。

（三）申报有效价格区间

全国股份转让系统对申报设置有效价格区间。开盘集合竞价的申报有效价格区间为前收盘价的上下 20% 以内。连续竞价、收盘集合竞价的申报有效价格区间为最近成交价的上下 20% 以内；当日无成交的，申报有效价格区间为前收盘价的上下 20% 以内。

不在有效价格区间范围内的申报不参与竞价，暂存于交易主机；当成交价波动使其进入有效价格区间时，交易主机自动取出申报，参加竞价。

挂牌后无成交的股票，对申报不设置有效价格区间。

以上过程可用图 4-9 表示。

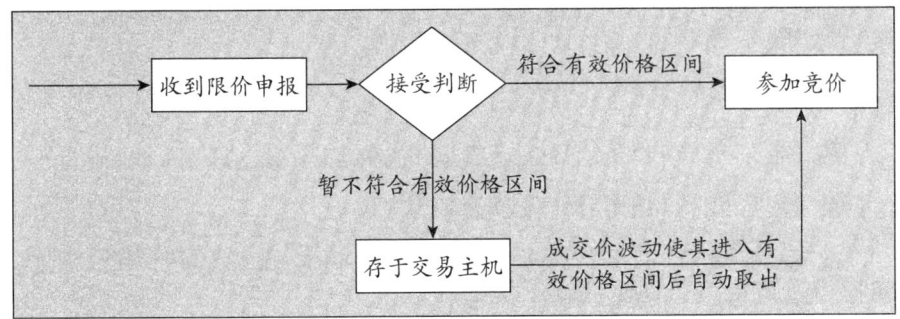

图 4-9　竞价转让的申报程序

三、竞价转让——成交

（一）集合竞价成交原则

1. 可实现最大成交量；
2. 高于该价格的买入申报与低于该价格的卖出申报全部成交；
3. 与该价格相同的买方或卖方至少有一方全部成交。

当有两个以上价格符合上述条件时，取在该价格以上的买入申报累计数量与在该价格以下的卖出申报累计数量之差最小的价格为成交价。

当买卖申报累计数量之差仍存在相等情况时，开盘集合竞价时取最接近前收盘价的价格为成交价；无前收盘价的，取其平均价为成交价；收盘集合竞价时取最接近最近成交价的价格为成交价；当日无成交的，收盘集合竞价时取最接近前收盘价的价格为成交价；无前收盘价的，取其平均价为成交价。

（二）连续竞价成交原则

1. 最高买入申报与最低卖出申报价格相同，以该价格为成交价；
2. 买入申报价格高于集中申报簿当时最低卖出申报价格时，以集中申报簿当时的最低卖出申报价格为成交价；
3. 卖出申报价格低于集中申报簿当时最高买入申报价格时，以集中申报簿当时的最高买入申报价格为成交价。

（三）竞价转让即时行情

集合竞价期间，即时行情内容包括：证券代码、证券简称、前收盘价、集合竞价参考价、匹配量和未匹配量等。

连续竞价期间，即时行情内容包括：证券代码、证券简称、前收盘价、最近成交价、当日最高成交价、当日最低成交价、当日累计成交数量、当日累计成交金额、实时最高 5 个价位买入申报价格和数量、实时最低 5 个价位卖出申报价格和数量议转让方式。

（四）股票转让公开信息

采取竞价转让方式的股票出现下列情形之一的，全国股份转让系统公司分别公布相关股票当日买入、卖出金额最大 5 家主办券商证券营业部或交易单元的名称及其各自的买入、卖出金额：

1. 当日价格振幅达到 30% 的前 5 只股票；
2. 当日换手率达到 10% 的前 5 只股票。

价格振幅或换手率相同的，依次按成交金额和成交量选取。

股票转让公开信息涉及机构专用交易单元的，公布名称为"机构专用"。

第五章　新三板市场投资

全国股份转让系统是公众市场，但由于大多数挂牌企业仍处于创业或快速成长阶段，投资风险相对较大。为防止风险外溢，全国股份转让系统实行了比较严格的投资者准入制度，对自然人投资者从财务状况、投资经验、专业知识等三个维度设置准入要求，只有符合适当性要求的投资者才被允许参与挂牌证券买卖。

第一节　新三板市场的投资主体

一、可以参与挂牌公司股票公开转让的投资主体

根据全国中小企业股份转让系统有限责任公司于2013年12月30日发布的修订版《全国中小企业股份转让系统投资者适当性管理细则（试行）》（以下简称适当性管理细则），全国股份转让系统的投资者分为机构投资者与自然人投资者，两者应分别符合下列规定：

（一）机构投资者

注册资本500万元人民币以上的法人机构；或实缴出资总额500万元人民币以上的合伙企业。同时，集合信托计划、证券投资基金、银行理财产品、证券公司资产管理计划，以及由金融机构或者相关监管部门认可的其他机构管理的金融产品或资产，可以申请参与挂牌企业股票公开转让。

(二)自然人投资者

投资者本人名下前一交易日的日终证券类资产市值 300 万元人民币以上,证券类资产包括客户交易结算资金、股票、基金、债券、券商集合理财产品等,信用证券账户资产除外;同时须具有两年以上证券投资经验,或具有会计、金融、投资、财经等相关专用背景或培训经历。

公司挂牌前的股东、通过定向发行持有公司股份的股东、在适当性管理细则发布前已经参与挂牌公司股票买卖的投资者等,如不符合参与挂牌公司股票公开转让条件,只能买卖其持有或曾持有的挂牌公司股票。而在细则发布前已经参与挂牌公司股票买卖的机构投资者不受此限制。

二、可以参与挂牌公司股票定向发行的投资主体

满足上述机构或自然人投资者适当性标准的投资主体,均可以参与挂牌公司股票的定向发行。

此外,对于参与挂牌企业定向发行的投资者,其范围还可包括以下机构或人员:挂牌企业股东、挂牌企业董事、监事、高级管理人员、核心员工等。不过,此类投资者若不符合前述机构或自然人投资者适当性标准,则只能买卖其持有或曾经持有的挂牌公司股票。

第二节 投资者如何参与新三板

一、新三板投资程序

与参与上海、深圳证券交易所上市证券交易相似,符合适当性要求的投资者,如果想要参与全国股份转让系统挂牌证券交易,也需要开立证券、资金账户。由于目前全国股份转让系统暂时还使用的是深圳证券交易所交易设施,投资者若要参与挂牌证券交易,仅需在其持有的中国证券登记结算有限责任公司(以下简称中国结算)深圳市场人民币普通股票账户(以下简称深圳 A 股证券账户)内添加相应交易权限即可。未来,全国股份转让系统将

使用独立的账户体系，并在交易技术系统建设完成后适时进行切换。

具体来说，投资者须携带适当性证明材料及开户资料至主办券商营业部，现场办理有关手续。主办券商在对其进行适当性审查和风险测评后，若认为其符合条件，可为其开立证券账户及资金账户，并开通挂牌证券交易权限。对于已持有深圳 A 股证券账户、已开立资金账户的投资者，无须重新开户，可携带相关适当性证明材料直接至主办券商营业部，现场办理开通挂牌证券交易权限手续。

一般而言，投资者欲参与全国股份转让系统挂牌证券交易，须经过以下几个步骤：

第一步：选择主办券商。

投资者首先应选择具备从事新三板经纪业务资格的主办券商，主办券商名单可通过全国股份转让系统网站（http://www.neeq.com.cn）进行查阅。

第二步：适当性审查。

投资者提供符合参与全国股份转让系统股票公开转让条件的证明材料，接受主办券商的投资者适当性审查。

自然人投资者适当性审查所须证明材料：（1）加盖营业部业务专用章的业务单据，以证明投资者前一交易日日终证券类资产市值 300 万元人民币以上，以及其具有二年以上证券投资经验；（2）其他证明材料。若投资者无法提供两年以上证券投资经验，应提供其具有会计、金融、投资、财经等相关专业背景或培训经历的证明材料。

机构投资者适当性审查所须证明材料：机构营业执照或注册登记证书（副本）及其复印件或加盖发证机关确认章的复印件。

参与定向发行的投资者所须证明材料：由挂牌企业出具并能证明投资者为挂牌企业股东、挂牌企业董事、监事、高级管理人员、核心员工等的股东名单、任职文件等证明文件。

主办券商营业部柜台人员根据对以上材料的审核，确认投资者是否符合全国股份转让系统投资者适当性要求。

第三步：风险测评。

营业部对于具备资格且有意向参与挂牌证券交易的投资者，应按相关规定对其进行风险测评，判断其是否具备风险识别和风险承受能力。

第四步：签署协议文本。

在听取主办券商业务人员讲解的基础上，认真阅读并充分理解协议的相关内容，与主办券商书面签署《买卖挂牌公司股票委托代理协议》和《挂牌公司股票公开转让特别风险揭示书》。

第五步：开立深圳A股证券账户及资金账户。

自然人投资者可根据中国证券登记结算有限责任公司有关规定，持个人有效身份证明文件、银行卡等相关文件至任何一家具有经纪业务资质的主办券商营业部开立深圳A股账户，同时开立资金账户。

机构投资者开户须携带以下开户资料：(1)机构法人有效身份证明文件（营业执照或注册登记证书）副本及其复印件或加盖发证机关确认章的复印件；(2)组织机构代码证副本及其复印件或加盖发证机关确认章的复印件；(3)税务登记证书及其复印件或加盖发证机关确认章的复印件；(4)法定代表人证明书；(5)法定代表人的有效身份证明文件及复印件；(6)依法指定合法的代理人，提供加盖机构公章、由法定代表人签字或加盖法定代表人名章的授权委托书原件；(7)代理人的身份证明文件原件及复印件；(8)按要求提供的预留印鉴卡；(9)主办券商要求的其他材料。

第六步：开通挂牌证券交易权限。

主办券商为投资者名下证券账户开通交易并设置权限。

二、新三板投资交易规则

与主板市场类似，投资者可以通过买卖股票和定向增发来投资于新三板市场，具体的投资操作方式如下。

（一）投资者买卖股票的方式

新三板为投资者买卖股票提供了三种方式：协议转让、做市制度和竞价制度。三种交易方式只能选择一种，不能同时进行。

1. 协议转让

协议转让方式包括意向委托、定价委托、成交确认委托三种委托类型。

意向委托是指投资者委托主办券商按其确定价格和数量买卖股票的意向指令，意向委托不具有成交功能（意向委托目前在交易系统中暂未实现，届时将通过全国股份转让系统网站的投资者专区完成）；定价委托是指投资者委托主办券商按其指定的价格买卖不超过其指定数量股票的指令；成交确认委托是指投资者买卖双方达成成交协议，或投资者拟与定价委托成交，委托主办券商以指定价格和数量与指定对手方确认成交的指令。

投资者成交方式：

（1）投资者进行定价委托申报，若对手方拟与定价委托进行成交，则进行成交确认委托申报；

（2）投资者拟与市场上已有报价成交，则进行成交确认申报；

（3）投资者之间已约定好成交数量、价格等，则进行互报成交确认委托申报。

全国股份转让系统按照时间优先原则，将成交确认委托和与该成交确认委托证券代码、委托价格相同，买卖方向相反及成交约定号一致的定价委托进行确认成交。每个交易日的15：00，全国股份转让系统按照时间优先原则，将证券代码和申报价格相同、买卖方向相反的未成交定价申报进行匹配成交。

表5-1 全国股转系统交易支持平台协议方式交易规则

项 目	规 则
结算方式	多边净额担保交收
最小申报数量	买卖股票的申报数量应当为1000股或其整数倍。卖出股票时，余额不足1000股部分，应当一次性申报卖出
定价委托处理	收盘时自动匹配价格相同、方向相反的定价委托
单笔申报上限	100万股
接受申报时间	9:15-11:30 13:00-15:00
行情信息	逐笔发布成交信息，包括：股票名称、股票代码、成交价格、成交数量和买卖双方代理主办券商营业部或交易单元名称等
收盘价计算方式	以当日最后30分钟成交量加权平均价为收盘价；最后30分钟无成交的，以当日成交量加权平均价；当日无成交的，以上一转让日收盘价为收盘价

2. 做市制度

做市方式下，投资者可进行限价委托。限价委托是指投资者委托主办券商按其限定的价格买卖股票的指令，主办券商必须按限定的价格或低于限定的价格申报买入股票；按限定的价格或高于限定的价格申报卖出股票。投资者可以参考做市商所报出的价格进行委托。当投资者委托买入的价格大于等于做市商卖出价格或投资者委托卖出价格小于等于做市商买入价格时，全国股份转让系统将按照时间优先原则，进行撮合成交。成交价格均以做市商的报价为准。

全国中小企业股份转让系统交易支持平台一期于2014年5月上线，实现了挂牌公司股票的协议转让、两网及退市公司股票的集合竞价转让等功能。二期于2014年8月25日上线，二期上线后，股转系统做市商制度正式启动，首批有43家挂牌公司采取做市转让方式，涉及42家做市商。

3. 竞价制度

竞价制度目前处于尚未开通的状态，全国中小企业股份转让系统有限责任公司计划约于2015年推出。

（二）投资者参与定向增发

参与挂牌公司定向发行的投资者，应当按下列步骤操作：

第一步：应确认自身符合《全国中小企业股份转让系统投资者适当性管理细则（试行）》中关于参与定增的投资主体的规定；

第二步：应在全国股份转让系统网站（http://www.neeq.com.cn）"信息披露"栏目下关注挂牌公司定向发行信息以及主办券商所提供的定向发行信息，并与意向投资项目联系人进行沟通；

第三步：积极参与意向投资项目的路演与询价，确定投资细节；

第四步：按照定向发行的股份认购办法进行出资缴款，并办理股份登记。

三、新三板投资案例

随着今年以来的大扩容和做市商制度的开启，新三板的投资吸引力正在释放，新三板成为投资标的池的功能也日益显现。截至2014年8月31

日，在新三板挂牌的企业已经达到 1107 家，股本 448.24 亿股，流通股本 157.14 亿股，总市值约为 2848 亿元。新三板 1107 家挂牌企业中有 1102 家相继发出了上半年的成绩单，其中 796 家公司盈利为正，占总体挂牌的 72%；有 547 家企业的业绩相比去年同期实现增长，达到了总数的一半。8 月份新三板累计成交量超 4.5 亿股，涉及金额近 20 亿元。

可以预期，新三板对于投资者，尤其是那些资金相对雄厚、思维相对理性、眼光相对长远的机构投资者来说，可谓是一座"金矿"，其至少在以下几个方面存在着巨大的投资价值。

（一）财富效应初显——以九鼎投资为例

很多新三板挂牌公司都是细分行业的龙头企业，非常具有生命力，相对于传统企业，大部分新三板公司在经济周期性波动和产业结构调整升级的阵痛中仍然具备良好的成长性和广阔的市场空间。而这其中不得不提的就是有着新三板"第一高股价"、"最庞大市值"之称的九鼎投资（证券代码：430719）。

九鼎投资为昆吾九鼎投资管理有限公司的母公司，持有后者 98.07% 的股权，昆吾九鼎成立于 2007 年，是国内知名的投资机构之一。截至 2013 年 10 月 31 日，九鼎投资管理基金总规模为 264 亿元，投入项目高达 209 个，成长速度惊人。

2014 年 3 月，九鼎投资在全国中小企业股份转让系统挂牌。挂牌的同时，公司向所管理基金的部分出资人定向发行股票募集资金 35.37 亿元，创下了新三板成立以来融资规模之最。基金出资人以其在公司所管理基金中的出资份额作为认购股票的对价，这种"份额换股份"的操作模式颇有新意，开创了业内先河。2014 年 6 月，公司董事会通过决议进行二次定增，决定向 15 名股东定向发行股票募集资金 22.5 亿元。

2014 年 5 月 19 日，新三板证券交易及登记结算系统正式运行，已经在新三板挂牌 20 天的九鼎投资当天以每股 610 元的价格成交了 9.39 万股，成交金额达到 5728 万元，占到当日新三板成交总额的 99%。接连几天，投资者对于九鼎投资的热情持续升温，几乎每天成交金额都过亿元。

5月23日，九鼎投资的最高成交价一路飙升至850元，总成交金额为1.15亿元。2014年8月25日至今，除8月26日、8月29日和9月3日该股出现下跌外，其他交易日里九鼎投资均呈上涨态势，且单日涨幅大多在50%上下，这显示多数投资者对九鼎投资的预期偏向正面，资金的介入情绪较为积极。

九鼎投资之所以如此受投资者的青睐，既因为其所在的创投行业在IPO开闸和并购活跃的市场环境下具有良好的前景，更是因为九鼎投资本身在行业中具有相当强的竞争力，因此目前的估值是比较合理的。

随着做市商制度、连续竞价交易和转板机制的相继推出，新三板的各种交易机制将不断完善，未来新三板企业的估值会快速提升，而像九鼎投资这样质地优良、成长性强的公司，将为投资者提供可观的套现利润。这种财富效应的驱动下，资金也将源源不断地进入新三板，各类基金以及资管产品也会如雨后春笋般出现，这将大大增加新三板市场的活跃度和流动性，使得市场的估值和定价更加合理，从而进一步引发巨大的财富效应，形成良性循环。

（二）转板效应值得期待——以安控科技为例

据《中国行业投融资平台》统计，截至2014年7月底，相继有9家新三板挂牌公司成功转板至主板或创业板，包括世纪瑞尔、北陆药业、久其软件、博晖创新、华宇软件、佳讯飞鸿、东土科技、安控科技8只股票通过IPO合计募集资金44.17亿元；此外还有多家新三板挂牌公司已暂停报价转让，等候发审。

在成功转板的公司中，安控科技是最新一个通过首次公开发行（IPO）方式从新三板转板至创业板的案例。安控科技是一家主营远程测控终端系统装置的研发、生产、销售、售后和系统集成业务的高新技术企业，2013年实现净利润5103.72万元，同比增长12.82%。在首次公开上市发行前公司股东总人数为109人，发行前公司总股本为4366万股，其中约有半数被公司高管持有。

2014年1月23日，安控科技（证券代码：300370）成功在创业板挂牌，公司以 35.51 元每股的发行价发行了 1345 万股，募集资金 1.49 亿元，上市首日收盘价 51.58 元，涨幅为 45.25%。在登陆创业板后，持有公司原始股的股东们可谓实现了"一夜暴富"。

除安控科技之外，在此前已完成转板的 7 家企业在转板后其股票均实现了大幅增长，当天转板收益率最高可达 547.3%，最低也有 69.20%。如成功转板的"新三板第一股"世纪瑞尔，该股票 2009 年在代办转让系统的交易均价为每股 7 元，而登陆创业板的发行价就达到了每股 32.99 元，上市首日的收盘价达到了每股 59.40 元，在新三板买入该股票的投资者也获得了暴利。

究其原因，一方面是因为新三板公司业绩风险、流动性风险和信息不对称风险较高，相对于主板市场可比公司来说有较大的估值折价；另一方面，能够成功转板的公司本身就具有良好的资质和较高的成长性，因此为投资者所青睐。

虽然目前我国并不存在真正的转板制度，即新三板挂牌企业需要通过先终止挂牌再 IPO 的方式，或者通过被收购的方式才能在场内资本市场的相关板块上市，但随着转板机制的逐步成熟，新三板有望真正实现与主板市场的"无缝对接"，这将促使更多优质的新三板挂牌企业选择登陆主板市场。对于投资者来说，通过发掘和投资这些资质优秀的新三板挂牌公司，将有机会在其未来的转板过程中获得非常可观的收益。

（三）定增带来私募盛宴——以四维传媒为例

新三板的加速与规范发展对于 PE/VC 机构的影响并不亚于资本市场的一次重大变革，私募机构的投资者在选择投资对象上，可以改变原来地毯式考察的模式，考虑充分利用新三板市场的平台，将更多的精力和投资方向转移到新三板上来。清科集团私募通数据显示，自从新三板扩容政策公布之后，挂牌企业数量飞涨，其中大量私募股权机构潜伏其中。

一些较早布局新三板的创投机构，如今开始迎来收获季，达晨创投就是其中之一。根据早在 2012 年 3 月底，四维传媒曾递交创业板 IPO 申请资料，8 个月后完成首轮意见反馈后，却受到 IPO 突然停摆的波及，止步于预披露环节。2013年1月，四维传媒接到了IPO自审要求，此时距达晨等PE入资将近两年半时间。最终在IPO开闸和新三板扩容前，四维传媒毅然放弃了创业板，转战新三板。

就在四维传媒（证券代码：430318）挂牌的同时，公司发布了4760万的定增案，全部由深圳达晨旗下3家基金完成认购，深圳市达晨创泰股权投资企业（有限合伙）1710万认购了251万股，深圳市达晨创恒股权投资企业（有限合伙）1680万认购247万股，深圳市达晨创瑞股权投资企业（有限合伙）1370万元认购201万股，按认购金额，三者分别占股4.84%、3.75%、3.87%，合计13.46%。

根据公司最新一期的中报，达晨创投一共有5家基金潜伏四维传媒，合计出资5134万元，持有1509万股，占比高达29.03%。如果按公司定向发行登陆新三板时3.54亿元的估值计算，达晨持有四维传媒股权的总价值为1.03亿。

截至8月29日，做市商第一周运行结束，四维传媒的表现十分亮眼，一周总成交量共计111.8万股，仅次于万通新材和中海阳，成交金额共计630.22万元。股价方面，也由最初的8元一股涨到了10.6元一股，单周涨幅为32%，市值达到5.989亿，以此计算，达晨持有其市值1.737亿，账面投资回报达到3.38倍。

追溯首批参与做市的43只股票，绝大部分在做市首日纷纷上涨，其中行悦信息、新眼光、基康仪器、超弦科技、巨峰股份和上陵牧业等6只个股涨幅超过50%，而值得一提的是，这些公司的前十大股东中均有PE/VC机构的身影，其平均账面投资回报达5倍左右。

相比创业板个股，新三板股票平均首日开盘市盈率仍处于低位，新三板股票因企业经营不确定性风险、市场波动性风险、流动性风险等方面因素，仍存在一定折价空间。随着做市商交易机制的不断成熟，做市品种的不断丰富，新三板市场活跃度必将得到提升，估值也将趋于合理，这将为那些蛰伏已久或新近入场的私募机构带来可观的套现利润。

第三节　新三板的投资风险

随着新三板市场挂牌企业数量的增多和做市商制度的推出，新三板的投资吸引力正在释放，新三板成为投资标的池的功能日益显现。然而，目前新三板正在大幅扩容，挂牌公司增加很快，这其中公司的质量难免参差不齐；新三板公司的信息披露要求与主板相比宽松许多，这其中存在信息不充分不对称的风险。因此，投资新三板是存在一定风险的。

一、新三板的投资风险分析

（一）公司运营风险

新三板市场的大部分挂牌公司规模较小、对单一技术依赖度较高、受技术更新换代影响较大；且具有对核心技术人员依赖度较高、客户集中度高、议价能力不强、财务规范程度不高等特点；部分公司抗市场风险和行业风险的能力较弱，业务收入可能波动较大。

（二）信息风险

相对于主板、中小板及创业板的上市公司来说，新三板市场的信息披露要求和标准偏低。新三板市场信息披露制度是适度性的，没有对挂牌公司的信息披露做强制性要求，因而信息披露在及时性、全面性以及信息质量方面都存在着不确定性，使得投资者无法及时、详尽地获取信息。这会导致投资者对挂牌公司形成不够完备的风险评估，从而产生一定的投资风险。

（三）退市风险

很多投资者选择新三板市场进行投资，主要是对未来新三板公司转向主板有较高期待。因为新三板挂牌公司的股票估值普遍偏低，一旦公司成功上市，股票价格就会大幅甚至成倍增长，届时投资者卖出股票就可以马上获得暴利。但是值得指出的是，这种预期的不确定性非常大，既然新三板市场在多层次资本市场中起到的是过滤器的作用，因此挂牌公司既可能成功上市也可能退出新三板，且新三板的退市率相对于主板市场来说是很高的，而退市的挂牌公司将会使投资者蒙受巨大的损失。

（四）市场流动性风险

与上市公司相比，挂牌公司股权相对集中，市场整体流动性低于沪深证券交易所；从交易方式上看，新三板交易是通过集合竞价方式进行集中配对成交，这使得投资者买卖股票很不方便，可能出现想买买不到、想卖卖不出的情况。此外，值得注意的是，股份报价转让并不实行担保交收，因此可能因为交易对手的原因而导致无法完成资金交收。

做市商制度的上线虽然在一定程度上增加了市场的流动性和活跃度，但在做市商制度运行初期，如何进一步提升做市关注度、激发投资者参与热情、提高市场的流动仍是制约新三板发展的一大瓶颈。

二、新三板的投资风险防范

如何有效减少和防范新三板的投资风险，从宏观层面来讲，需要构建一个稳定的宏观经济政策环境来促进新三板市场的发展；从市场层面来讲，需要相关部门进一步完善现有的信息披露制度，加强对于挂牌公司的监督和管理，同时大力推行做市商制度、增加市场的流动性；除此之外，作为个人投资者来讲，应该至少从以下几个方面来合理规避和防范新三板市场潜在的投资风险。

首先，由于新三板挂牌公司信息披露要求和标准低于上市公司，因此除挂牌公司所披露的信息外，个人投资者还需积极获取其他相关信息，在认真研究和分析的基础上，审慎做出投资决策。

其次，由于交易门槛以及信息不对称等原因，个人投资者参与新三板从实际操作上来讲存在较大风险，因此个人投资者参与新三板投资可以另辟蹊径，如通过购买专业机构发售的基金、理财产品等间接投资于新三板。

第六章　新三板市场的并购重组

并购重组并不是准确的法律概念，只是市场内的通俗说法，它包括并购和重组两个部分，并购一般指的是公司进行的兼并和收购行为，而重组则指的是公司进行的资产剥离、股权出售、分立、股本分散和股份置换等行为。在现实当中，并购重组往往是一个完整的经济活动过程。例如，A公司想要对B公司的资产或债务进行重组，那么首先需要通过并购的方式取得B公司的控制权。一般情况下，并购是重组的前提条件，而重组则是并购之后企业的内部整合过程。

近年来，新三板并购重组市场的发展势头方兴未艾。一方面，随着新三板扩容、转板、做市等方面的利好消息不断推出，越来越多的中小微企业和投资者开始参与到新三板市场中来，这为并购重组市场的发展奠定了基础；另一方面，有关非上市公众公司的并购重组制度正趋于完善，这为市场提供了良好的制度环境，同时也增强了市场信心。2014年下半年，已有包括湘财证券、新冠亿碳、瑞翼信息等多家新三板挂牌企业，因与上市公司达成并购重组意向而向全国中小企业股份转让系统提出申请终止挂牌。这在一定程度上反映了新三板并购重组市场未来的发展潜力，也是本章研究的意义所在。

本章由四部分构成，第一部分对并购重组市场进行基本介绍；第二部分着重分析新三板并购重组制度设计的总体思路，并对其主要原则进行解读；第三、四部分分别对收购制度和重组制度的要点和案例进行分析。通过阅读本章，希望读者对新三板并购重组市场的最新发展动态以及现有的制度体系有初步的认识。

第一节 并购重组市场简介

从 20 世纪初期至今,西方国家共经历了五次并购浪潮,每一次并购浪潮都显著加快了经济结构的调整和经济发展方式的转变,促进了实体经济的腾飞。目前,全球上市公司的并购交易额在全球企业并购交易额中占比达到 80%,美国市场的上市公司并购交易额已连续多年超过首次公开发行(IPO)和再融资总额。关于并购重组的重要性,美国著名经济学家斯蒂格勒曾一针见血地指出:"没有一个美国大公司不是通过某种程度、某种形式的兼并成长起来的,几乎没有一家公司主要是靠内部扩张成长起来的。"从某种程度上而言,实施并购重组是公司上市后发展的快车道,世界 500 强公司的历史就是一部靠并购重组发展壮大的历史。

一、全球并购重组市场概况

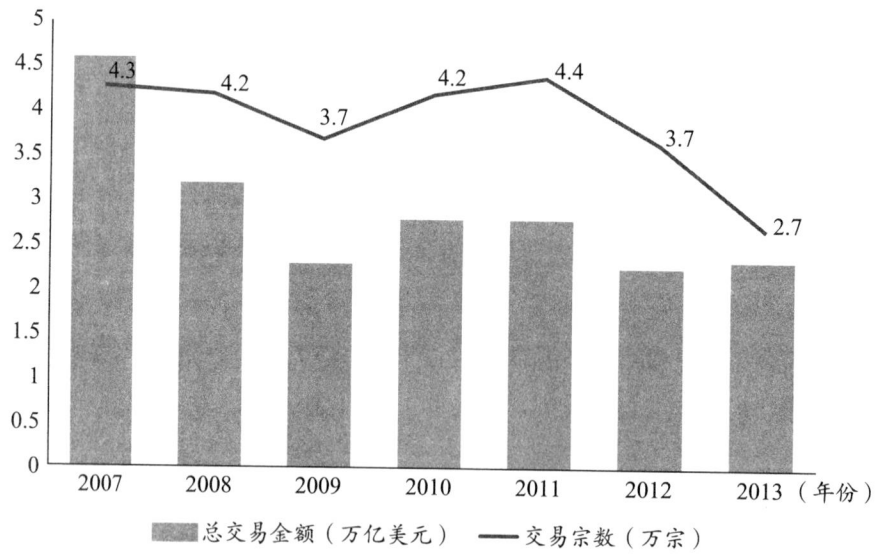

图 6-1 2001-2013 年全球并购交易情况

数据来源:非上市公众公司监管部①。

---

① 2012、2013 年全球并购重组数据来源于安永会计师事务所。

放眼全球，现如今的并购重组市场，不论是在总交易金额还是在交易宗数上，都较以往有了新的突破。全球并购交易的总金额从2002年到2007年一直稳步上升，2007年是总交易金额的峰值年份，该年平均每宗交易的金额超过了1亿美元。2008年以后，受到经济危机的影响，全球并购重组市场的总交易金额有了一定的萎缩。

二、我国并购重组市场概况

经过近30年的快速发展，中国在2010年超过日本，成为仅次于美国的全球第二大经济体，与此同时，我国企业的并购重组市场近年来也取得了飞速的发展。"十一五"期间（2006年至2010年），我国企业间并购交易累计达到1.67万宗，交易额累计突破6.4万亿元，分别是"十五"期间（2001年至2005年）总量的6.4倍和4.5倍（见图6-2）。

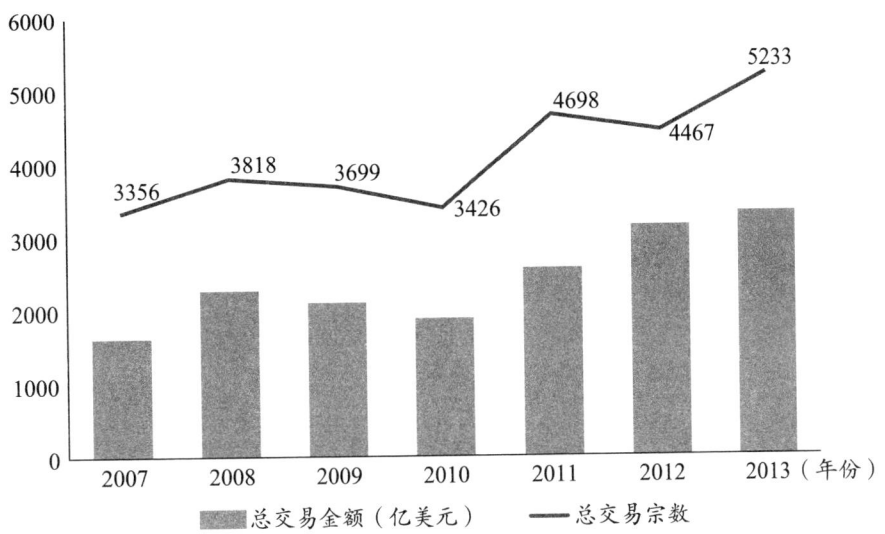

图6-2 我国企业（含非上市公司）2002-2013年并购重组发展状况

数据来源：非上市公众公司监管部①。

在成熟的资本市场中，企业之间的并购重组是一个永恒的热点。大型企业要拓展领域、保持优势，而中小企业则要求生存、谋求进一步的发展。

---

① 2012、2013年中国并购重组数据来源于CVSource（投中数据终端）。

长期以来，大型企业之间的并购交易金额屡创新高，双方对控制权的激烈争夺为人们津津乐道，但大型企业之间的并购重组大多只是行业中利益的再分配；有中小微企业参与的并购重组往往能够让人耳目一新，真正推动了行业变革。例如，支付宝（阿里巴巴）收购天弘基金，而后诞生的互联网理财新秀——余额宝，掀起了一场中国基金行业的渠道革命；又如近期大智慧拟收购新三板挂牌券商——湘财证券，如果收购顺利完成，二者的结合将诞生国内首家互联网券商。当前，随着经济全球化进程的持续推进，以及我国资本市场的日益成熟和完善，以中小微企业为代表的非上市公众公司及其所处的并购重组市场，正受到来自市场各方的青睐。我们可以从挂牌企业数量、定增额度、主办券商数量、并购重组交易四个方面来分析。

1. 挂牌企业数量激增

新三板市场从 2006 年 1 月设立以来，截至 2014 年 8 月底，共有挂牌企业 1069 家，其中 2012 年挂牌 105 家，就已超过了前六年挂牌企业数量的总和，2013 年新挂牌企业的数量为 156 家，企业的总数量达到了 356 家。进入 2014 年以来，增长速度更为迅猛，仅在前八个月内就新增了 713 家。（见图 6–3）。

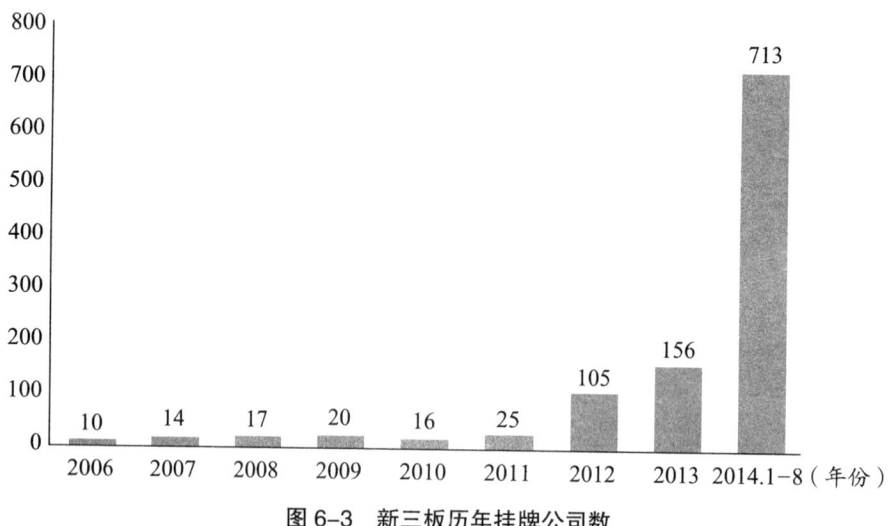

图 6–3　新三板历年挂牌公司数

数据来源：三板汇网。

2. 定增额度增大

定增融资额度的增大反映了投资者对于新三板市场的看好。2006 年至 2014 年 4 月底，共有 137 家挂牌公司实施了 160 次定向增发，合计增发 10.34 亿股，共募集资金 75.89 亿元。但在 2011 年以前，新三板融资额度都保持在较低水平，整个市场融资规模在 5 亿元以下。2012 年融资额度才有了较大幅度的增长，2013 的融资规模超过了 10 亿元。进入 2014 年，融资额呈直线上升趋势，仅上半年以来，新三板发布定增预案的企业近百家，含待实施定增计划总募资额达 84.24 亿，已实施的定增融资额高达 45.80 亿元，为去年 10.2 亿元的近 5 倍（见图 6-4）。

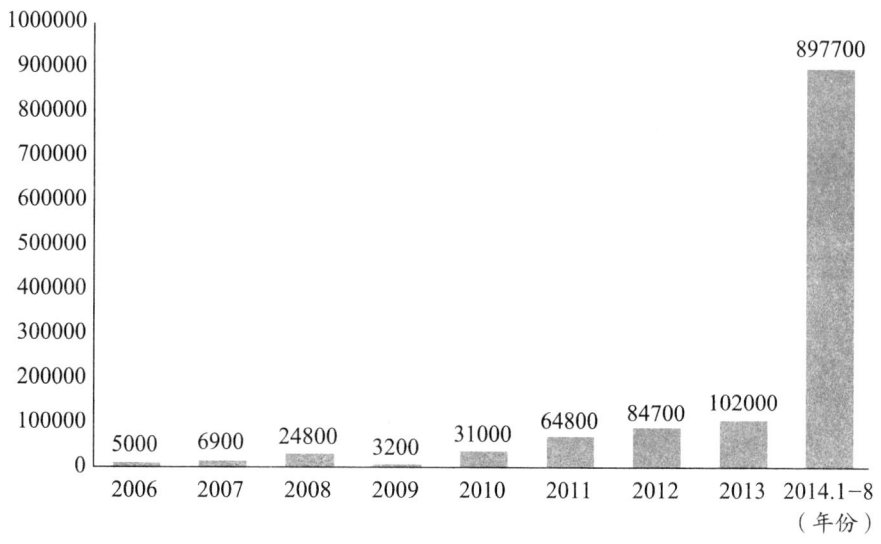

图 6-4　新三板历年定增融资额

数据来源：三板汇网。

3. 券商参与热情提高

由于企业并购重组具有一定的技术性和复杂性，需要包括券商在内的诸多专业中介机构参与。对于券商而言，一方面，新三板并购重组市场的制度体系建设进一步完善，挂牌企业数量增长迅猛，增大了市场对并购重组的需求；另一方面，并购重组属于高端业务，它需要券商具备较强的定价能力和强大的销售网络,还要有丰富且优秀的人才储备,一般券商难以胜任;并且,并购重组业务相对于直投业务、经纪业务而言,具有更高的佣金回报。面对日益激烈的业务竞争,增强自身实力、积极开拓市场是券商自身的发展需要。因此,在市场需求和投行自身业务发展的需求下,券商参与新三板的热情很高。2006年,新三板主办券商的数量仅为14家,到2013年末已经增长到73家,到2014年8月,新三板主办券商的数量已达84家,这个数据还在更新当中。随着新三板并购重组市场的进一步发展,未来还有会更多地券商加入到主办券商的行列当中(见图6-5)。

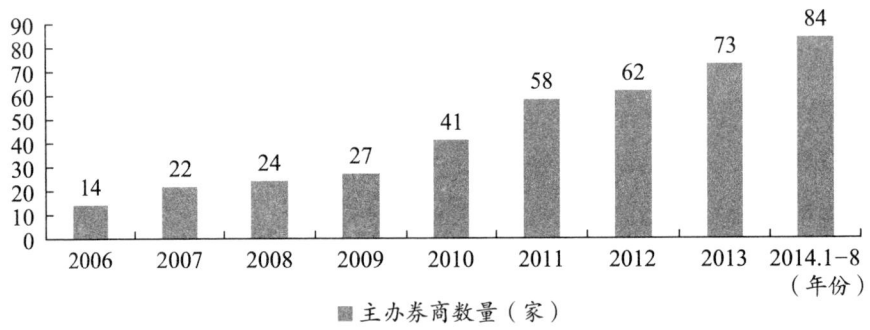

图6-5 新三板历年主办券商数量

数据来源:三板汇网。

4. 并购重组交易增多

近年来,新三板并购重组市场制度体系不断完善,有关挂牌企业并购重组的交易案例也在不断增加。2013年,新三板还并未出现挂牌公司因并购重组而摘牌的情况,到2014年,已有包括湘财证券、新冠亿碳、瑞翼信息等多家新三板挂牌企业,因与上市公司达成并购重组意向而向全国股转系统提出申请终止挂牌。表6-1为部分与上市公司达成并购重组意向的新三板挂牌企业的情况。

表 6-1　新三板挂牌企业与上市公司达成并购重组意向数据统计

收购方	被收购方	收购总价格额度	收购股权比例	每股收购价格	目标公司账面净资产（截至2013年12月31日）	目标公司每股收益（截至2013年12月31日）	股票终止挂牌时间
东江环保（002672）	新冠亿碳（南昌、合肥）（430275）	0.966亿①	100%	未披露	0.75亿	0.21元	2014.5.6
通鼎光电（002491）	瑞翼信息（430531）	1.15亿	51%	15.7元	0.25亿	0.92元	2014.5.23
东方国信（300166）	屹通信息（430364）	4.5亿	100%	18.62元	0.18亿	0.56元	2014.7.10
大智慧（601519）	湘财证券（430399）	不超过90亿	100%	未披露	35.47亿	0.04元	2014.8.12

数据来源：东方财富网。

除此之外，近期还有福格森（证券代码：430587）、金豪制药（证券代码：430026）、捷虹股份（证券代码：430295）与上市公司达成并购重组意向，但具体的并购重组情况还未进行披露。

根据以上各方的情况，新三板市场即将成为资本市场的新宠并购重组市场的猎场。

第二节　并购制度要点解析和案例分析

并购是企业经营活动过程当中的一项重要经济行为，企业实施并购后

---

① 南昌新冠100%股权转让价款为40478850.00元，合肥新冠100%股权转让价款30557421.86元，其余25563728.14元为深圳再生能源（为东江环保全资子公司）代为清偿原股东借款金额，合计总价款人民币96600000元。

能够产生财务的协同效应、生产经营的规模效应，可以降低生产成本，提高产品定价能力，减少内部竞争等多方面有利于企业发展的优势。不容忽视的是，企业实施并购存在着一定的风险，尤其是财务风险。虽然目前我国非上市公众公司并购重组市场才刚刚起步，但其发展迅猛，这就要求有完善的制度来规范非上市公众公司的并购行为，促进并购市场的健康有序发展。

一、非上市公众公司并购监管的目标和原则

有关上市公司的并购制度已经运行了多年，被实践证明是成熟且行之有效的制度，因此，非上市公众公司收购监管制度仍需坚持和沿用上市公司监管的基本制度，与上市公司的基本监管目标保持一致。具体而言，上市公司与非上市公众公司的收购监管要达到如下图所示的四个方面的目标（见图 6-6）。

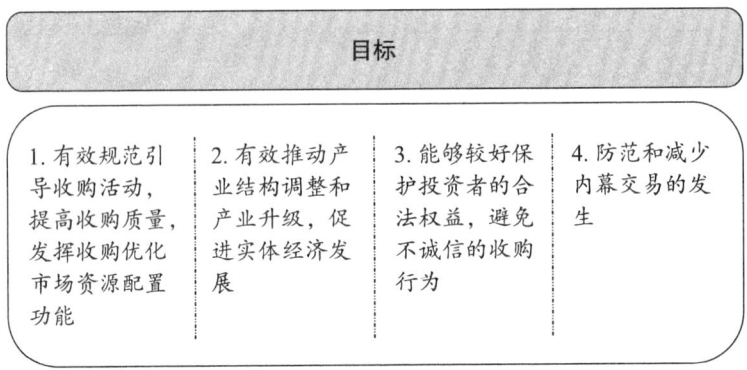

图 6-6　非上市公司并购监管目标

但与上市公司相比，非上市公众公司以中小微企业为主，企业数量较多。一方面，这导致非上市公众公司并购情况差异较大，监管难度相对较高，监管要求不宜过多、过高或者整齐划一，应具有适应性、适当性和有效性；另一方面，这也使得非上市公众公司的收购机会可能更多，所涉及的资产金额可能更小，收购监管制度安排应简便、灵活、高效，体现鼓励公众公司收购的精神。

综上所述，非上市公众公司的收购监管制度目标应该同上市公司的收购监管制度目标保持一致，并且需要注意与非上市公众公司的特点相适应，坚持"鼓励收购、降低成本、强化信披、提高效率"的原则。

二、非上市公众公司并购制度与上市公司并购制度对比

由于非上市公众公司与上市公司之间存在着对象特点和市场环境的差异，这决定了非上市公众公司并购制度的设计相对于上市公司的并购制度而言，更加具有灵活性、针对性、适当性。我们大体可以分为沿用或借鉴上市公司收购的主要制度，以及修改或调整的监管制度两类来分别说明。

（一）沿用或借鉴上市公司的主要制度

非上市公众公司的收购制度从某种程度上而言，是对上市公司收购制度的沿用和借鉴，二者在表 6-2 中的五个方面存在着一致性。

表 6-2　沿用或借鉴上市公司的主要制度

序号	核心内容	具体内容
1	收购人准入资格要求	收购人及其实际控制人应当具有良好诚信记录，其为法人的应当具有健全的公司治理机制；
		收购人负有数额较大且到期未清偿债务、最近 2 年有重大违法行为或者涉嫌有重大违法行为、最近 2 年有严重的证券市场失信行为等情形的，不得收购非上市公众公司。
2	充分发挥财务顾问等中介机构的作用	除权益变动披露外，要求收购人必须聘请具有相关业务资格的财务顾问，由财务顾问负责对收购人的主体资格、收购目的、实力、诚信记录、资金来源和履约能力进行尽职调查。
3	控股股东或实际控制人退出的管理要求	控股股东、实际控制人向收购人协议转让其所持有的公众公司股份的，应当对收购人的主体资格、诚信情况及收购意图进行调查；
		控股股东、实际控制人及其关联方在转让被收购公司控制权之前有损害被收购公司及其他股东合法权益的，被收购公司董事会应当及时披露，并采取有效措施维护公司利益。

续表

序号	核心内容	具体内容
4	收购人的股份限售要求	通过收购行为成为公司第一大股东或实际控制人的收购人，其持有的被收购公司股份，在收购完成后12个月内不得转让。
5	违法违规的处罚	总体上与上市公司保持一致； 采取监管谈话、出具警示函、责令暂停或停止收购等监管措施； 对当事人的违法行为和整改情况记入诚信档案； 参照《证券法》的规定进行处罚。

（二）修改或调整的监管制度

表 6-3 中的内容是在借鉴和沿用了上市公司收购制度的基础之上，结合非上市公众公司的特点而进行修改或调整的监管制度，对非公众公司的收购监管具有更强的针对性和创新性。

表 6-3　修改或调整的上市公司的监管制度

序号	核心内容		具体内容
1	不设行政许可，以信息披露为核心，强化自律监管		适当降低行政权力的介入程度，充分发挥市场约束机制，强化股转系统自律监管，给市场和投资者更大的决策范围。
2	调整权益变动的披露要求和触发比例	按照控制权是否变更进行划分	控制权未发生变更的，披露权益变动报告书；
			控制权发生变更的，披露收购报告书；
		调整权益披露触发标准	将10%作为触发权益变动的披露标准，对于持股10%以上的权益拥有人，增减触及5%的倍数，应当编制并披露权益变动报告书。
3	自主约定是否实行强制全面要约收购制度		非上市公众公司收购不实施强制全面要约收购制度； 收购人是否需要实施全面要约收购的权利交由公司自行决定，采取自治的方式在公司章程中约定： 公司章程中约定收购人需要发出全面要约收购的，应明确全面要约收购的触发条件、要约价格的确定标准以及相应制度安排，同时对要约价格提出原则性规定。

续表

序号	核心内容	具体内容
4	自愿要约收购制度	需要变更收购要约的，变更后的要约收购价格不得低于变更前的要约收购价格； 不强制要求被收购公司聘请独立财务顾问； 收购人可以采用现金、证券、现金与证券相结合等合法方式支付收购公众公司的价款； 采用多种形式保证履约能力。
5	简化披露内容	权益变动报告书：简要披露收购人的基本情况、持股数量和比例、持股性质、权益取得方式等； 收购报告书和要约收购报告书：重点强化客观性事实披露，弱化主观性分析信息。
6	加强责任主体的自我约束和市场自律监管	借鉴新股发行制度改革的做法，对于相关责任主体做出公开承诺的，要求同时披露未能履行承诺时的约束措施。
7	针对管理层收购，暂时不作明确规定	非上市公众公司以民营企业为主，管理层收购的需求不高； 按照"简单起步、急用先行"的原则，暂时不作要求。

非上市公众公司与上市公司之间存在着不小的差异，在对其并购重组进行监管时，需要实行特殊问题灵活处理。表6-4反映了上市公司并购重组和非上市公众公司的部分并购重组监管行为对比。

表6-4 上市公司并购重组和非上市公众公司部分并购重组监管行为对比

并购行为	上市公司监管方式	公众公司监管方式
发布收购报告书	备案	信息披露
全面要约收购	强制、豁免	不设强制全面要约
发行股份购买资产	核准	重大资产重组不涉及发行股份或定向发行股份购买资产股东超200人的，由证监会核准
		重大资产重组不涉及发行股份或定向发行股份购买资产未超过200人的，由neeq对信息披露文件进行审查
单纯重大资产重组	审批	信息披露、监管

灵活的监管制度有利于中小微企业能够尽可能在宽松的制度环境下积极参与并购重组市场，真正做到搞好搞活非上市公众公司并购重组市场。

三、非上市公众公司并购制度详解

为了便于读者理解，本小节将按照收购制度概述、权益披露规则要点、控制权变动规则要点以及要约收购要点的顺序进行介绍。

（一）收购制度概述

2014年7月，证监会出台了《非上市公众公司收购管理办法》，配套出台的还包括《非上市公众公司信息披露内容与格式准则第5号——权益变动报告书、收购报告书、要约收购报告书》，用以增强非上市公众公司收购的可操作性。《非上市公众公司收购管理办法》共有47条，由总则、权益披露、控制权变动披露、要约收购、监管措施与法律责任和附则六个部分组成。其内容主要涉及两个方面，一是有关于权益披露，二是关于收购制度。图6-7为《非上市公众公司收购管理办法》的框架。

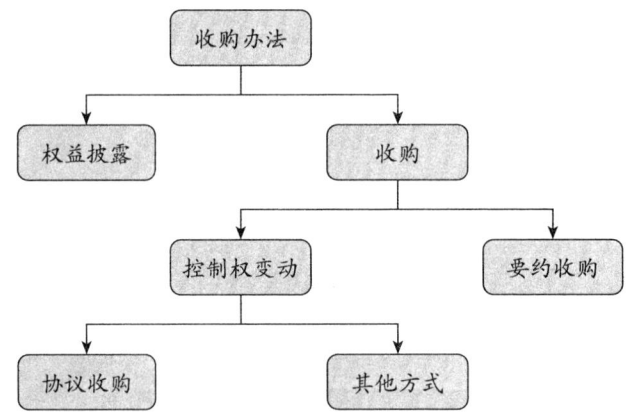

图6-7 《非上市公众公司收购管理办法》的框架

以下我们将从收购人资格要求、聘请财务顾问、被收购公司控股股东及董监高、信息披露义务人这四个方面来对这部分的内容做一个简要说明（见图6-8）。

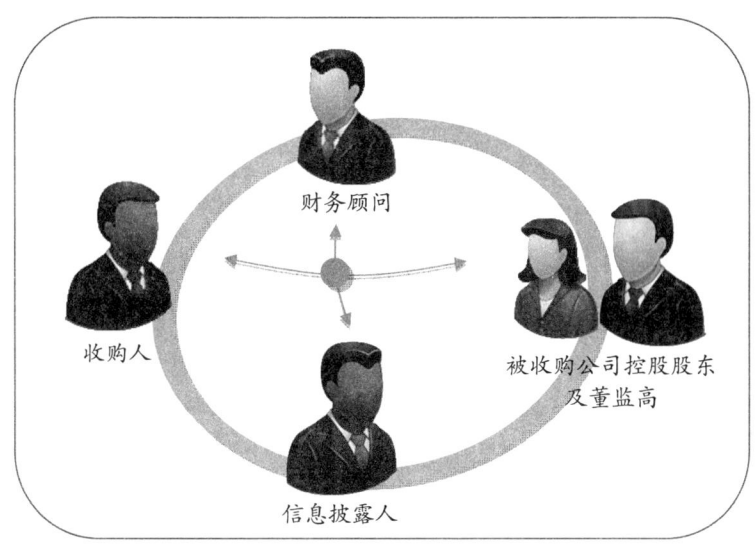

图 6-8 《非上市公众公司收购管理办法》的四个维度

1. 收购人资格要求

收购主要涉及公司股权结构的调整，目标大多指向公司控制权变动，其核心内容是"股东准入"，加之我国的资本市场是新兴市场、转轨市场，市场约束不强，需要在市场准入上对股东做出规定。上市公司的实践证明，不限制收购人条件对企业的发展和市场的损害都是极大的。因此，对于收购人资格的严格审查，不仅是对被收购公司股东利益的负责，也是对市场秩序的维护。《非上市公众公司收购管理办法》第六条明确要求收购人应具有良好的诚信记录、法人应当具有健全的公司治理机制、不得利用收购损害被收购公司及其股东的合法权益。表 6-5 反映了不得收购公众公司的五种情形。

表 6-5 不得收购公众公司的五种情形

情形一	收购人负有数额较大债务，到期未清偿，且处于持续状态。
情形二	收购人最近 2 年有重大违法行为或者涉嫌有重大违法行为。
情形三	收购人最近 2 年有严重的证券市场失信行为。

续表

情形四	收购人为自然人的，存在《公司法》第一百四十六条规定情形的	无民事或限制民事行为能力的；
		因贪污、贿赂、侵占财产、挪用财产或者破坏社会主义市场经济秩序，被判处刑罚，执行期满未逾五年，或者因犯罪被剥夺政治权利，执行期满未逾五年的；
		担任破产清算的公司、企业的董事或者厂长、经理，对该公司、企业的破产负有个人责任的，自该公司、企业破产清算完结之日起未逾三年的；
		担任因违法被吊销营业执照、责令关闭的公司、企业的法定代表人，并负有个人责任的，自该公司、企业被吊销营业执照之日起未逾三年的；
		个人所负数额较大的债务到期未清偿的。
情形五	法律、行政法规规定以及中国证监会认定的不得收购公众公司的其他情形。	

2. 关于财务顾问

收购是收购方与被收购方之间发生的一项重大经济事项，需要充分发挥财务顾问等中介机构的作用。

（1）收购方

原则上必须聘请，且在收购完成后12个月内持续督导。财务顾问认为收购人利用收购损害被收购公司及其股东合法权益的，应当拒绝为收购人提供财务顾问服务。

可能存在的例外情况是：国有股行政划转或者变更、因继承取得股份、股份在同一实际控制人控制的不同主体之间进行转让、取得公众公司向其发行的新股、司法判决导致收购人成为或拟成为公众公司第一大股东或者实际控制人。

（2）被收购方

可以根据自身的情况来选择是否聘请财务顾问。如果聘请，可以是主办券商，但影响独立性、顾问资格受限的除外，也可以同时聘请其他机构。

3. 关于被收购公司控股股东及董事、监事、高级管理人员

被收购公司的控股股东及董事、监事、高级管理人员在公司被收购时是最具话语权的群体，对维护其他股东的利益有着重要作用，《非上市公

众公司收购管理办法》对其行为做出了以下要求。

（1）控股股东和实际控制人

被收购公司控股股东和实际控制人不得损害公司和其他股东利益，如果存在损害行为，应该及时消除。如果不能消除，应该做出弥补安排，并提交被收购公司股东大会审议通过，这时被收购公司的控股股东、实际控制人及其关联方应当回避表决。

（2）董事、监事、高级管理人员

应当履行好忠实义务和勤勉义务，对收购所做出的决策及采取的措施，应当有利于维护公司及其股东的利益，不得滥用职权对收购设置不适当的障碍，不得利用公司资源向收购人提供任何形式的财务资助。

4. 关于信息披露义务人

信息披露义务人主要有两项重要的义务，一是要严格的履行披露义务，二是应当履行保密义务。

披露义务人在对外披露信息时，要求保证所披露的信息及时、真实、准确、完整，不得有虚假记载、误导性陈述或者重大遗漏，而且应该在全国股份转让系统指定的信息披露平台上进行披露。

在信息尚未披露之前，信息披露义务人及知悉相关信息的人员负有保密义务，禁止利用该信息进行内幕交易和从事证券市场操纵行为。如果信息披露义务人依法披露前，相关信息已在媒体上传播或者公司股票转让出现异常的，公众公司应当立即向当事人进行查询，当事人应当及时予以书面答复，公众公司应当及时披露。

（二）权益披露规则的要点

对于新三板并购重组市场的监管，主要借助的是信息披露的方式。控制权未发生变更的，要求编制并披露权益变动报告书。关于权益披露，有以下几个要点：

1. 权益披露的首次触发

（1）触发条件（其一即可）

①通过全国股份转让系统的做市方式、竞价方式进行证券转让，投资

者及其一致行动人拥有权益的股份达到公众公司已发行股份的 10%。

②通过协议方式，投资者及其一致行动人在公众公司中拥有权益的股份拟达到或者超过公众公司已发行股份的 10%。

（2）权益披露的要求

投资者及其一致行动人应当在该事实发生之日起 2 日内编制并披露权益变动报告书，报送全国股份转让系统，同时通知该公众公司，并且自该事实发生之日起至披露后 2 日内，不得再行买卖该公众公司的股票。

2. 权益披露的持续触发

（1）触发条件

当投资者及其一致行动人拥有权益的股份已达到公众公司已发行股份 10% 后，其拥有权益的股份占该公众公司已发行股份的比例每增加或者减少 5%，即其拥有权益的股份每达到 5% 的整数倍时，就满足了持续触发的条件。

（2）披露要求

对于权益披露的持续触发，还是应当依照首次触发权益披露的规定进行披露，并且自该事实发生之日起至披露后 2 日内，不得再自行买卖该公众公司的股票。

3. 持股比例的计算

对于持股的比例计算，《非上市公众公司收购管理办法》所称的一致行动人、公众公司控制权及持股比例计算等参照《上市公司收购管理办法》第八十五条规定：信息披露义务人涉及计算其持股比例的，应当将其所持有的上市公司已发行的可转换为公司股票的证券中有权转换部分与其所持有的同一上市公司的股份合并计算，并将其持股比例与合并计算非股权类证券转为股份后的比例相比，以二者中的较高者为准；行权期限届满未行权的，或者行权条件不再具备的，无须合并计算。前款所述二者中的较高者，应当按下列公式计算：

（1）投资者持有的股份数量 / 上市公司已发行股份总数

（2）（投资者持有的股份数量 + 投资者持有的可转换为公司股票的非股权类证券所对应的股份数量）/（上市公司已发行股份总数 + 上市公司发

行的可转换为公司股票的非股权类证券所对应的股份总数）

4．权益披露的几种特殊情况

（1）如果是通过行政划转或者变更、执行法院裁定、继承、赠予等方式导致触发权益变动的，需要履行披露义务。

（2）如果投资者不是公众公司的股东，但通过投资关系、协议、其他安排等方式进行收购触发权益变动的，也需要履行披露义务。

（3）发行新股或减资达到应披露比例的，无须履行权益变动披露义务。

（三）控制权变动的要点

在以上的权益披露规则当中我们提到，按照控制权划分，控制权未发生变更的，要求编制并披露权益变动报告书，如果控制权发生了变更，就需要编制和披露收购报告书了。那么如何来界定控制权是否发生了变动呢？

1．适用条件

当存在以下两种情况中任何一种的时候，适用控制权变动的情况：

（1）通过证券转让成为公众公司第一大股东或实际控制人。

（2）通过投资关系、协议转让、行政划转或者变更、执行法院裁定、继承、赠予、其他安排等方式，成为或拟成为公众公司第一大股东或者实际控制人且拥有权益的股份超过公众公司已发行股份10%的。

2．披露要求

（1）基本披露要求

自前述事实发生之日起2日内编制收购报告书，连同财务顾问专业意见和律师出具的法律意见书一并披露，报送全国股份转让系统，同时通知该公众公司。

（2）特殊情况

收购公众公司股份需要取得国家相关部门批准的，收购人应当在收购报告书中进行明确说明，并持续披露批准程序进展情况。

3．协议收购的过渡期问题

协议收购通常是指收购者依照法律、行政法规的规定，以协商的方式与被收购公司的股东签订收购其股份的协议，从而达到控制该公司的一种收购方式。协议收购的过渡期指的是从签订收购协议起至相关股份完成过户的这段时期。《非上市公众公司收购管理办法》对被收购公司的过渡期提出了以下三个方面的要求：

（1）收购人不得通过控股股东提议改选公众公司董事会，确有充分理由改选董事会的，来自收购人的董事不得超过董事会成员总数的1/3。

（2）不得为收购人及其关联方提供担保，不得发行股份募集资金。

（3）除正常经营活动或者执行股东大会已决事项外，拟处置公司资产、调整公司主要业务、担保、贷款及可能对资产、负债、权益或者经营成果造成重大影响的事项，应当提交股东大会审议通过。

4. 股份限售要求

（1）原则要求

收购完成后收购人成为公司第一大股东或者实际控制人的，收购人持有的被收购公司股份，在收购完成后12个月内不得转让。

（2）例外情况

收购人在被收购公司中拥有权益的股份在同一实际控制人控制的不同主体之间进行转让不受前述12个月的限制。

5. 对被收购公司控股股东、实际控制人的特殊要求

在以上的制度概述当中，我们讨论了关于被收购公司控股股东及董事、监事、高级管理人员在收购当中最基本的要求，在这里还要对被收购公司的控股股东或者实际控制人提出特殊要求，要求他们做到尽职调查和消除损害。

（1）尽职调查要求

向收购人协议转让其所持有的公众公司股份的，应当对收购人的主体资格、诚信情况及收购意图进行调查，并在其权益变动报告书中披露有关调查情况。

（2）消除损害要求

未清偿其对公司的负债，未解除公司为其负债提供的担保，或者存在损害公司利益的其他情形的，被收购公司董事会应当对前述情形及时披露，并采取有效措施维护公司利益。

(四)要约收购规则要点

要约收购与协议收购在交易场地、股份限制、收购态度、收购性质等方面存在着一定的差异,它主要指的是收购人通过向目标公司的股东发出购买其所持该公司股份的书面意见表示,并按照依法公告的收购要约中所规定的收购条件、价格、期限以及其他规定事项,收购目标公司股份的收购方式。

1. 要约收购类型及基本要求

(1)要约收购分为两种类型:全面要约和部分要约。二者的主要差异在于要约收购的股份数量。

(2)要约收购的基本要求有以下四点,如表6-6所示。

表6-6 要约收购的基本要求

要求一	预收比例不得低于该公众公司已发行股份的5%;
要求二	根据公司章程规定需要发出全面要约收购的,同一种类股票要约价格不得低于要约收购报告书披露日前6个月内取得该种股票所支付的最高价格;
要求三	收购人披露后至收购期限届满前,不得卖出被收购公司的股票,也不得采取要约规定以外的形式和超出要约的条件买入被收购公司的股票;
要求四	公众公司应当在公司章程中约定在公司收购时收购人是否需要向公司全体股东发出全面要约收购,并明确全面要约收购的触发条件以及相应制度安排。

2. 要约收购的流程

要约收购的流程如图6-9所示。

首先需要筹备专门的收购小组进行专业化的筹备工作,之后收购小组应对相关信息进行披露。如果需要有关部门的批准,则持续进行披露,在获得相关部门批准后,收购期限开始,如无须相关部门批准,则在信息披露后直接开始计算收购期限。以下要介绍到竞争要约和初始要约,我们可以从两个简单的示意图来说明竞争要约和初始要约。

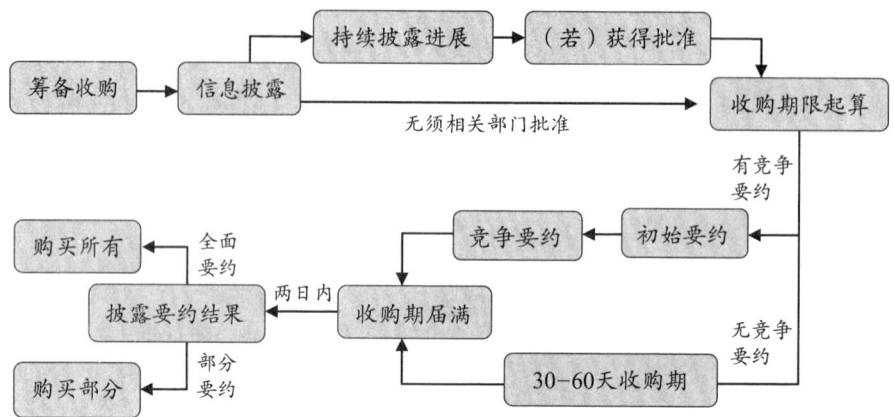

图 6-9　新三板要约收购的流程

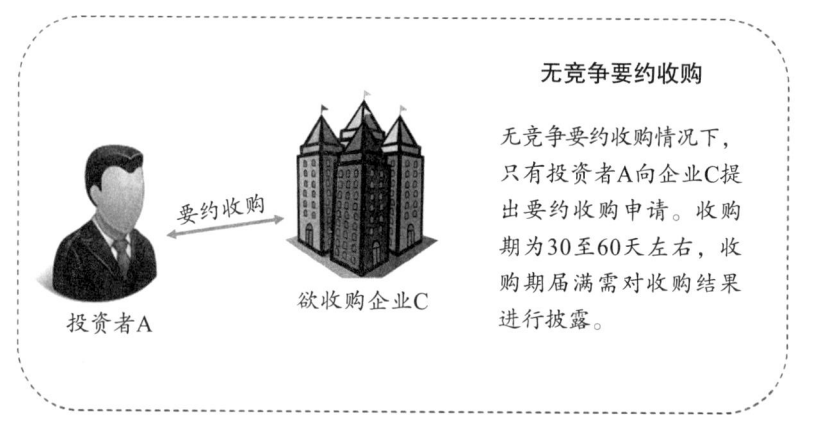

图 6-10　无竞争要约收购

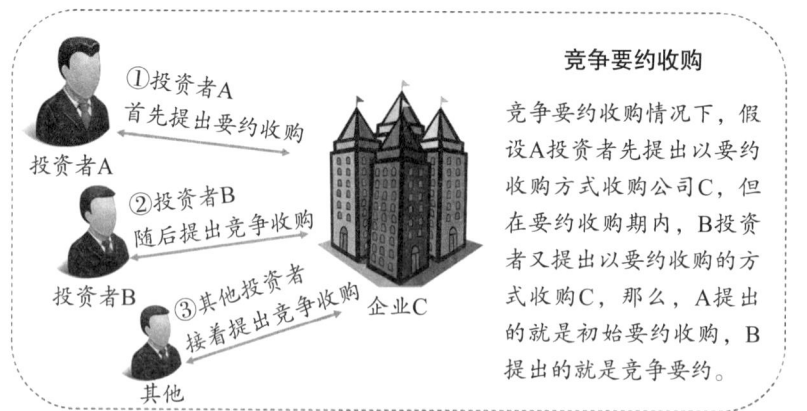

图 6-11　竞争要约收购

完成要约后即收购期届满,对要约收购的结果进行披露,之后就是分别按照全面要约或者部分要约购买股份。

在上述的要约收购流程中有以下几个重要的方面需要尤为注意:

(1)要约收购的信息披露要求

要约收购的信息披露要求有以下三个要点:

①出具要约收购报告书、财务顾问专业意见和律师出具的法律意见书,并报送全国股份转让系统,同时通知被收购公司。

②要约收购需要取得国家相关部门批准的,收购人应当在要约收购报告书中进行明确说明,并持续披露批准程序进展情况。

③要约收购没有事先核准或事后备案要求。

(2)要约收购的支付手段

要约收购的支付手段种类较多,可通过现金、证券、现金与证券相结合等合法方式进行支付。其中通过证券支付的有以下两个特殊要求:

①披露该证券的发行人最近2年经审计的财务会计报表、证券估值报告,并配合被收购公司或者其聘请的独立财务顾问的尽职调查工作。

②收购人以未在中国证券登记结算有限责任公司登记的证券支付收购价款的,必须同时提供现金方式供被收购公司的股东选择,并详细披露相关证券的保管、送达被收购公司股东的方式和程序安排。

(3)履约保障

要约收购的履约保障至少应该保证有以下各项中的一项,如表6-7所示:

表 6-7 要约收购的履约保障

保障一	将不少于收购价款总额的20%作为履约保证金存入中国证券登记结算有限责任公司指定的银行等金融机构;
保障二	收购人以在中国证券登记结算有限责任公司登记的证券支付收购价款的,在披露要约收购报告书的同时,将用于支付的全部证券向中国证券登记结算有限责任公司申请办理权属变更或锁定;
保障三	银行等金融机构对于要约收购所需价款出具的保函;
保障四	财务顾问出具承担连带担保责任的书面承诺。如要约期满,收购人不支付收购价款,财务顾问应当承担连带责任,并进行支付。

（4）对被收购公司的要求

可从对董事会和对董事的要求两个方面来进行说明：

①董事会

对董事会的要求是应该对收购人的主体资格、资信情况及收购意图进行调查，对要约条件进行分析，对股东是否接受要约提出建议，并可以根据自身情况选择是否聘请独立财务顾问提供专业意见。

②董事

对董事的要求是要约收购期间，被收购公司董事不得辞职。

（5）收购期限

要约收购的期限不得少于30日，并不得超过60日，但是出现竞争要约的除外。收购期限的四个要点如表6-8所示。

表6-8 要约收购的期限

要点一	自要约收购报告书披露之日起开始计算；需要取得国家相关部门批准的，收购人应将取得的本次收购的批准情况连同律师出具的专项核查意见一并在取得全部批准后2日内披露，收购期限自披露之日起开始计算；
要点二	承诺期限内要约不可撤销；
要点三	要约收购期限内，收购人应当每日披露已预受收购要约的股份数量；
要点四	要约收购期限届满后2日内，收购人应当披露本次要约收购的结果。

（6）要约变更

如果有出现变更收购要约的情况，需要遵守以下三点规则：

①重新编制并披露要约收购报告书，报送全国股份转让系统，同时通知被收购公司。

②变更后的要约收购价格不得低于变更前的要约收购价格。

③要约期限届满前15日内，收购人不得变更收购要约；但是出现竞争要约的除外。

（7）竞争要约

①关于竞争要约的披露时间

发出竞争要约的收购人最迟不得晚于初始要约收购期限届满前15日

披露要约收购报告书，需履行披露义务。

②关于初始要约收购期限的延长

发出初始要约的收购人变更收购要约距初始要约收购期限届满不足 15 日的，应当延长收购期限，延长后的要约期应当不少于 15 日，不得超过最后一个竞争要约的期满日，并按规定比例追加履约保证能力。

（8）预受股东及要约期满后的处理

预受是指被收购公司股东同意接受要约的初步意思表示，而预售股东指的就是同意接受收购要约条件的股东。

①关于预受股东

应当委托证券公司办理预受要约的相关手续。要约收购期限届满前 2 日内，预受股东不得撤回其对要约的接受。

②关于要约期满后处理

如果是部分要约，则应当按照收购要约约定的条件购买被收购公司股东预受的股份。预受要约股份的数量超过预定收购数量时，收购人应当按照同等比例收购预受要约的股份。如果是全面要约的，则应当购买股东预受的全部股份。

（五）其他规定

除此之外，在非上市公众公司实施收购的过程当中，还有一些其他规定需要参照，如表 6-9 所示。

表 6-9 非上市公司实施收购的其他规定

规定一	一致行动人、公众公司控制权及持股比例计算等参照《上市公司收购管理办法》相关规定；
规定二	为公众公司收购提供服务的财务顾问的业务许可、业务规则和法律责任等，按照《上市公司并购重组财务顾问业务管理办法》的相关规定执行；
规定三	做市商持有公众公司股份相关权益变动信息的披露，由中国证监会另行规定；
规定四	股票不在全国股份转让系统公开转让的公众公司收购及相关股份权益变动的信息披露内容比照《收购办法》的相关规定执行。

案例 6-1

北京易生创新科技股份有限公司并购案例分析

北京易生创新科技（证券代码：430092）是一家主营业务为计算机系统维护以及防毒卡的研发、生产和销售的股份有限公司，于 2011 年 9 月由主办券商申银万国推荐挂牌至新三板。

2013 年上半年，北京易生创新科技股份有限公司主营业务收入 129 万元，亏损 93 万元。股东总共 16 人，第一大股东刘文斌持股比例达到 37%，其他股东的持股比例都在 15% 以下，股权结构比较均衡。刘文斌同时兼任董事长和总经理，因此刘文斌为该公司的实际控制人。公司中期报告显示：公司防毒卡业务因外部技术环境改变，导致需求下降，收入减少，公司业务亟须转型。被收购的金刚游公司方面，其主营业务为网络游戏的开发与运营。以 2013 年 3 月 31 日为基准日，采取资产基础法进行评估，金刚游公司总资产评估值为 879.92 万元，总负债评估值为 352.43 万元。收购前，公司只有 3 名股东，持股比例分别为林耿华持股 46.92%，李柳军持股 45.08%，杜涛持股 8.00%。

2013 年 7 月，北京易生创新科技对北京金刚游科技有限公司进行了第一次资产收购，收购股权比例为 100%，合计总金额为人民币 486 万元。收购完成后，易生创新股东刘文斌、孙善忠等从 9 月 10 日起，开始陆续向金刚游公司原股东李柳军和杜涛转让股份。按照权益变动披露要求，易生创新进行了权益变动公告。2013 年 11 月 15 日，刘文斌向杜涛转让 39 万股之后，持股比例下降 27.7%，李柳军以 29.8% 的持股比例成为第一大股东。易生创新于当天披露了公司实际控制人变更的提示性公告，称原金刚游公司第二大股东李柳军成为公司新的控股股东和实际控制人。

虽然北京易生创新科技股份有限公司按要求披露了资产收购报告和权益披露报告，但本次交易却存在着以下三个方面的问题：

- **1. 信息披露不充分**：整个交易过程持续六个月之久，其间多次单项的披露致使报告的连续性不强，不容易让人明白整个交易流程
- **2. 信息披露不完整**：此次交易使金刚游公司的资产整体置入易生创新，易生创新的主营业务实际上发生了变更，而这个重要的消息却没有披露出来
- **3. 实际控制人问题**：对于持股比例仅为32%的自然人股东李柳军，为何从金刚游公司的第二大股东被认定为易生创新的实际控制人，这个问题没有交代清楚

相关的监管部门针对此类情况，并没有对其进行严厉的处罚，而只是要求其补充披露以上这两个方面的问题，体现了监管部门的灵活性和包容性，但企业应当注意在实施并购的过程当中要做到详尽披露信息，如若有制度上不明白的地方，多与主办券商以及监管部门进行沟通咨询，只有这样才能规范有序地完成并购。

第三节　重组制度要点解析及案例分析

企业重组的实质是资源的重新组合和配置，它是企业在经营活动过程当中的一项重要的自我调整行为，实施重组能够使企业资本实现保值增值，能够优化企业资产负债结构，提高管理效率，降低营运成本，从而充分利用现有的资源，实现资源的优化配置。但实施重组也有不利的一方面，不规范的企业重组容易导致内幕交易，造成企业资产的流失，股东或者债权人的合法权益受到侵害，特别是对于非上市公众公司的重组而言，由于企业股权比例高度集中且不合理，在重组过程当中容易对中小股东的利益造成侵害，因此，加强非上市公众公司的重组监管就显得尤为重要。

一、非上市公众公司重大资产重组监管的目标和原则

尽管上市公司与非上市公众公司在实施重大资产重组时存在着一定的差异,但上市公司与非上市公众公司在重大资产重组的监管目标上,应该具有一致性。具体而言,对上市公司和非上市公众公司的重组监管目标是:为了能够积极实现产业整合和升级,为了能够更好地保护投资者的利益。

同收购一样,非上市公众公司在实施重组时也有其一定的特殊性,在监管时需要坚持以下几点(见图 6-12)。

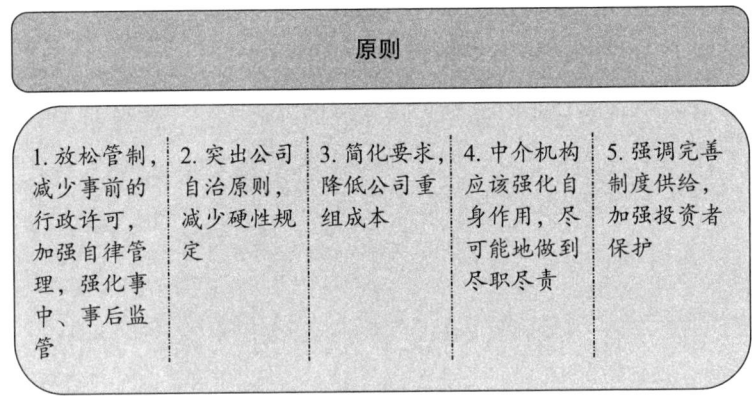

图 6-12　非上市公司重大资产重组的原则

以上的这五点既是非上市公众公司重组管理的监管原则,也是制度特点,它将对非上市公众公司的重组行为产生重要的影响。

二、非上市公众公司重组制度与上市公司重组制度对比

同介绍收购制度想相类似,对于非上市公众公司的重组制度,我们大体也可以从沿用或借鉴上市公司重大资产重组制度,以及调整和创新的重大资产重组监管制度来介绍。

(一)沿用或借鉴上市公司重大资产重组制度

表 6-10　沿用或借鉴上市公司重大资产重组制度

序号	核心内容	具体内容
1	内幕信息管理	沿用了上市公司重大资产重组制度中关于内幕信息管理的要求,包括控制筹划阶段的内幕知情人范围、规范决策程序、督促公司实施内幕信息知情人登记等;
		沿用了上市公司重大资产重组中的停复牌制度及与之相关二级市场核查制度,防范和打击重组中的内幕交易。
2	重组的原则要求	借鉴了上市公司重大资产的原则,要求重组资产定价公允,资产权属清晰,不存在侵害公司和股东合法权益的情形,有利于提高公司的资产质量和持续经营能力,有利于形成或者保持健全有效的法人治理结构;
		为了做好与公众公司准入时的标准相衔接,重组原则中不对盈利能力等做出要求。
3	重组的决策程序	《国务院关于全国中小企业股份转让系统有关问题的决定》中明确了挂牌公司的监管可以比照上市公司进行;
		为了充分保障股东行使权利,公众公司重大资产重组参照上市公司的决策程序,需要经董事会审议后提交股东大会特别决议。 ☆ 只召开一次董事会:需要披露重组报告书 ☆ 需召开两次董事会:第一次会后披露预案 　　　　　　　　　　第二次会后披露报告书
4	违法违规处罚	在违法违规处罚上与上市公司基本保持一致,除可以参照《证券法》的规定进行处罚外,还可以采取监管谈话、出具警示函、责令暂停或者停止收购等监管措施,并将当事人的违法行为和整改情况记入诚信档案;
		还可以采取不接受公众公司定向发行申请的措施。

（二）调整和创新的重大资产重组监管制度

表 6-11 调整和创新的重大资产重组监管制度

序号	核心内容	具体内容
1	分类监管、提高效率	单纯购买出售：信息披露并向股转系统备案； 发行股票购买资产股东人数 200 人下：由 neeq 进行自律管理 发行股份购买资产后股东累计超过 200 人：申请核准。
2	调整重组资产重组判断指标	取消营业收入指标； 将上市公司的净资产绝对和相对值判断标准，修改为净资产和总资产相对标准； 对于购买或出售的参股权，以成交金额和账面价值分别计算是否触及重大资产重组标准； 未界定借壳行为。
3	充分发挥公司自治，允许支付手段自主定价	《国务院关于促进企业兼并重组的意见》中规定"非上市公众公司兼并重组，允许实行股份协商定价"； 参考市价、同行业可比公司情况，买卖双方自行协商定价。
4	实施中小投资者单独计票机制	股东大会就重大资产重组事项做出的决议，必须经出席会议的股东所持表决权的 2/3 以上通过。非上市公众公司股东人数超过 200 人的，应当对出席会议的持股比例在 10% 以下的股东表决情况实施单独计票； 股东大会就重大资产重组事项进行表决时，关联股东应当回避表决。
5	丰富支付手段、给予公司创新空间	上市公司：股票； ☆国际：定向可转债、认股权证、财务顾问的过桥融资、直接投资、理财产品、并购基金。 非上市公众公司：股票、可转债、优先股。
6	简化申报文件和披露内容	不要求提供盈利预测、备考财务报告； 不要对董事会对评估情况发布意见； 不要求在报刊披露决议和重组报告书摘要； 不要求频繁披露重组进展； 突出客观事实陈述，减少定性分析。

续表

序号	核心内容	具体内容
7	加强退市公司重组的监管要求（对退市公司的特殊要求）	退市公司重大资产重组与申请重新上市是两个独立的事项，退市公司实施重大资产重组与申请重新上市并无必然联系。
		适当地加强了对退市公司的重大资产重组要求，比如要求退市公司提供网络投票等便捷方式保障股东行使表决权、加强重组实施过程中的信息披露的要求和突出相应的风险提示。

三、非上市公众公司重组制度详解

为了便于读者理解，本小节将主要从重大资产重组制度的概述、重大资产重组的一般性规定、重大资产重组的流程、退市公司的规则适用四个方面来进行讨论。

（一）重大资产重组制度概述

2014年7月，证监会出台了《非上市公众公司重大资产重组管理办法》，此外，配套出台的还有《非上市公众公司信息披露内容与格式准则第6号——重大资产重组报告书》，《全国中小企业股份转让系统重大资产重组业务指南第1号：非上市公众公司重大资产重组内幕信息知情人报备指南》，《全国中小企业股份转让系统重大资产重组业务指南第2号：非上市公众公司发行股份购买资产构成重大资产重组文件报送指南》细化了公众公司重组的信息披露要求、申报文件目录及中介机构核查意见的要求。

《非上市公众公司重大资产重组管理办法》有41条，共分为五章，分别为总则、重大资产重组的信息管理、重大资产重组的程序、监督管理与法律责任、附则。其主要内容也大体以信息披露和重大资产重组的相关规定为主，加之有关于非上市公众公司实施重大资产重组的具体细则已经较为明确地规定了重大资产重组实施过程当中的行为，为了避免与下文重复，这里不再赘述。

（二）重大资产重组的一般性规定

重大资产重组是企业日常经营活动当中最为重要的行为之一，在实施重大资产之前，我们首先需要搞明白《非上市公众公司重大资产重组管理办法》对于重大资产重组判断标准的相关规定。

1. 判断标准

《非上市公众公司重大资产重组管理办法》当中的第二条对重大资产重组的判断标准做出了规定，只要满足以下其中一条即可。

表 6-12　重大资产的判断标准

标　准	内　容
总资产标准	购买、出售的资产总额占公众公司最近一个会计年度经审计的合并财务会计报表期末资产总额的比例达到 50% 以上
净资产标准	购买、出售的资产净额占公众公司最近一个会计年度经审计的合并财务会计报表期末净资产额的比例达到 50% 以上，且购买、出售的资产总额占公众公司最近一个会计年度经审计的合并财务会计报表期末资产总额的比例达到 30% 以上

2. 判断标准的补充性说明

在《非上市公众公司重大资产重组管理办法》的第五章附则当中，第三十五条对判断标准做出了补充性说明。

（1）对于股权类资产，取得控制权的，账面值与成交价取高值；丧失控制权的，直接看账面值；不涉及控制权的，购买看成交价，出售看账面值。

（2）对于非股权类资产，买入账面值与成交价取高值，出售看账面值；不涉及负债的，不适用资产净额标准。

（3）同时购买、出售资产的，应当分别计算购买、出售资产的相关比例，取高值。

（4）12 个月内连续对同一或者相关资产进行购买、出售的，以其累计数分别计算相应数额（已履行重组程序的不计入）；交易标的资产属于同一交易方所有或者控制，或者属于相同或者相近的业务范围，或者中国证监会认定的其他情形下，可以认定为同一或者相关资产。

3. 重组条件

在《非上市公众公司重大资产重组管理办法》的总则当中，第三条规定在满足重大资产重组的标准之后，只有以下四点要求同时具备，才能够真正地实现重组。四点要求如表 6-13 所示。

表 6-13　重大资产重组的四点要求

条件一	重大资产重组所涉及的资产定价必须公允，不能够存在损害种种公司和股东合法权益的情形；
条件二	重大资产重组所涉及的资产权属应当清晰，相关债权债务处理合法，资产过户或者转移不存在法律障碍。所购买的资产，应当为权属清晰的经营性资产；
条件三	在实施重大资产重组后要有利于提高公众公司的资产质量和增强其持续经营能力，不能出现将会导致公众公司重组后主要资产为现金或者无具体经营业务的情形；
条件四	实现重大资产重组后要有利于公众公司形成或者保持健全有效的法人治理结构。

4. 聘请财务顾问

与收购时相类似，在重大资产重组时，考虑到重大资产重组也是一项复杂化，专业化极强的业务，因此《非上市公众公司重大资产重组管理办法》在第五条中规定，公众公司在实施重大资产重组时，应当聘请独立财务顾问、律师事务所、会计事务所等相关中介机构以保证公众公司的利益。原则上应当聘请为其提供督导服务的主办券商为独立财务顾问，但存在影响独立性、财务顾问业务受到限制等不宜担任独立财务顾问情形的除外。当然也可以同时聘请其他机构担任财务顾问。

5. 保密性要求

重大资产重组对保密性要求较高，如果在实施重大资产重组之前发生信息泄露，轻则导致实施重大资产重组的企业遭受经济损失，重则导致重大资产重组的失败。因此，《非上市公众公司重大资产重组管理办法》的第七、八、十一条对重大资产的重组进行了相应的规定。要求公众公司与交易对方就重大资产重组进行初步磋商时，应当采取有效的保密措施，限定相关敏感信息的知悉范围,并与参与或知悉本次重大资产重组信息的相关主体签订保密协议。除此之外,公众公司及其控股股东、实际控制人等相关主体研究、筹划、决策重大资产重组事项,原则上应当在相关股票暂停转让后或者非转让时间进行,并尽量简化决策流程、提高决策效率、缩短决策时限,尽可能缩小内幕信息知情人范围,防止信息泄露。如需要向有关部门进行政策咨询、方案论证的,应当在相关股票暂停转让后进行。

6. 交易进程备忘录

交易进程备忘录是企业进行重大资产重组过程当中的重要记录资料,它详细记载了筹划过程中每一具体环节的进展情况,包括商议相关方案、形成相关意向、签署相关协议或者意向书的具体时间、地点、参与机构和人员、商议和决议内容等,是企业顺利进行重大资产重组的重要文件之一。《非上市公众公司重大资产重组管理办法》中的第十条对交易进程备忘录提出了明确的要求,参与每一具体环节的所有人员应当即时在备忘录上签名确认,而且应当予以妥善保管。

(三)重大资产重组的常见类型

公众公司重大资产重组可以使用现金、普通股股份、可转债、优先股等支付手段购买资产,目前的情况来看,以现金的购买和发行普通股的购买最为常见。

1. 现金购买资产

图 6-13 为以现金购买资产的重组流程图。

首先建立筹备小组对资产重组工作进行筹备,一旦触发停牌条件即可申请暂停转让,在之后的 5 个交易日内既可以提交内幕知情人信息,并完成信息披露文件,随后召开首次董事会,在之后的两个转让日内,编制并披露重组报告书或重组预案,在全国股份转让系统默示审查后 5 个转让日,申请恢复转让,对重组预案的披露则需要召开董事会进行,随后披露重组报告书,通过股东大会表决通过,需要有三分之二以上的通过率及单独计票。接下来进行资产过户。随后披露实施情况报告书等文件,在年报披露日起 15 日后,需要有财务顾问报送持续督导意见。

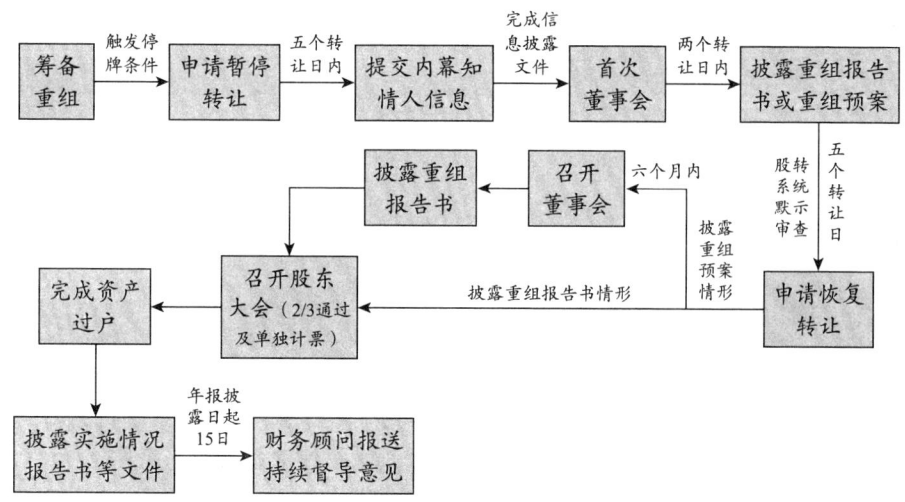

图 6-13　以现金购买资产的重组流程

2. 发行股份购买资产

图 6-14 为发行股份购买资产的重组流程图。

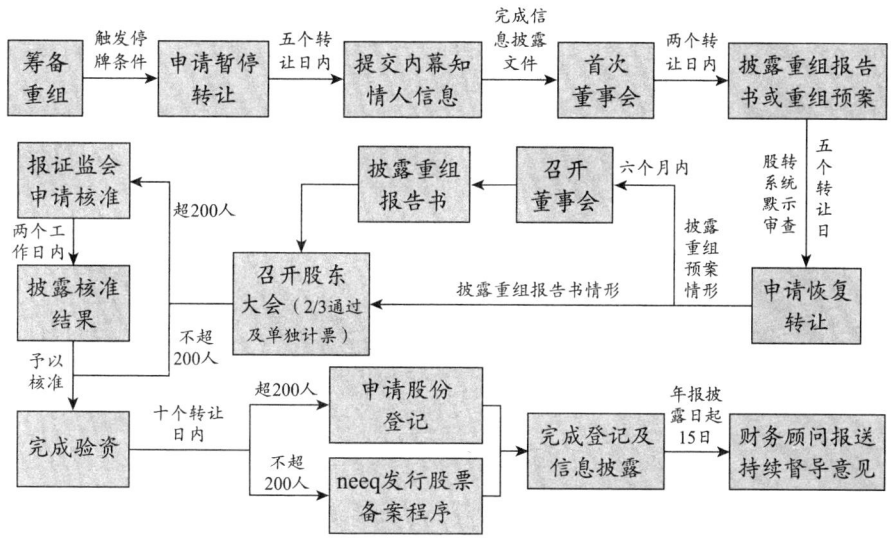

图 6-14　发行股份购买资产的重组流程

前期工作和现金资产进行购买是一致的，但在经过召开股东大会后则出现不同之处，首先是如果股东大会超过 200 人，那么需要报中国证监会进行审核，并在 2 个工作日内披露审核结果予以核准，如果股东大会人数没有超过 200 人就无须进行审核。随后在 10 个转让日内完成验资，同样如果股东大会人数超过 200 人则申请股份登记，如果没有超过 200 人，则申请备案和股份登记。完成登记后也需要进行披露。之后也需要有财务顾问的持续督导意见。

在上述的资产重组流程中有以下几点尤其需要注意：

（1）申请暂停转让

①需申请转让的情况

A. 交易各方初步达成实质性意向。

B. 虽未达成实质意向，但在相关董事会决议公告前，相关信息已在媒体上传播或者预计该信息难以保密或者公司证券转让出现异常波动。

C. 本次重组需要向有关部门进行政策咨询、方案论证。

②关于最晚恢复转让日

A. 由公司自主确定，但暂停转让时间原则上不超 3 个月，且距离首次董事会召开之日至少需延后 9 个转让日。

B. 暂停转让时间确需超过 3 个月的，应当向全国股份转让系统说明理由，并在取得全国股份转让系统的同意后发布关于公司证券需长期暂停转让的公告。

（2）知情人报备

①时间要求

暂停转让后 5 个转让日内或首次董事召开之日（取最早时点）。

②文件要求

需要公布下列文件：

A. 内幕信息知情人及直系亲属名单。

B. 相关人员买卖公司证券的自查报告。

C. 公司重大资产重组交易进程备忘录。

③后续处理

全国股份转让系统在收到内幕信息知情人名单及自查报告后，将调查内幕知情人在暂停转让申请日前六个月的公司证券交易情况，对自查报告进行核实。

（3）首次信息披露

①披露重组报告书的情形

首次董事会后 2 个转让日内，披露董事会决议、重大资产重组报告书、独立财务顾问报告、法律意见书以及重组涉及的审计报告、资产评估报告（或资产估值报告）。

②披露重组预案的情形（未完成审计等工作）

首次董事会后 2 个转让日内，披露董事会决议、重组预案、财务顾问核查意见。

③后续要求

披露预案后 6 个月内完成审计等工作，并再次召开董事会，在披露董事会决议时一并披露重大资产重组报告书、独立财务顾问报告、法律意见书以及本次重大资产重组涉及的审计报告、资产评估报告（或资产估值报告）等。

（4）股转系统审查

①审查时间：首次信息披露后，恢复转让前。

②审查原则：规范性审查。

③审查方式：5 个转让日内无异议即为同意。

④发现问题的处理方式：发现信息披露文件存在完备性问题的，全国股份转让系统有权要求公司对存在问题的信息披露内容进行解释、说明和更正，并有权要求公司延后最晚恢复转让日。发现公司重大资产重组信息披露文件存在重大瑕疵的，全国股份转让系统有权要求公司证券持续暂停转让并向中国证监会报告。

（5）申请核准或备案（如有）

①区分核准和备案的标准

区分核准和备案的标准是发行后股东人数是否超过 200 人，超过 200 人由证监会核准，不超 200 人报股转公司备案。

②规则适用

备案情形不再适用于全国中小企业股份转让系统（NEEQ）股票发行规则，直接适用重组规则，需满足投资者适当性。

③文件报送时点

A. 核准情形：股东大会后申请核准，验资完成后申请股份登记。

B. 备案情形：验资完成后申请备案及股份登记。

（6）后续信息披露

①披露时点

重大资产重组实施完毕之日起 2 个工作日内。

②披露文件

实施情况报告书，以及独立财务顾问、律师的专业意见。

③财务顾问后续持续督导

A. 时间期限

自实施本次重大资产重组之日起，应当不少于一个完整会计年度。

B. 督导形式

独立财务顾问应当结合公众公司重大资产重组实施当年和实施完毕后的第一个完整会计年度的年报，自年报披露之日起 15 日内，对重大资产重组实施的相关事项出具持续督导意见，报送全国股份转让系统并披露。

在理清了两种类型的重大资产重组的流程，以及相关重要环节的注意事项之后，如果非上市公众公司有变更重组方案的需求，那么需要着重注意以表 6-14 所示的五个事项。

表 6-14　非上市公众公司变更重组方案的五个注意事项

事项一	股东大会做出重大资产重组的决议后，公众公司拟对交易对象、交易标的、交易价格等做出变更，构成对原重组方案重大调整的，应当在董事会表决通过后重新提交股东大会审议，并按照本办法的规定向全国股份转让系统重新报送信息披露文件或者向中国证监会重新提出核准申请。变更支付手段应当视为重大调整。
事项二	股东大会做出重大资产重组的决议后，公众公司董事会决议终止本次交易或者撤回有关申请的，应当说明原因并披露，提交股东大会审议。
事项三	因变更方案需重新提交股东大会审议的，需要重新履行申请暂停转让及内幕知情人报备相关程序。
事项四	特定对象以资产认购发行股份，原则上限售 6 个月。
事项五	有以下情形之一的，需要限售 12 个月： 1. 特定对象为公众公司控股股东、实际控制人或者其控制的关联人。 2. 特定对象通过认购本次发行的股份取得公众公司的实际控制权。 3. 特定对象取得本次发行的股份时，其用于认购股份的资产持续拥有权益的时间不足 12 个月。

（四）退市公司的规则适用

退市公司重大资产重组与申请重新上市是两个独立的事项，退市公司实施重大资产重组与申请重新上市二者之间并无必然联系。当然，退市公司符合中国证监会和证券交易所规定的重新上市条件的，可依法向证券交易所提出申请。

《非上市公众公司重大资产重组管理办法》适当地加强了对退市公司的重大资产重组要求，例如，第二十三条要求，退市公司重大资产重组涉及发行股份的，自收到中国证监会核准文件之日起 60 日内，本次重大资产重组未实施完毕的，退市公司应当于期满后 2 个工作日内披露实施进展情况；此后每 30 日应当披露一次，直至实施完毕。除一般性规定外，关于退市公司还有以下几点特殊要求：

1. 退市公司应当采取安全、便捷的网络或其他方式为股东参加股东大会提供便利。

2. 退市公司重大资产重组涉及发行股份的，自收到中国证监会核准文件之日起 60 日内，本次重大资产重组未实施完毕的，退市公司应当于期满后 2 个工作日内披露实施进展情况，此后每 30 日应当披露一次，直至实施完毕。

3. 退市公司符合中国证监会和证券交易所规定的重新上市条件的，可依法向证券交易所提出申请。

案例 6-2

北京蓝天瑞德环保技术公司重组案例分析

北京蓝天瑞德环保技术公司（证券代码：430263）是一家主营热力产品供应、供暖设备建筑安装、供暖设备代理销售、供暖设备升级维修的股份有限公司，于 2013 年 7 月由宏源证券推荐挂牌至新三板市场。该公司拟收购天津金大地新能源责任有限公司 100% 的股权。

从主营的业务上来看，金大地也是一家经营可再生能源开发利用及供热服务的企业，两家公司在业务上存在着相互补充的可能性。从财务状况上来看，金大地2012年营业收入大于蓝天环保，预估资产总额也大于蓝天环保，若收购完成后，金大地将对蓝天环保在资产债务、技术产品、市场竞争在内的各个方面产生重大影响，按照非上市公众公司重大资产重组判断标准中关于总资50%比例的红线以及此次收购活动产生的影响，判定蓝天环保收购金大地是涉及重大资产重组的。

其实在蓝天环保还未挂牌新三板市场之前，就曾与金大地签订并购重组协议，但因蓝天环保挂牌新三板后，按照并购重组特别规定中的第五项，股份的出售在一段时间内将受到限制，之前的并购重组协议便随之搁浅。此次并购重组，一方面是基于金大地具有技术方面的优势，而且其在地热资源较丰富的环渤海经济圈具有较好的市场发展空间，另一方面则是因为蓝天环保的市场价值有所提升，能够募集到更为充足的资金来实现并购重组。

在此次交易的方式上，蓝天环保采用的是"增发股份＋现金"的方式，现金的来源是除金大地股东外的其他发行对象为购买蓝天环保新增股份而支付的对价，这其实也就是在利用增发股份来获取并购重组的资金。此次股票发行，计划募集的资金为1024万元。因本次交易属于资产重组当中的发行股份购买资产，按照规定的流程，首先进行了股份的暂停转让，而后的5个转让日内，企业又进行了知情人报备，包括内幕信息知情人及直系亲属名单和公司重大资产重组交易进程备忘录在内的一些文件。接着就是以主办券商在内的一些中介机构进行尽职调查，而后，双方签订认购合同和编制股票发行方案，并召开董事会。这一系列的事项完成之后，便可申请股份转让，完成后续的交易过户。值得注意的是，在完成此次股票发行以后，蓝天环保总股东人数并没有超过200人，因此企业只需对股票的发行进行申请备案和股份登记。

遗憾的是，该宗交易最终并未能够顺利完成。虽然蓝天环保及其股东与金大地新能源集团有限公司及其股东签署了《金大地新能源（天津）集团有限公司与北京蓝天瑞德环保技术股份有限公司并购重组协议》，但在协议履行时，协议各方发现存在无法执行的情况，最终导致该宗交易未能履行。尽管如此，本案例所涉及的两个要点仍有利于读者理解非上市公众公司的重大资产重组，一个是收购股权后是否涉及重大资产重组；二是如果是涉及重大资产重组的，还应该在此基础上区分实现此次重组时所采用的支付方式，以确定不同的流程程序来完成重大资产重组。

以上是对《非上市公众公司收购管理办法》、《非上市公众公司重大资产重组管理办法》主要内容的介绍，总的来看，非上市公众公司在对并购重组的监管方面有很多内容是对上市公司并购重组监管制度的借鉴和沿用，为了突出非上市公众公司并购重组制度的特点，在本章节的最后附上了非上市公众公司与上市公司的并购重组差异项目对照表，以方便读者查阅。

表 6-15 公众公司与上市公司收购办法主要差异对照

序号	差异项目	公众公司	上市公司（现行）
1	披露文件名单	权益变动报告书：（一）增持：没有成为第一大股东的（巩固控股权），持股达到10%或10%以上股东增持达到5%的整数倍编制。（二）减持：10%以上股东，减持后比例达到（或跨过)5%或者5%的倍数	简式权益变动报告书：（一）增持。持股5%以上，20%以下，达到5%的整数倍编制。如果同时为第一大股东的，披露内容按详式变动报告书。（二）减持：5%以上股东，减持后比例达到（或跨过）5%或者5%的倍数。 详式权益变动报告书：持股20%（含）以上，每达到（或跨过）5%的整数倍编制
		收购报告书：持股成为第一大股东或实际控制人且拥有权益超过10%的（不含巩固控股权）	收购报告书：持股达到30%，或超过30%且拟申请要约豁免的
		要约收购报告书：向公司所有股东自愿发出全部或部分股份的要约	要约收购报告书：向公司所有股东自愿发出全部或部分股份的要约或履行强制要约收购义务向全体股东发出全面要约的
		无摘要。直接披露全文	涉及行政许可行为，要编制简要：包括要约收购报告书摘要、收购报告书摘要。先披露摘要、取得核准后，披露全文

续表

序号	差异项目	公众公司	上市公司（现行）
2	财务顾问	编制收购报告书（同一控制人间的转让、司法判决、无偿划转、取得新股、继承等可不聘请）和要约收购聘请财务顾问 财务顾问要对收购人持续督导	编制收购报告书和要约收购书、详式权益变动报告、要约豁免聘请财务顾问。其中对部分详式权益变动报告书（同一控制人间的转让、无偿划转）、部分要约豁免（2%增持、50%以上增持、继承、发行新股）可不聘请。 每季度前3日向派出机构报告持续督导意见
	独立财务顾问	不强制要求聘请独立财务顾问，可自愿聘请独立财务顾问，原则上是提供督导服务的主办券商，也可能聘请其他券商	要约收购、管理层收购要求被收购公司必须聘请独立财务顾问
3	管理层收购	未规定	独立董事发表意见，且股东大会三分之二以上同意
4	要约收购	不要求强制要约收购，公司章程可自行约定强制要约 要约收购价格无要求；对公司章程约定须强制要约的，不得低于要约收购提示性公告日前6个月内收购人取得该种股票所支付的最高价格或平均价格	30%以上时强制要约收购（或要约豁免） 不得低于要约收购提示性公告日前6个月内收购人取得该种股票所支付的最高价格或平均价格
	变更要约	变更后的要约收购价格不得低于变更前的价格	需经证监会的批准
5	支付方式	现金、证券、现金与证券相结合等合法方式，非现金对价支付方式不做细化	现金、证券、现金与证券相结合等合法方式
6	履约保证金	收购价款总额的20%，增加了支付证券由证券登记结算机构保管、银行出具保函和财务顾问担保并承担连带责任等履约保证形式	收购价款总额的20%

续表

序号	差异项目	公众公司	上市公司（现行）
7	监管要求	规定了证监会对收购进行监管	派出机构的监管职责和监管方式
		未规定	对于协议收购，派出机构收到书面报告后通报省级人民政府
		只要求报送交易场所	信息披露文件要求报送证监会、交易所，并抄送派出机构
8	收购过渡期间特殊安排	在过渡期内……拟处置公司资产、调整公司主要业务、担保、贷款等可能对公司的资产、负债、权益或者经营成果造成重大影响的，应当提交股东大会审议通过	被收购公司不得进行重大资产购买、出售资产及重大投资行为或者与收购人及其关联方进行其他关联交易

表 6-16　公众公司与上市公司重组办法主要差异对照

序号	差异项目	公众公司	上市公司（现行）
1	重大资产重组标准	1. 无营业收入指标 2. 购买、出售的资产金额达净资产的 50%，同时达总资产的 30% 3. 购买或出售的参股权，以成交金额和账面价值分别计算是否触及重大资产重组标准，不再考虑被投资企业的总资产、净资产乘以股权比例作为计算基础	1. 购买、出售的资产金融达营业收入的 50% 2. 购买、出售的资产金额达净资产 50%，同时超过 5000 万元 3. 购买或出售的参股权，需以被投资企业的总资产、净资产乘以股权比例作为计算基础判断是否触及重组标准
2	独立财务顾问要求	独立财务顾问应当是主办券商，也可同时聘请其他中介	无限制
		主办券商需要持续督导两年（完成当年和次一年度）	持续督导不少于一年，借壳的不少于 3 年

续表

序号	差异项目	公众公司	上市公司（现行）
3	内部决策程序	没有独立的董事制度	独立董事发表意见
		如果第一次董事会未能披露重组报告书的，应披露预案；并在6个月内召开第二次董事会，披露重组报告书	未明确相关要求
		自行约定是否网络投票（退市公司除外）	网络投票
4	不发行股份的	信息披露，交易场所对信息披露完备性进行审查	核准
	发行股份购买资产	核准，但发行后股东人数不超过200人的豁免	核准
5	发行价格	不限定价格方式	董事会决议公告日钱20个交易日公司股票交易均价 但破产重整的定价须出席会议社会公众股东2/3分类表决
6	表决纪要	单独计票表决结果：10%以下股东；股东超过200人需要实施1000人，1/2	未规定
7	支付手段	现金、股份、可转换债券、优先股等其他支付手段	现金、股份
8	具体的评估要求	未规定	以评估作价，需聘请有证券资格的评估机构出具报告 以评估作价，需两种评估方法，董事会、独董发表意见
9	核准程序	不设并购重组委	并购重组委
10	审核时间	20个工作人	未规定

续表

序号	差异项目	公众公司	上市公司（现行）
11	重新申请时限	3 个月	未规定
12	核准有效期	未规定	未规定
13	持续信息披露	只要求实施完毕后须公告	核准后 60 天如未完成，须公告，此后每 30 日公告一次进展直至完成
14	盈利预测及补偿	不要求盈利预测	要求盈利预测报告 业绩补偿
15	向第三方发行的限制	未规定	向第三方发行的，发行数量不低于发行后上市公司总股本的 5%； 如低于 5% 的，主办、中小板拟购买资产不低于 1 亿，创业板拟购买资产不低于 5000 万元
16	借壳	未对借壳行为进行规定	借壳资产持续经营时间 3 年以上，净利润连续两年两年均为正数且累计金额超过 20000 万元
17	股份锁定	一般对象 6 个月，控股股东 12 个月	一般对象 12 个月，控股股东 36 个月

附录一

中央财经大学证券期货研究所所长、北京市政府参事贺强教授关于三板市场发展的参事建议

1. 关于在北京建立统一监管的全国性证券场外市场的参事建议

在党的第十七次全国代表大会上，胡锦涛总书记提出要优化资本市场结构，为我国资本市场的发展指明了方向。要优化资本市场结构，就必须要加快多层次资本市场体系建设。建立多层次资本市场不仅是建立交易所场内市场多层次，更重要的是要建立场外市场的多层次。一般来讲，场内市场是证券市场的核心，但不是主体，因为场内市场的容量有限，大量的企业不可能都在场内市场发行上市。而由于场外市场分布广阔，容量极大，因此证券市场的主体应该是场外市场。

20世纪80年代，我国就已经建立了场外市场。在1998年之前，实际上当时我国已经形成了以沪深两家证券交易所为龙头，以STAQ，NET两个法人股市场为两翼，以全国29家证券交易中心为基础的多层次资本市场体系。但是由于那时条件不成熟，场外市场的地方色彩浓厚，地方保护主义较强，市场管理分散，难以监管，容易引发市场风险。因此，在1998年防范东南亚金融危机的过程中，我国关闭了所有场外市场。从那时起至今，经过近十年的发展，我国的经济和金融形势已经发生了巨大的变化，随着条件不断地成熟，建立场外市场的问题已经被重新提上了议事日程。

目前，北京市委、市政府已提出要把北京建设成为具有国际影响力的金融中心城市。可以说，北京市的金融地位是其他城市无法相比的，北京既有"一行三会"这样的中央金融监管机构，又聚集了大量金融企业的总部，但是唯一缺乏的是没有金融市场。实践表明，发达国家的金融中心都是以金融市场为核心的，北京市如果没有金融市场，那么只能成为金融监管中心与金融总部中心，无法成为真正的金融中心。因此，我们要把建立北京市金融市场作为一项重要任务，而条件比较成熟的是在北京首先建立统一监管下的全国性证券场外交易市场。

建立证券场外市场，对北京市的经济和社会发展具有十分重要的意义。第一，有利于促进北京市金融业的发展。全国性证券场外市场是一块"吸铁石"，它能吸引金融机构和金融人才，提高金融业的活力，完善北京市金融体系。第二，有利于促进北京市中小企业的发展。我国证券市场中主板和中小企业板的上市条件较高，规模有限，创业板还未推出，大量中小企业无法在交易所上市，很难筹集到资金。建立场外市场后，中小企业可以通过在场外市场发行股票筹集资金。同时，场外市场也为股权投资提供了重要的退出渠道，有利于推动股权投资的发展。第三，建立场外市场有利于促进科技进步和节能减排。场外市场建立后，大量的高科技企业可以通过挂牌上市获得发展资金，实现技术向商品的转化。这些企业开发出的高新技术可以用于对传统产业的改造，减少污染排放，有利于环境保护。

现在，全国许多省市都在积极争取设立全国性证券场外交易市场，如北京、天津、上海、深圳、重庆、武汉、沈阳等，主要是看好其未来前景以及对地方经济发展的贡献。

我们认为，在北京建立全国性证券场外市场具有明显的优势和充分的条件。首先，北京拥有大量的金融机构和金融人才，可以有效保障场外市场的顺利运行。其次，我国各金融业监管机构都设在北京，在北京设立场外市场不仅便于进行监管，也便于监管机构随时了解市场。再次，北京曾建立过两个法人股市场，还开办过北京商品交易所，具有建立场外市场的经验。最后，北京是我国的首都，将场外市场设在北京可以有效地防止地方保护主义的产生。

从监管层的态度来看，中国证监会是支持在北京建立全国性证券场外市场的。2008年5月9日，尚福林主席出席上海陆家嘴论坛时讲到：要总结中关村代办股份转让系统的成功经验，在全国范围内推广。2008年5月27日，中国证监会姚刚副主席召开会议，专门研究了与场外交易市场建设有关的问题。会议明确以北京中关村代办股份转让系统为依托，构建统一监管下的全国性场外交易市场，并推动有条件的高科技园区进入试点。这次会议还明确了全国性场外交易市场的定位：一是服务于非上市的公司；二是以主办券商为主导；三是统一互联的运行模式；四是统一监管的监管体制。

我们应当抓住难得的历史机遇，努力争取全国性证券场外市场在北京建立。为了做好有关的工作，我们特提出以下几方面建议：

（1）由北京市政府成立专门的部门，负责研究与筹备工作。

（2）要积极与中国证监会及有关部门沟通，得到有关方面的大力支持，力争取得批准。

（3）由北京市筹建一个独立于上交所、深交所之外的全国统一的电子交易平台，为全国性证券场外市场提供技术支持。

（4）交易制度采取以主办券商为主导的做市商制度，监管上以证监会作为监管主体，服从证监会的统一领导。

（5）全国性证券场外市场应当以中关村代办股份转让系统为基础。第一步依托中关村代办股份转让系统，推进全国性场外交易市场建设；第二步继续深化试点，将代办股份转让系统试点逐步扩大到其他高科技园区；第三步是将代办股份转让系统扩大到所有上市公司。最终将组建场外交易市场。

（6）北京市政府给予全国性证券场外市场一定的资金补助，无偿提供场外交易市场的办公经营场所，推出配套的金融优惠政策。

（7）加大对全国性证券场外市场金融高端人才、急需人才的引进力度，优先解决骨干人员进京户口和子女入学等方面的问题，对于有关从业人员的税收问题，给予财政支持。

2. 关于完善中关村代办股份转让系统，为在北京建立统一监管的全国性场外交易市场创造基础条件的参事建议

本人在 2008 年 10 月曾经提出了关于在北京建立统一监管的全国性证券场外市场的参事建议，提出在中关村代办股份转让系统范围逐步扩大的基础上，最后建立统一监管的全国性证券场外市场。2010 年本人又在全国政协递交了关于有效解决中小企业融资难，大力发展证券场外交易市场的提案。本人的参事建议和全国政协委员提案得到了各有关部门高度的重视。

在 2010 年 10 月公布的《中共中央关于制定国民经济和社会发展第十二个五年规划的建议》指出：加快多层次资本市场体系建设，显著提高直接融资比重。积极发展债券市场，稳步发展场外交易市场和期货市场。在 2011 年 1 月证监会召开的全国证券期货监管会议上，尚福林主席指出：抓紧启动中关村试点范围扩大工作，加快建设统一监管的全国性场外交易市场。

据媒体报道，有关部门已经准备将代办股份转让系统的相关建设工作全面铺开，将以中关村代办股份转让系统为基础，分批扩展至其余国家级高新技术开发区认定的企业。在此基础上，将会建设统一监管的全国性场外交易市场。

面对这种新的发展形势，本人特提出以下建议：

第一，在代办股份转让系统面向全国不断扩大的条件下，北京市政府应当抓好中关村代办股份转让系统自身的扩容工作，不断扩大规模，增加企业挂牌数量，更好地为本市高新技术企业提供直接融资服务，同时为使本市大量高新技术企业能够顺利转入未来的统一监管的全国性场外交易市场打下坚实的基础。

第二，北京市政府应增加与中国证券业协会的沟通，加强对中关村代办股份转让系统的监管，实行规范运作，坚决防止违规操作、内幕交易以及违法犯罪的情况发生，保证市场平稳健康发展，为建立统一监管的全国性场外交易市场创造必要的前提条件。

第三，要积极与中国证监会及有关部门沟通，得到有关方面的大力支持，力争由北京市筹建一个独立于上交所、深交所之外的全国统一的电子

交易平台，为建立统一监管的全国性场外交易市场提供技术支持。

第四，由北京市政府成立专门的部门，负责研究与筹备工作。北京市政府应推出有关的金融优惠政策。加大对全国性证券场外市场金融高端人才、急需人才的引进力度。

2011 年 2 月 21 日

附录二

中央财经大学证券期货研究所所长、全国政协委员贺强教授关于三板市场发展的政协提案

1. 关于有效解决中小企业融资难　大力发展证券场外交易市场的政协提案

中小企业在国民经济发展中具有十分重要的地位，中小企业创造的国民收入已达到60%以上，中小企业在增加税收和实现充分就业等方面起到了至关重要的作用。但是，我国中小企业融资难的问题已经成为严重制约中小企业发展的一个主要障碍。在扩大政府投资、扩大银行贷款的过程中，大量的资金流向国有企业而没有流向中小企业。资金的瓶颈使很多中小企业陷入困境。

中小企业融资难的关键在于中小企业单一的融资模式，中小企业的资金来源主要是商业银行贷款。商业银行的天性是追逐利润，厌恶风险。而中小企业普遍规模较小，抵御风险能力不强，信誉程度不高。在这种情况下，银行必然不愿意向中小企业贷款。

为了解决中小企业融资难的问题，各级政府做了许多努力，例如：大力建立中小企业担保体制，成立中小企业合作基金等等。这些措施能够在一定程度上解决中小企业的资金问题，但是不可能彻底解决中小企业融资难的问题。

解决中小企业融资难的根本办法在于彻底变革中小企业融资模式，政策上要鼓励和支持中小企业进军资本市场，发展直接融资，增加中小企业

融资渠道。通过大力发展交易所场内的中小企业板和创业板直接向中小企业融通资金，这不仅在一定程度上解决了中小企业融资难的问题，而且，中小企业从资本市场融通的资金是长期性资金，可供中小企业长期使用，这在一定程度上可以避免中小企业获得银行贷款后，为了应付短期的还本付息压力而出现的短期行为。

但是我们应当看到，交易所场内的中小企业板和创业板容量有限，门槛较高，大量的中小企业是不可能通过这些途径发行上市融资的。因此，交易所场内的中小企业板和创业板在解决中小企业融资难方面的作用也是有限的。

要想有效地解决中小企业融资难的问题，就必须要大力发展场外的证券交易市场。场外交易市场可以遍布全国，容量很大，门槛较低，场外交易市场可以大量地容纳中小企业发行上市，在很大程度上解决中小企业融资难的问题。不仅如此，场外交易市场的建立将极大地促进风险投资和私募股权投资的发展，使中小企业在资本市场融资的渠道不断拓宽。

实际上，我国在 1998 年以前就已经建立了一个粗具规模的证券场外交易市场。当时我们建立了 29 个地区性的证券交易中心和 NET 与 STAQ 两家全国性的法人股市场，场外交易市场的建立，扶持了当时一大批中小企业的发展。但是由于 1998 年东南亚金融危机的不断扩大，我们为了防范金融市场的风险，将证券场外交易市场全部关闭。

经过十多年的发展，我国证券市场的监管水平不断提高，证券市场的法规不断完善，目前已经完全具备重新建立证券场外交易市场的条件。我们相信，场外交易市场的建立不仅增加了证券市场的层次，而且能够在很大程度上解决中小企业融资难的问题，有力地促进我国中小企业的发展。

2010 年 2 月 28 日

2. 关于做好中关村试点范围扩大工作，加快建设统一监管的全国性场外交易市场的政协提案

本人在 2008 年 10 月曾经提出了关于在北京建立统一监管的全国性证券场外市场的参事建议，提出在中关村代办股份转让系统范围逐步扩大的基础上，最后建立统一监管的全国性证券场外市场。2010 年本人又在全国政协递交了关于有效解决中小企业融资难，大力发展证券场外交易市场的提案。本人的参事建议和全国政协委员提案得到了各有关部门的高度重视。

2010 年 10 月公布的《中共中央关于制定国民经济和社会发展第十二个五年规划的建议》指出：加快多层次资本市场体系建设，显著提高直接融资比重。积极发展债券市场，稳步发展场外交易市场和期货市场。在 2011 年 1 月证监会召开的全国证券期货监管会议上，尚福林主席指出：抓紧启动中关村试点范围扩大工作，加快建设统一监管的全国性场外市场。

据媒体报道，有关部门已经准备将代办股份转让系统的相关建设工作全面铺开，将以中关村代办股份转让系统为基础，分批扩展至其余国家级高新技术开发区认定的企业。在此基础上，将会建设统一监管的全国性场外交易市场。

代办股份转让系统的扩大将会出现许多新局面，也可能会产生许多新问题。面对这种新的发展形势，本人特提出以下建议：

第一，中国证监会、中国证券业协会应加强与各地国家级高新技术开发区及有关各级政府的沟通，强化对代办股份转让系统的监管，实行规范运作，坚决防止违规操作、内幕交易以及违法犯罪的情况发生，保证市场平稳健康发展，为建立统一监管的全国性场外交易市场创造必要的前提条件。

第二，在获得批准的各地国家级高新技术开发区不断增加企业挂牌数量，更好地为本地区高新技术企业提供直接融资服务的同时，有关部门应该严把质量关，避免一哄而上。鼓励公司治理结构比较合理，技术水平较高，盈利能力较强，成长潜力较大的企业到代办股份转让系统挂牌。为大量高新技术企业能够顺利转入未来统一监管的全国性场外交易市场打下坚实基础。

第三，在代办股份转让系统向统一监管的全国性场外交易市场过渡的同时，有关监管工作也应当由中国证券业协会向中国证监会过渡。由中国证监会成立专门的部门，负责全国性场外交易市场的统一监管工作。并由中国证监会负责研究与考虑是否有必要建立一个独立于上交所、深交所之外的全国统一的场外电子交易平台，为建立统一监管的全国性场外交易市场提供技术支持。

第四，考虑建立证券场内市场与场外市场的转板机制，在主板市场挂牌的上市公司，因为在经营中达不到主板的上市条件，可以退市，转入场外交易市场。这样不仅可以解决目前上市公司退市难的问题，保证主板市场上市公司的质量，也可以避免因为上市公司退市而投资者血本无归的现象。此外应当考虑，今后凡是在场内市场上市的公司一律从场外市场挂牌的企业中选拔，在场外市场不断得到发展与完善的企业才最适合进入场内市场。建立转板机制可以增加多层次证券市场的弹性，增强证券市场运行的稳定性。

第五，努力加强和完善代办股份转让系统相关法律法规体系建设，根据场外市场的新特点，制定切实可行的交易规则。对于如何防止地方保护主义，如何避免内幕交易，如何打击虚假哄抬价格、操纵市场的行为，应当设有明确的条款。通过科学合理的法律法规体系建设，保证市场规范有序运行，切实保护投资者利益。

2011 年 2 月 23 日

后　　记

2013年12月14日，国务院发布《关于全国中小企业股份转让系统有关问题的决定》，标志着统一的、全国性的场外交易市场（新三板）的诞生。新三板在为中小微企业敞开资本市场大门的同时，搭建起了资本市场承上启下的桥梁，打开了中小微企业资本市场融资的通道，为券商开辟了更广阔的业务领域，也为私募股权投资提供了新的平台。2014年12月26日，证监会发布了《关于证券经营机构参与全国股转系统相关业务有关问题的通知》（以下简称《通知》），从推荐、做市、投资、风控、监管等方面给出指导意见，明确鼓励支持投资咨询机构参与挂牌推荐、公募基金入市和私募基金（PE）等机构做市，股转系统多项业务有望迎来重大创新。《通知》必将壮大新三板的参与群体，新三板市场发展将迎来质的飞跃。

本书突出新三板操作实务，从企业挂牌、融资、交易、投资和并购重组五大实操内容入手，详尽分析解读了五大业务板块操作相对应的立法和规制，通过大量、细致的案例解剖，为希望登录新三板的企业、从事新三板交易的投资者和从业人员提供了明确、生动、具体的新三板登陆和运作指南。

本书的最大特色是它的实践性和权威性。它有高校科研力量的支持，有参与股转系统建设人员的指导和券商运营团队在其业务实践中总结、提炼的大量素材和研究成果。特别突出的是，本书分析解剖了2014年2-9月在全国股份转让系统挂牌的506家企业，对企业挂牌审核中的常见问题进行了归类，对各类问题进行典型案例分析，包括挂牌审核的要点、所依据的法律法规和解决问题的思路。这对于希望登陆新三板的企业、积极推动新三板建设的政府机构、从事业务审核的券商,以及从事新三板运营研究的人士等,都具有重要的指导价值和资料研究价值。

  本书在写作过程中得到股转系统专业人士的宝贵意见和资讯,同时,广州证券及其研究团队和中央财经大学证券期货研究所的研究人员倾力合作,在此表示衷心的感谢!欢迎关注新三板成长和发展的专业研究人员、专业机构、企业和政府人士给我们提出宝贵建议。

编者

2014 年 12 月 25 日